本书出版获得了东华理工大学学术专著出版资助

光明社科文库
GUANGMING DAILY PRESS:
A SOCIAL SCIENCE SERIES

·政治与哲学书系·

共享发展论

付海莲 | 著

光明日报出版社

图书在版编目（CIP）数据

共享发展论 / 付海莲著．-- 北京：光明日报出版社，2021.4

ISBN 978-7-5194-5903-1

Ⅰ．①共… Ⅱ．①付… Ⅲ．①中国特色社会主义—社会主义建设模式—研究 Ⅳ．①D616

中国版本图书馆 CIP 数据核字（2021）第 060582 号

共享发展论

GONGXIANG FAZHAN LUN

著　　者：付海莲

责任编辑：朱　宁　　　　责任校对：袁家乐

封面设计：中联华文　　　　责任印制：曹　诤

出版发行：光明日报出版社

地　　址：北京市西城区永安路 106 号，100050

电　　话：010-63169890（咨询），63131930（邮购）

传　　真：010-63131930

网　　址：http://book.gmw.cn

E - mail：zhuning@gmw.cn

法律顾问：北京德恒律师事务所龚柳方律师

印　　刷：三河市华东印刷有限公司

装　　订：三河市华东印刷有限公司

本书如有破损、缺页、装订错误，请与本社联系调换，电话：010-63131930

开　　本：170mm×240mm

字　　数：215 千字　　　　印　　张：15.5

版　　次：2021 年 4 月第 1 版　　　　印　　次：2021 年 4 月第 1 次印刷

书　　号：ISBN 978-7-5194-5903-1

定　　价：95.00 元

内容简介

共享发展是以习近平同志为核心的党中央在总结改革开放和社会主义现代化建设历史性成就，吸取其他国家改革发展经验教训的基础上，针对我国发展问题而提出的核心发展理念。作为我国社会发展的根本出发点和落脚点，共享发展回答了在新的历史条件下为谁发展、如何发展以及实现什么样的发展的问题，揭示了经济社会发展的客观规律，为我们决胜全面小康、实现中华民族伟大复兴的中国梦提供了强大的思想武器。

改革开放四十多年来，我国取得了巨大的发展成就，但是各种亟待解决的矛盾和问题也日益突显：城乡区域发展和收入分配差距拉大，一部分人的“获得感”建立在另一部分人的“失落感”或“被剥夺感”的基础之上；社会事业发展滞后，各种社会矛盾潜滋暗长，社会不稳定性因素加大；传统粗放高代价的发展方式遗留下大批历史欠账，整个社会文明水平有待进一步提高。面对各种问题和挑战，推进共享发展，切实维护和实现社会公平正义，不仅成为一种伦理价值的取向，而且成为一定政治、经济、文化等社会形态方面的现实诉求。在这一背景下，加强对共享发展理念及其相关问题的研究，具有重要的理论和现实意义。

本文以共享发展为研究主题，综合运用多维研究方法，论述了共享发展理念提出的时代背景，分析了共享发展的实践基础和理论渊源，阐述了共享发展理念的主要内涵和基本特征。此外，本文坚持理论与实际相结合的原则，在对共享发展进行理论探讨的过程中，注重把理论的功能引向实践的领域，对我国共享发展的现状特别是推进共享发展过程中的现实困境进行了详细论述，总结了其他国家的发展经验教训对我国推进共享发展的启示，在此基础上阐明了我国实现共享发展的现实路径。

共享发展理念的提出，有其深刻的社会历史背景。首先，共享发展理念顺应了时代发展的潮流；其次，共享发展理念能够有效化解我国在发展中面临的各种问题和矛盾，是解决我国当前发展问题的需要。在领导中国革命、建设和改革发展的历史进程中，中国共产党围绕共享及其相关问题展开了一系列理论和实践探索，为共享发展理念的提出奠定了坚实的实践基础。人类社会自古至今的思想流变，蕴含着丰富的共享思想萌芽，充分体现出共享是人类一直以来的理想价值追求。共享发展正是在继承和发展马克思主义共享发展思想、汲取中国传统文化中与共享相关的有益思想、借鉴国外社会发展思想合理成分的基础上而提出的科学发展新理念。共享发展是内隐于中国特色社会主义的价值基因，普惠性和公平性是其基本属性，实质上体现的是以人民为中心的发展思想，根本上是要解决社会的公平正义问题。共享发展理念包括全民共享、全面共享、共建共享和渐进共享四个方面的基本内容，具有整体协同性、开放包容性和人民主体性三个方面的基本特征。共享发展理念的提出，顺应了我国社会主义发展的基本价值导向，指明了中国特色社会主义的发展新方向，为促进每个社会成员的全面发展创造了条件。

受各方面因素的制约，当前我国在推进共享发展的过程中还面临着一些现实的困境：一是传统粗放高代价的发展方式严重影响和制约了共享发展的推进进程；二是由于利益博弈和利益瓜分等因素的影响，我国社会逐步呈现出利益分化的格局，增加了整合各方面利益关系的难度；三是目前我国共享发展的相关制度体系还不够健全，甚至有些地方还存在缺陷，给共享发展的实现带来了一些体制机制方面的障碍；四是受以往财富分配关系中固定思维的影响，人们对共享发展的认知还存在一些误区和偏差。

如何更好地发展是世界各国共同关心的课题。尽管不同国家由于文化、历史以及经济社会发展状况等方面的差异会导致发展的方法和路径各不相同，但各个国家在推动社会发展方面的实践经验和教训都可以为其他国家的发展提供参考和借鉴。因此，从其他国家的发展实践入手，总结他们兴衰成败和发展得失的经验教训，对更好地推进我国的共享发展具有重要的启示意义。

要突破困境，使共享发展不断取得新成效，必须在借鉴和吸取其他国家发展经验教训的基础上，针对我国共享发展的现状，从多方面入手积极探索共享发展的实现路径。第一，要夯实共享发展的基础。追求发展是推进共享发展的关键，要在坚持发展的基础上转变发展方式，走低代价发展之路，在整体推进中实现我国的整体性发展，以此提升发展的整体效能。第二，要健全共享发展的体制机制。制度问题是根本性和全局性的问题，要加强和完善经济、政治、文化、社会、生态等各方面制度体系建设，为共享发展提供坚强的制度体系保障。第三，要建立共享发展的考核评价体系。要在充分把握共享发展内涵要求的基础上，结合我国的发展实际建立共享发展考核评价体系并加以科学合理地运用，为推进更高层次的共享发展提供可供参考的指标体系标准和行动指南。第四，要高扬共享发展的精神。共享发展的精神是新时代支撑和推动社会发展的强大精神力量，要在共享发展理念的指导下塑造和构建共享发展精神，以共享发展精神引领新时代的共享发展实践。

共享发展体现了中国特色社会主义的本质要求以及中国共产党全心全意为人民服务的根本宗旨。在实现中华民族伟大复兴中国梦的历史进程中，我们必须牢牢把握共享发展的科学内涵及其精神实质，切实把共享发展理念落实到各项改革发展行动之中。尽管当前我们在推进共享发展过程中还面临着许多困难和挑战，但只要我们始终坚持中国共产党的领导，始终坚持走中国特色社会主义道路，就一定能够聚合起十三亿多中国人民的磅礴之力，在共建共享中为中国人民和中华民族赢得更加幸福美好的未来。

序

海莲的博士毕业论文《共享发展论》即将正式出版，听闻这一消息，倍感欣慰。早在2016年11月，即海莲读博的第一学期，她就已经开始酝酿博士论文的选题，经过一番查阅论证后我们最终确定了共享发展这一研究主题。

共享向来是人类的美好理想和不懈追求，也是马克思主义科学理论的应有之义，但明确提出共享发展理念、将实现共享发展提上议事日程并为之不懈奋斗的，则是既为中国人民谋幸福、也为人类进步事业而奋斗的中国共产党。共享发展理念的提出，旨在回答新的历史条件下为谁发展、如何发展以及实现什么样的发展等一系列重大的理论和实践问题，共享发展是决胜全面建成小康社会、实现中华民族伟大复兴中国梦的强大思想武器。

改革开放四十多年来，我国经济社会获得了长足进步，我国经济实力、科技实力、国防实力、综合国力进入世界前列，但与此同时，城乡之间、区域之间的发展差距以及不同行业间的收入差距不断拉大，社会事业发展滞后等问题也日益突出。面对以上问题和矛盾，实现共享发展不仅成为一种根本的伦理价值的取向，而且成为一定政治、经济、文化等社会形态方面的现实诉求。在这一背景下，结合马克思主义基本原理及中国实际对共享发展进行理论和实践双层面的分析，是一个前沿性的重要课题，具有十分重要的理论意义和时代价值。

当前，学界已从不同角度对共享发展问题进行了比较深入的研究，学者们对与共享相关的重要理论问题都进行了富有成果的探讨，在共享发展理念的提出背景、内涵结构及价值意义等问题上，获得了较为清晰的认知。这些研究以及所取得的成果，为今后进一步的研究提供了“垫脚石”和“阶梯”。海莲的博士论文在继承前人研究成果的基础上，采取宏观分析和多学科透视的研究方法，从共享发展理念的历史与现实、来源与思想借鉴、内涵与特征、困境与问题、措施与途径等方面做了系统而深入的研究。其博士论文既注重对历史逻辑的把握，也注重展开横向的对比分析，具有一定的理论深度和较强的创新性。通览全文，论文的创新点主要表现在以下几个方面：第一，文章具有强烈的问题意识和鲜明的时代感与现实感。它是基于新时代中国经济社会发展的大背景，针对贫富差距较大、一部分群众的获得感降低，发展方式亟待完善，各种社会矛盾滋生，地区与阶层发展不平衡等现实问题而展开对共享发展的时代背景、文化根源、国际借鉴和解决对策等问题的研究的。就此而言，论文不是无病呻吟，而是有感而发、有的放矢，而且这个“感”是时代感和现实感，也是学者的责任感。此殊为可贵。第二，论文对共享发展的思想渊源及思想本质的分析具有新意。一方面，共享发展理念有着久远的中国文化传统；另一方面，它也是中国特色社会主义的内在基因和根本的伦理价值取向；最后一方面，它更有马克思主义的理论支撑，是马克思主义中国化的理论成果。这个基本判断和论述是准确的和符合实际的。第三，论文对中国当前经济社会发展面临的问题与共享发展的紧迫性及其破解对策的分析，是系统而深入的，体现了作者马克思主义理论学科及相关学科的基本专业功底。

共享发展研究是一个涉及多学科、多领域并需要长期坚持的复杂而艰辛的工作，对共享发展问题及其“关系项”的研究不可能在短时期内完全清理出来，其中还有很多内容需要不断深入挖掘探索。例如，共享发展，其形式重在“共”，其内容重在“享”，而这个“共”，具体表现为全社会的共识、共行、共利和共情等，这意味着，我们还需要从识、行、利特别是情方面来把握共享发展。换言之，共享发展的共享性，不仅体现在看得见的、感性的物质利益方面，还体现在精神情感方面，只有在全社会形成了“共情性”，才能真正达到共享的目的或高度。从情感的角度深入研究共享发展，应当是一个可行的并具有新意的方向。总之，希望海莲今后能不断完善对共享发展及其相关理论的研究，也衷心希望她在今后的研究中不断取得新的成绩。

邱耕田

2020 年 4 月 20 日

目　录

CONTENTS

引　言 ………………………………………………………………………… **1**

一、选题依据及意义　1

二、国内外研究现状　3

三、研究思路与方法　14

四、创新与不足　15

第一章　共享发展理念的实践基础及理论渊源 ………………………… **17**

第一节　共享发展理念提出的时代背景　17

一、共享发展是顺应时代潮流的需要　18

二、共享发展是解决我国当前发展问题的需要　19

第二节　共享发展理念的实践基础　28

一、中国共产党对共享发展的初步探索　29

二、中国共产党对共享发展的重新探索　33

三、共享发展理念的提出与落实　37

第三节　共享发展理念的理论渊源　39

一、对马克思主义共享发展思想的继承与发展　40

二、对中华优秀传统文化的传承与超越　49

三、对国外社会发展思想合理成分的吸收和借鉴　52

第二章　共享发展理念的主要内容及基本特征 ………………………… 58

第一节　共享发展的属性和意义　58

一、共享发展的属性　59

二、共享发展的意义　65

第二节　共享发展理念的基本内涵　70

一、主体维度：全民共享　71

二、客体维度：全面共享　75

三、动力体系：共建共享　78

四、推进进程：渐进共享　81

第三节　共享发展的基本特征　84

一、整体协同性　84

二、开放包容性　86

三、人民主体性　88

第三章　推进共享发展的现实困境 ………………………………… 91

第一节　共享发展的发展方式之困　91

一、高代价的发展方式消解了共享发展的后劲　92

二、创新能力不足削弱了共享发展的动力　94

第二节　共享发展的利益分化之困　96

一、利益需求日益多样化　96

二、利益差距逐渐扩大化　98

三、利益矛盾和冲突日益公开化　100

第三节　共享发展的体制机制之困　102

一、正确引导发展的激励机制还不够健全　103

二、利益表达和协调机制还不够顺畅　105

三、社会整合机制还不够完善　107

第四节　共享发展的认知偏差之困　109

一、把共享发展等同于发展成果的平均分配　109

二、把共享发展等同于坐享其成　111
三、否认共享发展的循序渐进性　112
四、认为共享发展是对效率的否定　114

第四章　如何推进共享发展：基于国际视角的分析…………………… 116
第一节　欧洲福利国家“高福利”困境的教训及启示　116
一、欧洲福利国家制度的确立与发展　117
二、欧洲福利国家制度的成效与困境　119
三、欧洲福利国家的发展实践对我国共享发展的启示　125
第二节　美国经济社会发展的经验教训及启示　127
一、美国经济社会发展的成就与问题　128
二、美国调节收入差距、缓和社会矛盾的主要措施　131
三、美国经济社会发展的教训及其对我国共享发展的启示　135
第三节　拉美国家“中等收入陷阱”的教训及启示　138
一、拉美国家的发展困境　138
二、拉美各国的困境成因分析　141
三、拉美国家的发展教训对我国共享发展的启示　143
第四节　苏联民生建设的经验教训与启示　145
一、苏联民生建设的成就和问题　146
二、苏联民生建设失误的成因分析　151
三、苏联民生建设的经验教训对我国共享发展的启示　154

第五章　实现共享发展的现实路径………………………………… 158
第一节　夯实共享发展的基础　158
一、发展是解决一切问题的基础和关键　159
二、转变发展方式，走低代价发展之路　160
三、推进我国的整体性发展　166
第二节　健全共享发展的体制机制　171

一、坚持和完善社会主义基本经济制度 171
二、坚持和完善社会主义民主政治制度 174
三、健全收入分配制度和社会公平保障体系 179
四、坚持和完善社会主义文化制度 184
五、坚持和完善社会主义生态制度 188
第三节 建立共享发展的考核评价体系 190
一、建立共享发展考核评价体系的意义 190
二、共享发展考核评价体系的构建思路和原则 192
三、共享发展考核评价体系的基本框架 195
四、共享发展考核评价体系的实施和运用 199
第四节 高扬共享发展的精神 200
一、尊重人民主体地位的人本精神 201
二、坚持普遍受益的平等精神 202
三、开拓创新的改革精神 204
四、顽强不屈的奋斗精神 206
五、开放包容的合作共赢精神 208

结 语…………………………………………………………… 211

参考文献………………………………………………………… 214

后 记…………………………………………………………… 230

引　言

一、选题依据及意义

（一）选题依据

共享发展是以习近平同志为核心的党中央在总结改革开放和社会主义现代化建设历史性成就，吸取其他国家改革发展经验教训的基础上，针对我国发展问题而提出的核心发展理念。在五大发展理念之中，创新发展强调的是发展的动力问题，协调发展强调的是发展的平衡机制，绿色发展强调的是发展的基本支撑，开放发展强调的是发展的外部条件，而共享发展强调的则是发展的根本目的。创新、协调、绿色、开放分别从方法论和世界观的角度对发展问题进行了论述，但最终都要落脚于让全体人民共享改革发展成果这一根本价值取向上。我们党和国家制定的一切路线方针政策，根本目的都是为了让全体中国人民更加公平地享有改革发展成果。可以说，共享发展是我国社会发展的根本出发点和落脚点。共享发展回答了在新的历史条件下为谁发展、如何发展以及实现什么样的发展的问题，揭示了经济社会发展的客观规律，体现了中国特色社会主义的本质要求以及中国共产党全心全意为人民服务的根本宗旨，为实现“两个一百年”奋斗目标提供了强大思想武器。

任何理论的产生往往都有其深刻的社会历史背景，共享发展理念的提出也不例外。经过几十年的发展，我国取得了举世瞩目的发展成就。

但是，随着人民需求由传统生存型需求向发展型需求的升级转变，我国各种亟待解决的矛盾和问题也日益突显。首先，城乡区域发展和收入分配差距拉大。据国家统计局统计，2017 年我国的基尼系数是 0.4670，比 2016 年上涨了 0.002 个百分点，比 2015 年上涨了 0.005 个百分点，这充分表明当前我国居民贫富差距依然较大，一部分人的“获得感”建立在另一部分人的“失落感”或“被剥夺感”的基础之上。其次，社会事业发展滞后，群众在就业、教育、医疗、居住、养老等方面还面临不少难题，各种社会矛盾潜滋暗长，社会不稳定性因素加大。再次，传统粗放高代价的发展方式遗留下大批历史欠账，生态环境保护任重道远，整个社会文明水平有待进一步提高。

发展到今天，各种矛盾和问题倒逼我们不得不认真思考社会发展的目的和实质到底是什么。作为一个总体性范畴，社会发展有着非常丰富的内涵，除了一般意义上经济、技术的发展外，社会发展还应该包括政治、文化、教育、生态等各方面的内容。但是，不管哪种发展，最终都要落脚于人的发展上。正是人的活动构成了社会生活的各个领域，离开了人的活动和发展，社会发展也就失去了本来的意义。所以，社会发展的目的和实质就是人的发展，在社会发展中应该始终坚持以人为本的原则。坚持以人为本，就要把发展与最广大人民群众的根本利益结合起来，以实现人的全面发展为目标，在权利公平、机会公平、规则公平和分配公平的基础上，使全体人民公平合理地享有经济社会发展的机会、权利和成果，不断满足人民各方面日益增长的美好生活需要。可以说，在社会发展中坚持以人为本，这不仅是一种伦理价值的取向，而且是一定政治、经济、文化等社会形态方面的现实诉求。面对当前我国社会发展中的各种问题和矛盾，如何坚持以人为本，切实维护和保障人民群众的各项权利和利益，使全体人民共享经济社会发展的机会、权利和成果，成为摆在中国共产党人面前的一项重大课题。在这一背景下，加强对共享发展理念及其相关问题的研究，具有重要的理论和现实意义。

（二）选题意义

1. 理论意义

推进和贯彻落实共享发展，必须要有先进的理论做指导。党的十八届五中全会以来，学术界对共享发展的研究日趋热烈，这些研究成果为我们进一步认识和推进共享发展奠定了深厚的理论基础。但总体来看，现有研究成果大多是对共享发展某一方面或某一层次的研究，对共享发展系统性的研究相对较少。因此，本文试图从整体性视角出发，展开对共享发展及其相关问题的研究。通过研究，一方面有助于我们从总体的具有普遍意义的层面认识共享发展，另一方面有助于我们透过感性和现象而深入学理的内核来把握共享发展，从而获得对共享发展全面深刻的认知，进而为更好地推进共享发展提供理论支撑和思路方法。

2. 现实意义

理论如果与现实相脱节，就会显得苍白无力。本文对共享发展问题的研究，不是局限在单纯理论层面的一般化阐释，而是坚持理论与实际相结合的原则，在对共享发展及其相关问题进行理论阐释的过程中，注重将理论的功能引向实践的领域。本文把共享发展理论与当今中国的社会发展实践紧密结合起来，对共享发展的推进状况特别是共享发展推进过程中面临的各种问题和困境进行分析，在此基础上多角度多层面阐述我国实现共享发展的实践路径。通过研究，不仅可以为共享发展理论的构建提供坚实的实践基础，而且可以为这一理论规划一个应然的指向，那就是为我国破解难题、化解危机、推进更高层次的共享发展及实现“两个一百年”奋斗目标提供价值引领和实践指导。

二、国内外研究现状

（一）国内研究现状

作为当前中国特色社会主义建设的关键命题，共享发展及其相关问题近年来受到学界的普遍关注。党的十六大就提出了“保证人民共享发展成果”的命题，但当时对共享发展的研究并没有形成专门的成果。党的十八届五中全会把共享发展列为五大发展理念之一，此后，学者们开始从不同角度对共享发展问题进行比较深入的研究。但从总体研究成果来看，专门的著作较少①，期刊论文相对较多。通过对中国知网“源数据库”（含期刊、学位论文、报纸、会议等）的检索，从2015年1月到2018年12月，在国内公开发表的研究成果中，篇名中含有“共享发展”字样的文章有1597篇。从研究层次来看，这些文章大多数都是对某一领域、某一地区或单位共享发展情况的介绍或报告，社科类基础研究的文章比重还相对较低，约占总篇数的42.18%。

通过对现有研究成果的分析，可以发现当前学者们对共享发展问题的研究主要集中在共享发展理念的提出背景、基本内涵、重大意义以及实现路径四个方面。

1. 共享发展理念的提出背景

共享发展理念的提出背景一直是国内学术界研究的焦点问题之一。对于这一问题的研究，学者们普遍认为共享发展理念的提出，既有深厚的理论基础又有深刻的现实背景。

首先，学者们普遍认为共享发展理念有着深厚的理论基础。其中，一部分学者认为共享发展理念来源于马克思主义社会发展理论。顾海良认为共享发展理念在阐述马克思主义社会生产理论的基础上，拓展了社会主义本质理论②。郭广银认为共享发展理念中的以人民为中心的价值立场和马克思主义的人民主体观是一致的③。范迎春认为共享发展理念

① 当前，与共享发展相关的专著有于昆的《共享发展研究》、王庆五的《新发展理念研究 共享发展》、郑造桓的《发展与共享》、卢德之的《让资本走向共享》和苗瑞丹的《文化发展成果共享研究》。

② 顾海良．新发展理念与当代中国马克思主义“系统化的经济学说”的发展［J］．经济学家，2016（3）：5－7.

③ 郭广银，王月清．论坚持“以人民为中心”的发展思想［J］．理论学刊，2017（4）：4－7.

是对共产主义理论的当代实践，是共产主义理论在人与自然、人与社会以及人与人的关系问题上对现时代的思考①。一部分学者认为共享发展理念是对中国共产党社会发展思想的继承与发展，是对中国特色社会主义建设经验的总结。赵汇认为共享发展理念体现了中国共产党与时俱进的理论品质②。严书翰通过对中国共产党发展理念演进历程的梳理，指出共享发展理念是对中国共产党发展理念的继承和创新③。此外，还有一部分学者认为共享发展理念汲取了中国传统文化的基因。黄晶晶认为共享发展理念继承了中国传统文化的基因，升华和发展了中国近代的民生思想④。张怀民认为共享发展理念既与我国传统的大同思想有着许多共性，又超越了传统大同思想⑤。

总之，从国内研究现状来看，学者们普遍认同共享发展理念既是对中国传统文化优秀基因的传承，又是对马克思主义社会发展理论和中国共产党执政理念的继承和创新。

其次，学者们认为共享发展理念的提出有着深刻的现实背景。共享发展理念在继承已有思想成果的基础上，既立足于中国特色社会主义现代化建设的实际，又吸取了国外社会发展的经验和教训。因此，学者们分别从国内和国外两个方面对共享发展理念的现实背景进行了探讨。就共享发展理念提出的国内背景而言，黄卫挺指出共享发展理念的主要目的就在于解决不同区域层面、不同利益主体之间及不同收入群体之间的差异和差距问题⑥。左鹏认为改革开放以来的经验教训是共享发展理念

---

① 范迎春．共享发展：马克思社会学说的当代表达［J］．河南社会科学，2017，25（6）：58－62.

② 赵汇，代贤萍．共享发展的理论基础、实践追求和价值旨归［J］．思想教育研究，2016（11）：24－28.

③ 严书翰．中国共产党发展理念的演进与创新——兼论习近平发展思想的科学内涵［J］．人民论坛·学术前沿，2016（3）：6－15.

④ 黄晶晶．共享发展的历史源流及时代意蕴［J］．学术探索，2017（5）：23－27.

⑤ 张怀民，尹紫薇．论共享发展理念对传统大同思想的继承与发展［J］．学校党建与思想教育，2017（18）：4－6.

⑥ 黄卫挺．共享发展：兑现历史承诺开启共富新篇章［J］．中国党政干部论坛，2015（12）：35－37.

形成的主要依据①。王淑荣认为改革开放以来与我国发展相伴生的各种矛盾和问题是共享发展理念提出的直接现实背景②。就共享发展的国际经验而言，刘武根和艾四林以苏联和东欧社会主义国家兴衰成败的经验教训以及拉美国家面临的发展危机为例，指出其他国家的经验教训为共享发展理念的形成提供了重要的参照和借鉴③。韩喜平、刘永梅认为世界上其他国家发展的经验与教训为共享发展理念的形成提供了反思和借鉴，共享发展理念既在理论上超越了西方的共享思想，又在实践上对西方发达国家、拉美国家以及东南亚国家或地区的发展理念进行了深刻的总结与反思④。

总之，从现实背景来看，共享发展理念既是对我国经济社会发展过程中感性认识的升华，又是对国内外发展实践的经验总结。

2. 共享发展理念的基本内涵

关于共享发展理念的基本内涵，学界的研究主要集中在共享的概念、共享的主体、共享的内容以及共享的特征等几个方面。

关于共享的概念，目前学界还没有做出明确的界定，而是在十八届五中全会对共享发展理念相关论述的基础上，分别从不同角度入手进行了研究。结合我国社会发展现状，尹庆双认为共享就是要让绝大多数社会成员都享受到改革发展的机会与成果⑤。王诗卉认为共享是逐步走向共同富裕的必然要求，也是社会主义公平正义的集中体现⑥。

关于共享发展的主体问题，实质上就是“靠谁共享”和“由谁共

---

① 左鹏．共享发展的理论蕴涵和实践指向［J］．思想理论教育导刊，2016（1）：86－90.

② 王淑荣，许力双．共享发展理念的重大意义与实践指向［J］．红旗文稿，2016（4）：14－16.

③ 刘武根，艾四林．论共享发展理念［J］．思想理论教育导刊，2016（1）：91－95.

④ 韩喜平，刘永梅．中国共享发展理念的价值创新［J］．理论学刊，2016（3）：4－10.

⑤ 尹庆双．坚持共享发展理念，全面建成小康社会［J］．经济学家，2015（12）：10－11.

⑥ 王诗卉．论共享是中国特色社会主义的本质要求［J］．湖南师范大学社会科学学报，2016（2）：73－78.

享”的问题，这一问题直接体现了共享发展的根本立场和价值指向。在对这一问题的认知上，梁彦超提出由劳动人民创造的社会财富应该由劳动人民掌握，归劳动人民所有①。韩喜平认为人民是发展的主体，是发展的利益相关者、受惠者和共享者②。左鹏提出要使全体人民在共同建设的过程中共同享有社会发展成果③。由此可见，大多数学者普遍认同人民是共享发展的主体。但在“人民”这一词语的具体指向上，学者们又各自持有不同的观点。魏波认为每一个人、每个阶层、每个民族乃至世界友人都可以是共享主体，从而使“人民”的范畴越过国界突破了空间的界限④。邱耕田认为共享的主体既包括代内绝大多数社会成员，也包括代际那些潜在的社会成员，从而使“人民”的范畴不仅仅局限在当代人的身上，而且突破时间的界限延伸到了后代人的身上⑤。总之，不管是横向的阐释还是纵向的理解，只有把“人民”这一抽象的概念具体化，才能正确把握共享发展主体的内涵，从而真正把共享发展落到实处。

关于共享发展的内容，本质上解决的是“共享什么”的问题。学者们从不同的视角和学科出发，对这一问题进行了阐述。赵振华从宏观视角出发，认为共享发展的内容包括共享政治、经济、文化、社会和生态发展成果五个方面的内容⑥。赵满华从微观视角出发，认为共享发展包括消除贫困、增加公共服务供给、发展教育、促进创业就业、提高人民生活水平、完善社会保障制度、提高公民健康水平以及改善居民居住

① 梁彦超，张晓东．共享发展理念的理论特质［J］．理论月刊，2016（5）：36－40，46.

② 韩喜平．整体把握共享发展理念的四个向度［J］．社会科学家，2016（12）：30－34.

③ 左鹏．共享发展的理论蕴涵和实践指向［J］．思想理论教育导刊，2016（1）：86－90.

④ 魏波．以共享理解发展［J］．中国特色社会主义研究，2016（1）：18－22.

⑤ 邱耕田．人民主体地位视域下的共享发展［N］．学习时报，2016－2－29（3）．

⑥ 赵振华．关于共享发展的若干问题［J］．理论探索，2016（4）：5－12.

条件等方面的内容①。彭怀祖从伦理学角度出发，认为共享发展包含了道德协调、道德激励和道德约束三个层面的内容②。虽然学者们对共享发展的内容没有达成一致的观点，但这些从不同学科和视角对共享发展内容进行的解读，为我们进一步探索和领会共享发展的内涵提供了广阔的思路。

关于共享发展的特征，学者们从不同角度入手进行了多方面的阐释。韩喜平、孙贺从民生伦理角度出发，认为共享发展理念具有深厚的民生伦理意蕴，蕴含了民生改善的普惠性伦理③。卢德之认为共享发展具有主体平等性、持续性和层次性的特征④。此外，还有一些学者从共享发展的覆盖面和推进进程的视角出发，推导出共享发展具有全面性、差异性等各方面的特征。由此可见，从不同的视角出发，可以总结出共享发展理念的不同特征，在今后的研究过程中，有待进一步加深对这一问题的挖掘。

3. 共享发展的重大意义

国内学者普遍认同共享发展理念的提出有着深远的理论意义和重大的现实意义。胡守勇认为共享发展理念丰富了中国特色社会主义理论，是五大发展理念的“灵魂”，为推进中国特色社会主义的伟大实践提供了行动指南⑤。侯为民从经济学的视角出发，认为共享发展是社会主义经济改革和发展的内在要求⑥。张吕从社会发展整体的角度出发，认为共享发展有利于巩固中国共产党的执政地位，增强人民福祉以及民族团

① 赵满华．共享发展的科学内涵及实现机制研究［J］．经济问题，2016（3）：7－13，66.

② 彭怀祖．共享发展理念的伦理意蕴［J］．毛泽东邓小平理论研究，2016（8）：44－47，93.

③ 韩喜平，孙贺．共享发展理念的民生价值［J］．红旗文稿，2016（2）：15－18.

④ 卢德之．走向共享——人类文明发展的共同归宿［N］．湖南日报，2016－3－20（12）.

⑤ 胡守勇．共享发展理念的理论溯源与演进历程［J］．马克思主义研究，2017（2）：21－28.

⑥ 侯为民．立足完善基本经济制度实现共享发展［J］．思想理论教育导刊，2016（3）：69－73.

结和凝聚力①。总之，尽管学者们的立足点和出发点不同，但是却有着非常一致的结论，那就是共享发展在推动社会发展和进步方面具有极为重要的理论和现实意义。

4. 共享发展的实现路径

关于共享发展的实现路径，学界的观点主要集中在共享发展的前提条件、共享发展的底线以及共享发展的制度保障三个层面。

首先，学者们认为共享发展的实现必须具备一定的前提条件。柳礼泉认为要实现共享发展必须要有稳固的社会基石作保障，只有坚持中国特色社会主义制度和党的领导，才能为共享发展提供社会基础②。苗瑞丹认为大力发展生产力是共享发展的必要前提，只有发展生产力、创造出更加丰富的物质财富，才能实现真正意义上的财富共享③。吴忠民从政治维度出发，提出共享发展首先要建立在全体社会成员社会联合的基础上，只有这样每个人才能分享其他人表现出来的天赋才能的总和④。

其次，学界普遍认为要实现共享发展，必须要坚守脱贫和社会保障的底线。刘武根提出要真正把共享发展理念落到实处，就要坚守脱贫的底线和社会保障安全网的底线，通过增加公共服务供给和缩小收入差距等一系列体制机制的改革来保障基本民生⑤。王诗卉提出要以共享发展理念引领脱贫工作，要守住底线，实行社保兜底脱贫、扶贫⑥。顾海良认为要实现共享发展，必须注重对弱势群体的权益保障，确保机会均

① 张吕，等．共享发展理念提出的依据及意义［J］．邓小平研究，2017（3）：34－40.

② 柳礼泉，汤素娥．论共享发展理念的丰富内涵和实现理路［J］．思想理论教育导刊，2016（8）：16－18.

③ 苗瑞丹．论马克思恩格斯发展成果由人民共享思想及其现实启示［J］．求实，2013（7）：8－12.

④ 吴忠民．社会公正奠定社会安全的基础［J］．社会学研究，2012（4）：17－24，242.

⑤ 刘武根，艾四林．论共享发展理念［J］．思想理论教育导刊，2016（1）：91－95.

⑥ 王诗卉．论共享是中国特色社会主义的本质要求［J］．湖南师范大学社会科学学报，2016（2）：73－78.

等，只有这样才能最大限度地调动社会主体参与到经济和社会建设中来①。

再次，学者们普遍认为要实现共享发展，必须坚持和完善社会主义基本经济制度、政治制度和社会制度。魏志奇认为收入分配制度和公共服务及其均等化制度是促进共享发展的两大制度体系②。李红松认为实现共享发展要改革分配制度，完善体现公平正义的法律和制度保障③。魏波指出要通过完善社会基本制度来保障全体人民共享基本权利，通过坚持人民主体地位来保障全体人民共享劳动成果，通过坚持社会主义人权的原则来保障社会成员的价值和尊严④。

综上所述，国内学者们从不同的维度和视角出发，对共享发展及其相关问题进行了以下研究和探讨：第一，总结了共享发展理念提出的理论和现实背景。第二，阐述了共享发展理念的丰富内涵。第三，分析了共享发展的重大理论和现实意义。第四，探索了共享发展的实现路径。这些成果为今后进一步的研究以及中国特色社会主义的现代化建设奠定了理论基础。

但是，由于共享发展理念提出的时间还不长，当前国内对共享发展的研究还存在一些不足之处。第一，从研究的内容来看，学者们对共享发展的背景、内涵、意义和实现路径等展开了深入的研究，但这些研究基本上还处于学理层面的定性分析阶段，对共享发展实践层面的量化考察研究相对较少。第二，从研究的视角来看，当前学界对共享发展的研究更多的是基于国内发展的视角，缺乏国际化视野的比较。

今后，应从以下方面入手深化对共享发展的研究：第一，加强对共享发展实践层面的量化考察研究。对共享发展实现程度的判断，不能仅

---

① 顾海良．新发展理念与当代中国马克思主义经济学的意蕴［J］．中国高校社会科学，2016（1）：4－7.

② 魏志奇．发展成果人民共享的理论建构［J］．求实，2015（1）：26－32.

③ 李红松．共享发展理念的哲学基础与落实路径［J］．求实，2016（9）：4－12.

④ 魏波．以共享理解发展［J］．中国特色社会主义研究，2016（1）：18－22.

靠人民的主观感受，还需要客观的评价指标来衡量。因此，建立一套科学合理的共享发展考核评价体系将是今后研究过程中需要关注的问题之一。第二，培养国际化的研究视野，加强对其他国家社会发展实践的比较分析和研究，总结其经验和教训，为我国的共享发展实践提供参考和借鉴。

（二）国外研究现状

共享发展是针对我国当代发展实践提出的发展新理念，由于提出时间相对较短，目前国外几乎还没有专门针对共享发展理念的系统性研究。但在整个西方社会发展思想史中，却有许多与共享发展相关的思想成果。总体来讲，这些思想成果主要表现在社会发展的人本思想和社会公正思想两个方面。

1. 关于社会发展的人本思想

在西方社会发展理论当中，蕴含着丰富的人本思想。这一思想认为社会发展的实质问题就是人的问题，即谋求人的幸福和发展。在《理想国》中，柏拉图认为国家发展的目标就是要实现全体公民的最大幸福①。康德明确提出了人是目的的观点，他认为要始终把人当目的，而不能当成工具②。近代以来，西方学者们从经济社会发展的视角出发，进一步丰富了人的发展的内涵。在《新发展观》中，佩鲁提出了以人为中心的整体综合发展观，他认为社会发展的目标就是要实现一切人和完整人的发展③。在《发展伦理学》中，著名的发展伦理学家德尼·古莱从人的美好生活的角度出发，认为发展就是提升个人和社会的全面人性④。阿马蒂亚·森在《以自由看待发展》一书中从自由的角度出发，

① 柏拉图．理想国［M］．郭斌和，张竹明，译．北京：商务印书馆，1986：133.

② 康德．道德形而上学探本［M］．张荣，李秋零，译．北京：中国人民大学出版社，2013：65.

③ 弗朗索瓦·佩鲁．新发展观［M］．张宁，丰子义，译．北京：华夏出版社，1987：4.

④ 德尼·古莱．发展伦理学［M］．高铦，温平，等译．北京：社会科学文献出版社，2003：8.

提出发展就是扩展人的自由的过程，而且他认为人们的自由是否得到增进是评判进步的首要标准，从而把人的自由提升到了一个全新的高度①。伊恩·迈尔斯在《人的发展与社会指标》中进一步阐述了以人为中心的社会发展思想，他认为人的发展就是在人与自然、社会和谐相处的基础上充分发挥人的潜力②。随着研究的进一步深入，很多学者开始从综合的视角来思考衡量人的发展标准问题。联合国的《人类发展报告》对人类发展指标进行了论述，报告中提出："人类发展这一概念主要涉及教育、健康、水资源和卫生、住房、食品和营养、收入和工作、环境、人口、社会安全以及政治自由等方面。"③ 总之，西方社会对人的发展问题的探讨日益深入，为各国的发展实践提供了有益的思想借鉴。

2. 关于社会公正思想

公正思想在西方社会发展史中可谓源远流长。早在古希腊时期，哲学家们就开始关注公正问题。苏格拉底认为公正和美德一样是智慧的一部分。柏拉图认为在智慧、勇敢、节制和正义当中，正义是最大的善。亚里士多德认为公正不仅是一种道德品质，还体现在人们的行为之中。他把公正分为分配公正和法律公正，通过二者的共同作用来确保现实公正的实现。由此可见，从苏格拉底抽象的公正观到亚里士多德分配公正和法律公正的结合，古希腊的公正思想开始从抽象走向具体。到了近代，功利主义的代表人物密尔从公正与权力的关系角度出发，提出"公正观念的本质，就是个人权力观念"④。康德把正义看成一种普遍的法则，他认为每个人的自由必须受到法律的限制，从而实现与其他人自

① 阿玛蒂亚·森. 以自由看待发展［M］. 任赜，于真，译. 北京：中国人民大学出版社，2002：1.

② 伊恩·迈尔斯. 人的发展与社会指标［M］. 贾俊平，译. 重庆：重庆大学出版社，1992：30.

③ 李伟峰. 联合国历年人类发展报告述评［J］. 国外理论动态，2003（7）：45.

④ 约翰·斯图亚特·密尔. 功利主义［M］. 徐大建，译. 北京：商务印书馆，1975：86.

由的协调一致。当代西方社会公正思想的典型代表人物就是罗尔斯和诺奇克。罗尔斯认为正义是社会制度的首要价值，他分别从起点公正、过程公正和结果公正三个方面阐述了正义观的内容，但是在他的整个理论体系中忽视了物质生产方式和生活方式的决定作用，具有明显的道德主义倾向。不同于罗尔斯的分配正义论，诺奇克主张自由主义的持有正义论，强调个人权力至上。诺奇克认为，政府必须尊重和保障每个人的选择自由和私有财产权，只有这样的政府才是最公正的，也是最值得追求的。在如何实现和维护社会公正的问题上，学者们也从不同视角出发进行了探讨。在 *Driving Democracy*：*Do Power-Sharing Institutions Work*？一书中，美国学者皮帕·诺里斯（Pippa Norris）提出了权利共享的概念，他认为各种利益群体都应该参与到政治决策及其实施过程之中[1]。学者德隆·阿西莫格鲁（Daron Acemoglu）和詹姆斯·A. 罗宾逊（James A. Robinson）在其著作 *Why Nations Fail*：*The Origins of Power*，*Prosperity*，*and Poverty* 中提出要通过包容性制度，为人们施展天赋和技能创设公平的环境[2]。由此可见，在对到底什么是正义以及如何实现和维护正义的认识上，西方学者们的观点并不一致，就像博登海默所说的一样："正义有着一张普洛透斯似的脸（a Protean face），变幻无常、随时可呈不同形状并具有极不相同的面貌。"[3]

总体来说，国外对共享及其相关问题的研究有很多值得肯定的地方。比如，关于社会发展的人本思想以及公平正义问题的研究，在很多方面为我们更好地推动共享发展提供了宝贵的借鉴。但是，我们必须清醒地看到，由于政治经济以及历史文化的差别，西方所谓的以人为中心和社会公平正义与我国"以人民为中心"的发展思想以及社会公平正

---

① NORRIS P. Driving Democracy：Do Power-Sharing Institutions Work？［M］. Cambridge：Cambridge University Press，2008：155.

② ACEMOGLU D，ROBINSON J A. Why Nations Fail：The Origins of Power，Prosperity，and Poverty［M］. Turkey：Crown Publishing Group，2012：72－75.

③ 博登海默. 法理学、法律哲学与法律方法［M］. 邓正来，等译. 北京：中国政法大学出版社，1999：252.

义思想有着本质的区别，他们的思想观点主要是为资产阶级代言服务的。因此，我们在学习西方相关理论的过程中，要坚持在批判中吸收和借鉴的态度，同时要结合我国的发展实际，创造性地加以发展和运用。

三、研究思路与方法

（一）研究思路

本文以共享发展为研究主题，综合运用多维研究方法，论述了共享发展理念提出的时代背景，分析了共享发展的实践基础和理论渊源，阐述了共享发展理念的主要内涵和基本特征。此外，本文坚持理论与实际相结合的原则，在对共享发展进行理论探讨的过程中，注重把理论的功能引向实践的领域，对我国共享发展的现状特别是推进共享发展过程中的现实困境进行了详细论述，总结了其他国家的发展经验教训对我国推进共享发展的启示，在此基础上阐明了我国实现共享发展的现实路径。

全文共分为六个部分。引言部分阐明选题依据及意义、国内外研究现状、研究的思路与方法以及文章的创新与不足；第一章主要阐明共享发展理念的实践基础及理论渊源；第二章分析和阐释了共享发展的主要内容及基本特征；第三章分析当前我国在推进共享发展过程中所面临的现实困境；第四章通过对其他国家发展进程中制度设计及发展实践的分析，总结出可供我国借鉴的发展经验和教训，以更好地推进共享发展；第五章提出我国实现共享发展的现实路径，为我国更好地推进共享发展实践提供理论参考。

（二）研究方法

1. 文献研究法。结合本文的研究内容，大量查阅国内外与共享发展相关的文献，并在对文献进行归纳总结的基础上形成研究问题的思路，提出本文的中心论点。

2. 比较分析法。本文在如何推进共享发展的研究中，采用比较分析的方法，通过对其他国家兴衰成败和发展得失的分析，从中吸取可供借鉴的经验教训，为我国更好地推进共享发展提供有益的借鉴。

3. 综合分析法。对共享发展问题的研究，是一个涉及多学科的综合性问题。因此，本文综合运用马克思主义哲学、政治经济学、社会学等多学科的相关知识，对什么是共享发展、为什么要推进共享发展、当前我国推进共享发展的现实困境以及如何进一步推进共享发展等问题进行深入的研究。

四、创新与不足

（一）创新之处

现有研究成果大多停留在抽象定性分析的层面，而具有操作意义的定量分析偏少。本文通过共享发展考核评价体系的构建，使我们对共享发展的认知不再局限在“是什么”和“为什么”的定性分析层面，而是进一步延伸到“怎么做”的定量分析领域，使共享发展有了可量化、可操作的“标尺”，为判断共享发展的推进进程及实现程度提供了可供参考的指标体系，同时为推进更高层次的共享发展提供了行动指南。

本文注重拓展研究视野，通过对发达国家、发展中国家以及苏联式社会主义国家发展进程中制度设计及发展实践的分析，总结它们兴衰成败和发展得失的经验与教训，为我国更加有效地推进共享发展提供借鉴和参考。

（二）研究的不足

共享发展是一个涉及多学科、多领域的复杂问题，对这一问题的研究需要丰富的知识储备作为支撑。受作者自身条件的限制，本文仍有一些不足之处，今后需要进一步完善。

首先，对共享发展的科学内涵及实现路径的研究还不够系统和深入。在对共享发展的内涵及实现路径进行阐述的过程中，主要还是侧重于宏观层面的理论阐释，对微观层面的内容没有进行深入具体的研究，从而使研究内容不够系统全面。

其次，对共享发展考核评价体系的研究还相对粗浅。由于作者经济学、统计学等知识的欠缺，对共享发展考核评价指标权重的设置尚未进行深入研究，今后应尝试通过更加科学的方法来获得共享发展基础指标的权重。

第一章

共享发展理念的实践基础及理论渊源

作为我国社会发展的新理念，共享发展是以习近平同志为核心的党中央在紧密结合时代条件和实践要求，继承和发展马克思主义共享发展思想，汲取中国传统文化中与共享相关的有益思想，借鉴国外社会发展思想合理成分的基础上而提出的科学发展理念。共享发展理念既有丰富的实践基础，又有深厚的理论渊源，体现了以习近平同志为核心的党中央对共产党执政规律、社会主义建设规律和人类社会发展规律认识的升华，是中国共产党发展理念的新飞跃。

第一节　共享发展理念提出的时代背景

任何理论的产生都有其特定的时代背景。面对决胜全面小康阶段复杂的国内外形势，以习近平同志为核心的党中央在深刻洞悉当今世界发展大势、总结分析我国改革开放和社会主义现代化建设历史性成就以及经济社会发展新趋势的基础上，针对我国当前发展问题提出了共享发展新理念。共享发展理念的提出，既是顺应时代潮流的需要，也是解决我国当前发展问题的需要。

一、共享发展是顺应时代潮流的需要

随着经济全球化的深入发展，各国之间相互依存和利益融合的程度进一步加深。与此同时，金融危机、地区冲突与动荡、恐怖主义、资源能源安全与气候变化等各类问题日益突出，人类发展面临严峻的风险与挑战。面对这些问题，各国必须通过完善发展理念和模式来维系共同利益。在这一背景下，很多西方国家所坚持的零和博弈思维和自我中心主义的发展模式越来越不符合当今世界的发展要求，而和平、发展、合作、共赢的时代潮流却愈加强劲。

"'自我中心主义'是一种从自我的至上性出发，在将'自我中心'极端化、教条化的基础上，看待世界并处理自我与周围事物关系的世界观，包括价值观、发展观和方法论。"① 在具体实践中，自我中心主义往往通过损害他人利益来追求自我利益的最大化，就其本质而言就是极端的利己主义。在国际交往中，自我中心主义的发展模式坚持零和博弈思维，将国与国之间"双向互利"的应然关系异化为"单向求利"的实然关系，妄自尊大、唯我独尊，为谋求自身利益而不择手段，最终导致各类全球性问题日益严重。当前，以美国为首的一些西方国家所坚持的自我中心主义的发展模式已越来越不适应新的国际格局和时代潮流的发展需求，在发展实践中逐步陷入僵局并难以为继。

与此同时，在对西方发展思维、模式和实践进行总结、反思和超越的基础上，一种新的发展思维和模式正在悄然兴起，那就是互利共赢的发展思维和共生主义的发展模式。互利共赢的发展思维主张在机会和利益共享中实现公平正义和合作共赢。共生主义的发展模式要求各国在和谐共生、互利共赢的基础上，积极推动人类社会的共同进步和人的全面

---

① 邱耕田．当今世界两种不同的发展模式［J］．新疆师范大学学报（哲学社会科学版），2017（6）：40－47.

发展。互利共赢的发展思维和共生主义的发展模式顺应了时代发展的潮流，反映了人们对和平、发展和繁荣的美好向往，已逐步成为世界各国人民共同的价值取向。

面对世界经济低迷、贫富差距和南北差距等突出问题，党的十八大以来，以习近平同志为核心的党中央在处理国与国之间的关系时，把互利共赢的发展思维和共生主义的发展模式具体化为共同发展的政治主张，明确提出实现共同发展是各国人民特别是发展中国家人民的普遍愿望。所谓共同发展，就是指各个国家通过自身的行动和彼此间的合力提升发展的内联外动性，在谋求自身发展的同时更多惠及其他国家和人民，从而使不同国家、不同阶层的人民都能共享世界经济发展成果，在全球范围内实现平衡发展。就其实质而言，共同发展就是各国在发展过程中要通过合作共建实现全体人民的共赢共享。

在处理人与人之间的关系时，共生主义的发展模式具体表现为共享发展的理念和实践。共享发展理念实质上体现的是以人民为中心的发展思想，其根本目的就是改善人民生活、增进人民福祉，使全体人民在权利、机会和规则平等的基础上共同参与到改革发展进程之中，共同享有改革发展成果。共享发展理念不仅有助于解决当前困扰我国社会发展的贫困、失业、收入差距拉大等一系列问题，促进社会公平正义，而且有助于实现人与人、人与自然以及人与社会之间的和谐，进而提升发展的公平性、有效性和协同性。

可见，不管是国与国关系层面共同发展的主张，还是人与人关系层面共享发展的理念，都体现了以习近平同志为核心的党中央在新的时代背景下对共生主义发展模式的坚持和发展，都是顺应时代发展潮流的需要。

二、共享发展是解决我国当前发展问题的需要

经过改革开放四十多年的发展，我国综合国力显著提升，人民生活

水平持续改善，经济社会展现出蓬勃发展的活力。但与此同时，我国在发展过程中还存在许多风险和挑战。当前，我国正处于全面深化改革的攻坚期和深水期、全面建成小康社会的决胜期以及各种国内外风险的互动叠加期。各种风险和挑战呈现出不断累积并集中显露的态势，具有“触点”多、“燃点”低的鲜明特征，一旦处理不好，将会使问题激化，甚至影响整个现代化发展进程。面对风险和挑战，最根本的还是要从人民群众反映最强烈最突出最紧迫的问题入手，解决好人民群众最关心最直接最现实的利益问题。而要解决好这些问题，必须要有正确的理论作指导。在这一历史背景下，以习近平同志为核心的党中央适时提出了共享发展理念，旨在破解难题、化解危机，通过一系列制度安排解决广大人民群众在各方面的利益诉求，更好地增进民生福祉，进一步维护和实现广大人民群众的根本利益。

（一）共享发展是补齐短板、决胜全面小康的需要

决胜全面小康，是中国共产党对人民和历史的庄严承诺。“如果到2020年我们在总量和速度上完成了目标，但发展不平衡、不协调、不可持续问题更加严重，短板更加突出，就算不上真正实现了目标……也无法得到人民群众和国际社会认可。”① 因此，决胜全面小康，首要任务就是要“全面”，这既包括“五位一体”的全面进步，也包括惠及全体人民的小康以及城乡区域的共同小康。但是，当前我国在实际发展过程中却存在许多短板。首先，长期以来我们对发展的片面理解和认识，使我们选择了只讲经济利益、不讲社会效益的粗放高代价的发展方式，产生了相当强烈的负面效应，生态文明建设的短板就是后果之一。其次，长期以来受“先富带后富”梯度发展战略的影响，居民收入差距拉大、不同社会群体在民生保障方面的收益不均衡，农村贫困人口的脱贫问题成为最突出的短板。再次，受现行国内生产总值核算体系的影响，国内生产总值成为衡量发展水平的唯一标准，导致城乡区域发展差

---

① 习近平谈治国理政：第2卷［M］. 北京：外文出版社，2017：78.

距越来越大。如果不及时补齐以上短板，全面建成小康社会的进程势必会受到影响，甚至会被迫中断。面对全面建成小康社会进程中的各种问题和矛盾，共享发展以人的全面发展和社会的全面进步为价值目标，在坚持整体性发展原则的基础上，从人民群众最关心最直接的现实问题入手，转方式、调结构、补短板，努力解决好社会的公平正义问题，使全体人民更加公平地享有改革发展红利，以此凝聚起全体人民的智慧和力量，共同决胜全面小康。可见，共享发展是补齐短板、决胜全面小康的需要，是实现“两个一百年”奋斗目标的必然选择。

（二）共享发展是突破瓶颈、逐步实现共同富裕的需要

“共享理念实质就是坚持以人民为中心的发展思想，体现的是逐步实现共同富裕的要求。”① 实现共同富裕，是中国共产党的不懈追求和奋斗目标。但共同富裕并不是一种静止的理想状态，它既是我国现代化建设的当前任务也是其最终目的。因此，从本质上来讲，共同富裕是一个时代性与终极性相统一的动态发展过程。在这个发展过程中，具有时代特征的一个又一个近期目标的实现，既提升了共享的层次和水平，又积累了共同富裕的积极因素，为最终实现共同富裕创造了前提。

1. 共同富裕是社会主义的本质特征

作为经济学领域的一个概念，共同富裕也就是普遍富裕，指的是在消除贫困和两极分化的基础上，通过全体社会成员的共同劳动来发展社会生产力，从而使所有人都达到富裕的程度。从构词上来讲，共同富裕一词由作为修饰语的“共同”和作为核心词汇的“富裕”组合而成。“富裕”与贫穷相对应，通常用来形容生活的丰裕程度，集中体现了社会的生产力发展水平；而“共同”则是从生产关系的层面规定了社会成员对财富的占有方式。共同富裕一方面规定了社会主义社会在发展过程中要大力解放和发展生产力，从而实现富裕这一基本目的，另一方面又规定了社会主义社会要实现的富裕是全体人民的共同富裕。共同富

① 习近平谈治国理政：第 2 卷［M］．北京：外文出版社，2017：214.

裕，既是中国共产党的不懈追求和奋斗目标，也是社会主义制度区别于以往所有剥削制度的最基本的特征，是社会主义的本质规定和社会主义优越性的集中体现。

在对社会主义本质的理解上，邓小平始终坚持一个观点，那就是贫穷不是社会主义，社会主义的特点是富而不是穷。邓小平认为如果人民长期处于贫困的生活状态，那么这样的社会主义便毫无优越性可言。社会主义的首要任务就是要加速发展生产力，努力提高人民的物质文化生活水平。对此，邓小平指出："就我们国家来讲，首先是要摆脱贫穷。要摆脱贫穷，就要找出一条比较快的发展道路。贫穷不是社会主义，发展太慢也不是社会主义。否则社会主义有什么优越性呢？"①

此外，邓小平认为少数人富裕也不是社会主义。社会主义的富，不是少数人或部分人的富，而是全体人民共同的富，这是社会主义与资本主义最本质的区别。在资本主义社会，生产资料归资本家私人占有，资本主义生产的目的是为了最大限度地获取剩余价值。尽管资本主义在发展生产力、创造物质财富的同时也能使人民的生活水平得到改善，但是社会财富越来越集中在资本家手中却是不可避免的趋势，其最终结果必然会导致两极分化。社会主义实行生产资料公有制，这从经济基础上决定了劳动者根本利益的一致性，从而明确了社会主义生产的目的不是为了满足少数人的利益需求，而是要满足全体社会成员的利益需求，使他们走上共同富裕之路。因此，邓小平提出："社会主义最大的优越性就是共同富裕，这是体现社会主义本质的一个东西。"②

2. 共享发展是实现共同富裕的必由之路

共享发展理念是以习近平同志为核心的党中央在认真总结国内外发展经验教训和深刻分析国内外发展大势的基础上提出的，体现了中国共产党对当前我国社会发展问题和发展规律认识的深化，是新时代共同富

① 中共中央文献研究室．邓小平年谱（1975－1997）（下）［M］．北京：中央文献出版社，2004：1209.

② 邓小平文选：第3卷［M］．北京：人民出版社，1993：364.

裕奋斗目标指引下由非均衡发展向均衡发展转变的现实表达，是实现共同富裕奋斗目标的必由之路。

受社会生产力发展水平的制约，共同富裕的实现必然是一个由低到高、循序渐进的历史过程。在社会主义初级阶段，生产力发展水平的落后性、多层次性以及各地区间发展的不平衡性，决定了我们要实现的共同富裕既不可能是同时富裕也不可能是同步富裕。过去我们所追求的平均主义，脱离了当时的生产力发展水平、脱离了具体国情和时代特征，否认经济发展的不平衡性和差异性，结果导致了共同落后和贫穷。只有通过发展社会主义市场经济，使一部分人、一部分地区先富起来，同时通过国家宏观调控的办法，使先富带动后富，才能最终实现共同富裕。先富带后富是对平均主义的否定，从哲学上来讲，符合事物从平衡到不平衡再到新的平衡的螺旋式发展规律，是在社会主义初级阶段经济文化落后、生产力水平低下的特定背景下实现共同富裕的必然选择。

实践证明，在先富带后富思想的指导下，亿万人民群众的积极性得到了充分的调动，人民生活水平大幅度提升，总体上达到小康水平，政治经济文化等各方面建设都取得显著成效。“我们用几十年时间走完了发达国家几百年走过的发展历程，创造了世界发展的奇迹。”① 但是，长期以来先富带后富的非均衡发展模式也产生了诸多问题，发展不平衡不充分、社会阶层分化等问题开始成为制约我国进一步发展的瓶颈。之所以产生这些问题，是因为长期以来我们将发展的目光聚焦在“效率优先”上，对公平问题却缺乏同等程度的关注。在实际发展过程中，先富不可能自发地带动后富，后富也因为缺少充分的发展空间而“成就感”“获得感”不足，“被剥夺感”却逐步增强。可见，长期以来，我们在发展中风险与矛盾并存，发展面临着很大的不确定性。这充分说明，先富带后富的非均衡发展模式已经不能适应当前我国的发展实际。

---

① 中共中央文献研究室．习近平总书记重要讲话文章选编［M］．北京：中央文献出版社、党建读物出版社，2016：385－386.

共享发展理念的提出，正是对我国发展过程中各种问题和矛盾的积极回应。共享发展不仅可以满足人民日益多元化的利益诉求，而且有助于实现和维护社会的和谐稳定，增强我国抵御和化解各种风险和危机的能力，为全面建成小康社会、逐步实现共同富裕的奋斗目标奠定坚实的基础。总之，共享发展理念是由问题倒逼而来，有着强烈的问题意识和鲜明的问题导向，充分体现了社会主义的本质要求，是保证人民共享发展成果、逐步实现共同富裕的必由之路。

（三）共享发展是消除障碍、维护社会公平正义的需要

“治天下也，必先公，公则天下平矣。”（《吕氏春秋·贵公》）公平正义，向来是人类梦寐以求的理想，也是马克思主义政党的一贯政治主张。中国共产党自成立之日起，就把公平正义写进自己的奋斗目标，在领导中国人民进行社会主义革命、建设和改革开放的伟大历史进程中，始终把实现社会公平正义作为坚持不懈的追求。十八大以来，我们党更是把实现社会公平正义作为一项重大政治任务，明确提出在社会主义现代化建设过程中，要维护社会公平正义，使全体人民共享改革发展成果。亚当·斯密在《道德情操论》中指出：“如果一个社会的经济发展成果不能真正分流到大众手中，那么它在道义上将是不得人心的，而且是有风险的，因为它注定要威胁社会稳定。”① 当前，人民的利益需求日益呈现出多元化的趋势，只有在不断发展的基础上切实维护和实现社会公平正义，让广大人民共享改革发展成果，才能有效协调各方面的社会关系，维护社会和谐稳定，进而凝聚起全社会的智慧和力量，为经济社会持续健康发展奠定良好的社会基础。

1. 共享发展是实现社会公平正义的根本途径

“共享发展注重的是解决社会公平正义问题。”② 维护社会公平正义、促进人的全面发展，是共享发展理念的价值旨归。改革开放四十多

---

① 亚当·斯密．道德情操论［M］．蒋自强等，译．北京：商务印书馆，2003：74.
② 习近平谈治国理政：第2卷［M］．北京：外文出版社，2017：199.

年来，随着我国经济的高速发展，社会结构也经历着剧烈的转型，社会高度分层化和两极固化的趋势日益明显，各种社会矛盾和问题也随之凸显，社会公平正义面临严峻的挑战。在这一背景下，建立一种能够凸显社会公平正义的体制机制，以此应对社会结构的变革、避免由于社会不公而引发各种矛盾冲突，显得尤为重要。换言之，作为一种理想的社会状态，公平正义不可能自发地实现，它的实现需要由相应的制度建设作保证。因此，在实际发展过程中，要切实把公平正义的理念转化为具体的制度设计，就必须立足于我国社会发展水平和发展大局，逐步建立起以权力公平、机会公平、规则公平以及分配公平为主要内容的公平保障体系，在此基础上实现"资源共享、机会均等、权力均衡和生存发展空间合理配置。"①

共享发展是维护和实现社会公平正义的必然选择。目前我国在改革发展过程中，不管是从实际发展状况还是从制度设计来看，依然存在许多不完善的地方。这些问题的存在，严重制约了我国的改革发展进程，不利于社会公平正义的实现。共享发展理念的提出，就是要通过解决我国改革发展进程中存在的问题，把长期以来单纯强调"效率优先"的非均衡发展模式转变为进一步发展基础上"更加注重社会公平"的公平发展模式，综合运用制度安排、法律规范、政策支持等多种手段，克服发展成果在社会成员间自然无序流动的现象，切实维护社会公平和正义。一方面，共享发展是以经济建设为中心的发展。"实现社会公平正义是由多种因素决定的，最主要的还是经济社会发展水平。"② 就内涵而言，公平正义是一个特定的历史范畴，在不同时期具有不同的内容。但是，不管在任何时候，公平正义的实现都需要坚实的物质基础做后盾，否则公平正义注定只是空想。尽管现阶段我国还存在不少有违公平

① 杨文伟．透视阶层固化当前社会"拼爹"现象和"二代"问题探析［M］．武汉：湖北人民出版社，2015：258.

② 中共中央文献研究室．习近平关于全面建成小康社会论述摘编［M］．北京：中央文献出版社，2016：134.

正的现象，但很多是由于发展不足引起的，是可以通过不断发展得到解决的。共享发展正是紧紧抓住了经济建设这一中心任务，通过不断做大“蛋糕”努力推动经济持续健康发展，为公平正义的实现创设坚实的物质基础。另一方面，共享发展在坚持做大“蛋糕”的基础上，更加注重把“蛋糕”分好。共享发展始终坚持人人参与、人人尽力、人人享有的基本原则，注重从人民群众最关心、最直接、最现实的利益问题出发，着力协调和处理好各方面的利益关系，在此基础上逐步缩小贫富差距和消除两极分化，使人民群众更加公平合理地享有改革发展成果。总之，共享发展不仅可以提升发展的层次、质量和水平，而且可以增强人民群众的获得感、成就感和幸福感，是维护和实现社会公平正义的根本途径。

2. 共享发展是实现社会公平正义的根本动力

人民群众是历史的主体和创造者，这就决定了我们的一切工作都应该而且必须坚持把人民作为根本立足点和出发点，尊重人民主体地位。在社会公平正义领域，人民主体性体现在他们既是社会公平正义的价值主体，又是维护和实现社会公平正义的实践主体。

就价值指向而言，维护和实现社会公平正义，就是为了在进一步加强权利公平、机会公平、规则公平等制度保障的基础上，使每一个人的潜能得到充分发挥，使每一个人在各方面的才能都得到充分发展，使每一个人都能共享改革发展成果、共享人生出彩的机会和梦想成真的机会。就发展动力而言，社会公平正义的维护和实现，需要在坚持和尊重人民主体地位的基础上，激发每个社会成员的主动性与积极性。正如习近平总书记所言：“坚持人民主体地位，充分调动人民积极性，始终是我们党立于不败之地的强大根基。”① 总之，要维护和实现社会公平正义，既要充分发挥人民的主人翁精神，又要充分保护好人民当家作主的地位。

---

① 习近平谈治国理政［M］. 北京：外文出版社，2014：27.

发挥人民的主人翁精神、保护人民当家作主的地位不是简单地喊口号、贴标签，而是要落实到实际行动之中，切实从实现好、维护好、发展好广大人民群众的根本利益做起。任何活动，只有具有能够实现的群众性“利益”，才可能得到群众的支持，也才可能得以持久发展。社会公平正义的维护和实现同样如此。共享发展理念的提出，正是把发展放在如何实现和维护人民群众的根本利益中来认识，放在如何使发展成果惠及全体社会成员中来思考，放在如何引导全体人民群众走向共同富裕的道路中来把握，努力为实现全体人民的福祉探求一条系统、规范、科学的发展道路。贯彻落实共享发展理念，可以增强人民的主人翁意识，激发他们必胜的信心和昂扬的斗志，引导他们通过扎实的努力不断推进和维护社会公平正义，从而形成共享发展与社会公平正义良性互补的态势，在此基础上切实增进人民福祉，保证人民得到真正的实惠。可以说，共享发展不仅为实现资源共享、机会均等、权力均衡以及生存空间的合理配置奠定了坚实的基础，而且为社会公平正义的实现提供了根本动力。

3. 共享发展是社会公平正义实现程度的评判标准

“平等的观念本身是一种历史的产物……因此它不是自古以来就作为真理而存在的。”① 作为一个历史范畴，公平正义在不同历时期具有不同的内容。此外，公平正义也绝不是一个抽象的概念，而是一个与具体利益关系相联系的社会范畴。“权力永远不能超出社会的经济结构以及由经济结构制约的文化发展。”② 对公平正义的研究，必须以现实的生产资料所有制以及由此决定的分配制度为基础；对公平正义的理解，也必须以具体的历史条件和客观实际为出发点和根本立足点。

在推进社会主义现代化建设的历史进程中，人们对公平正义的认识日益深化，对公平正义的内容、层次等各方面的需求也日益提升，人们

① 马克思恩格斯全集：第20卷［M］．北京：人民出版社，1971：671.
② 马克思恩格斯选集：第3卷［M］．北京：人民出版社，2012：364.

“期盼有更好的教育、更稳定的工作、更满意的收入、更可靠的社会保障、更高水平的医疗卫生服务、更舒适的居住条件、更优美的环境，期盼孩子们能成长得更好、工作得更好、生活得更好。”① 这些需求能否得到满足，事关我国社会主义现代化建设的兴衰成败。至于这些需求的满足或实现程度如何，则要以当前人们享有社会发展成果的质量和层次为依据。共享发展理念的提出，就是要在全面深化改革的基础上消除阻碍人民参与发展并分享发展成果的各种障碍，以此提升人民享有发展成果的质量和层次。由此可见，共享发展不仅对社会公平正义作了层次上的规定，而且还从具体内容和实现程度上对公平正义进行了说明。共享发展既是当前社会公平正义的具体体现，也是社会公平正义实现程度的评判标准。

总之，问题是时代的声音，共享发展理念的提出具有鲜明的现实针对性。共享发展是紧密结合时代条件和实践要求而提出的科学发展理念，目的就是解决我国在发展中面临的各种问题和挑战，使我们坚定不移地沿着中国特色社会主义道路前进，为实现全体人民的共同富裕而努力奋斗。

第二节　共享发展理念的实践基础

共享是中国共产党一直以来的理想价值追求。在领导中国革命、建设和改革发展的历史进程中，中国共产党围绕共享及其相关问题展开了一系列理论和实践探索。尽管在探索过程中曾经一度出现了失误和偏差，但不管是成功的经验还是失败的教训，都为共享发展理念的提出奠定了坚实的实践基础，为新时代更好地推进共享发展提供了参考和借鉴。

---

① 习近平谈治国理政［M］. 北京：外文出版社，2014：4.

一、中国共产党对共享发展的初步探索

从 1921 年中国共产党成立到 1978 年改革开放之前，这段时间是中国共产党对共享发展的初步探索时期。在这一时期，中国共产党带领中国人民推翻三座大山的压迫，建立了新中国，为人民共享发展成果创造了前提。由于缺乏相应理论和实践经验的指导，这一时期党对共享发展的认识和理解只能在革命和建设的具体实践探索中曲折前进。

（一）新民主主义革命时期对共享发展的探索

受社会历史条件的限制，这一时期的中国共产党没有也不可能提出共享发展的问题。但是，中国共产党的很多主张中蕴含着丰富的共享发展思想因素。

第一，民族独立和人民解放是维护人民根本利益的政治前提。帝国主义、封建主义和官僚资本主义是当时压在中国人民头上的三座大山，他们始终代表和维护的，是本阶级的统治地位和利益，这就决定了他们绝不可能与受奴役和压迫的广大劳苦群众共享发展成果。要实现人民的幸福富裕和国家的繁荣富强，首要任务就是要推翻三座大山的压迫，求得民族独立和人民解放。可以说，“没有一个独立、自由、民主和统一的中国……便没有人民的福利，便没有国家的富强”①。基于这一认识，中国共产党带领中国人民经过艰苦卓绝的斗争，夺取了新民主主义革命的胜利，为我国从一个经济文化落后的国家向经济繁荣、全面进步的国家迈进奠定了基础。

第二，关心并解决人民群众的利益问题是共产党员革命的出发点和归宿。我们党要想获得人民群众的支持和拥护，首先必须要关心并解决人民群众的利益问题。“处处要想到群众，为群众打算，把群众的利益

① 毛泽东选集：第 3 卷［M］. 北京：人民出版社，1991：1080.

放在第一位。”① 关心并解决群众的利益问题，不是口头上的空谈，而是要实实在在地为人民谋福利。当然，为人民群众谋利益，不仅仅局限于看得见的物质福利，还应包括政治、文化、社会等各方面的利益。毛泽东曾经特别强调：“全国人民都要有人身自由的权利，参与政治的权利和保护财产的权利。”② 因此，这一时期，中国共产党不仅非常注重改善人民的生产生活状况，而且倡导并积极推动多种形式办学，努力提升人民的受教育水平。此外，中国共产党还格外注重赋予人民平等的政治地位和权利。早在《中华苏维埃宪法大纲》中，中国共产党就明确指出所有苏维埃公民一律平等，所有 16 岁以上的苏维埃公民都有选举权和被选举权，从而使广大根据地人民真正成为自己的主人。

第三，建立合作社是维护和实现人民利益的基本途径。毛泽东认为合作社是在经济上组织群众的最重要的形式，也是实现集体化的唯一道路。通过建立合作社，可以把广大群众的力量凝聚到一起。在毛泽东看来，建立合作社是“人民群众得到解放必由之路，由穷苦变富裕的必由之路，也是抗战胜利的必由之路”③。因此，早在中央苏区时期，中国共产党就领导广大根据地农民创立了各种形式的农业互助合作社以及劳动互助社，有效缓解了根据地农业生产过程中劳动力、耕畜以及农具等不足的问题。抗日战争和解放战争时期，中国共产党进一步继承和发展了土地革命时期农业互助合作社的成功经验，号召广大农民在自愿的基础上加入各种劳动互助组织，在发展生产、改善农民生活和保障战争供应方面起到了非常积极的作用。

第四，人民群众是革命的主力军，共产党员要深入群众，虚心向群众学习，跟群众密切结合。毛泽东认为共产党员必须要经群众斗争的大风雨、见群众斗争的大世面。因为群众具有伟大的创造力，只有深入群众之间，向群众学习并把群众的经验上升为理论，才能真正解决好群众

---

① 毛泽东选集：第 3 卷［M］. 北京：人民出版社，1991：1096.
② 毛泽东选集：第 3 卷［M］. 北京：人民出版社，1991：808.
③ 毛泽东选集：第 3 卷［M］. 北京：人民出版社，1991：932.

的问题，也才有可能使群众得到解放和幸福。为避免工作中出现脱离实际的现象，毛泽东经常深入实际调查研究，从群众中汲取智慧和力量，从而制定出正确的政策和策略。此外，毛泽东还非常注重群众工作的方式方法，在有效组织群众、巩固和发展革命根据地方面起到了极其重要的作用。

（二）社会主义革命和建设时期对共享发展的探索

这一时期，中国共产党从理论和实践两方面对共享发展相关问题进行了探索，总结了许多有益的经验。

第一，社会主义道路是巩固工农联盟、避免两极分化的必由之路。我国是一个农业大国，农民占了全国人口的绝大多数，因此毛泽东一直非常关心农业和农民问题。新中国成立后，毛泽东对农民问题更加关注，提出要引导农民走社会主义道路，实现共同富裕。一方面，毛泽东认为引导农民走社会主义道路可以巩固工农联盟和新生的国家政权。他在中国共产党第七届中央委员会扩大的第六次会议上强调："要巩固工农联盟，我们就得领导农民走社会主义道路，使农民群众共同富裕起来，穷的要富裕，所有农民都要富裕，并且富裕的程度要大大地超过现在的富裕农民。"① 另一方面，毛泽东认为只有引导农民走社会主义道路，才能有效避免两极分化。"如果党不积极引导农民走社会主义道路，资本主义在农村中就必然会发展起来，农村中的两极分化就会加剧起来。"② 基于以上认识，以毛泽东同志为核心的第一代中央领导集体从1952年开始就把对农业的社会主义改造提上议事日程，通过互助组、初级社再到高级社的形式引导农民开展互助合作运动，从而使农民逐步走上了社会主义道路，有效遏制了农村贫富两极分化的趋势，促进了农业生产力的发展。

---

① 中共中央文献研究室．建国以来重要文献选编：第7册［M］．北京：中央文献出版社，1993：308.

② 中华人民共和国国家农业委员会办公厅．农业集体化重要文件汇编：上集［M］．北京：中共中央党校出版社，1981：451.

第二，大力发展生产力是社会主义的中心任务。早在新民主主义革命时期，毛泽东就多次强调要重视经济建设、改善人民生活。新中国成立后，毛泽东多次强调要大力发展生产力，他认为革命的目的就是为了解放生产力，大力发展工业和农业生产。为此，毛泽东一方面强调要有计划地发展社会主义的商品生产，另一方面提出要利用科学技术推动生产力的发展，因为“不搞科学技术，生产力无法提高”①。在这一思想指导下，全社会展现出极大的创业热情，我国的工业体系逐步建立，科学技术事业也得到了长足的发展，初步奠定了我国的物质经济基础。尽管毛泽东因晚年的错误而没能坚持大力发展生产力这一中心任务，但他对发展社会主义生产力的努力探索是不容忽视的，为当前我们更好地推进共享发展提供了重要启示。

第三，统筹兼顾是实现共同富裕的必然选择。统筹兼顾，实质上是从方法论层面对马克思主义社会整体性思想的运用和发展。早在延安时期，毛泽东就指出要按照统筹兼顾的方针办事。1956 年，毛泽东在《论十大关系》中强调必须要兼顾国家、集体和个人三个方面的关系。在《关于正确处理人民内部矛盾的问题》中，毛泽东对统筹兼顾问题进行了详细阐述。具体而言，毛泽东统筹兼顾的思想主要包括两个方面的内容。第一，统筹兼顾是要兼顾全国人民的利益，而不是搞小圈子主义。毛泽东强调：“这里所说的统筹兼顾，是指对于六亿人口的统筹兼顾。”② 第二，统筹兼顾是调节各方面问题和不同群体利益关系的方针。在《论十大关系》中，毛泽东在分析城乡、区域、中央与地方的利益关系时，提出必须要兼顾国家、集体、个人三个方面的关系；在分析工人、企业、农民的利益问题时，提出必须要兼顾，而不能只顾一头。在《关于正确处理人民内部矛盾的问题》中，毛泽东提出要统筹各方面的利益关系，“无论粮食问题，灾荒问题，就业问题，教育问题，知识分

① 毛泽东文集：第 8 卷［M］. 北京：人民出版社，1999：351.
② 毛泽东文集：第 7 卷［M］. 北京：人民出版社，1999：227.

子问题，各种爱国力量的统一战线问题，少数民族问题，以及其他各项问题，都要从对全体人民的统筹兼顾这个观点出发……”① 尽管由于种种原因，毛泽东的统筹兼顾思想未能真正成为实践方针，甚至由于生产力发展水平的制约，统筹兼顾一度沦为平均主义的代名词，但毛泽东的这一思想对当前推进我国经济社会的全面协调发展具有重要的指导意义。

二、中国共产党对共享发展的重新探索

从 1978 年改革开放开始一直到 2012 年，是中国共产党对共享发展的重新探索时期。在改革开放之前的很长一段时间内，我们党就如何建设社会主义进行了深入的思考和探索，但受当时党内错误思想路线的影响，人们逐渐把社会主义等同于平均主义，导致了极端平均主义的盛行。因此，当时的中国不但没有实现共同富裕，反而走向了“共同贫穷”。在这一历史背景下，中国共产党重新从理论和实践两个层面对什么是社会主义以及如何建设社会主义展开了不懈探索，积累了许多与共享相关的思想成果。

（一）改革开放初期对共享发展的探索

改革开放之初，我们党在总结我国社会建设正反两方面经验教训的基础上，对什么是社会主义以及如何建设社会主义进行了积极探索，深化了对社会主义的认知。

第一，社会主义要在解放和发展生产力的基础上，实现全体人民的共同富裕。在坚持马克思主义生产力理论以及深刻总结新中国成立三十年经验教训的基础上，邓小平清醒地认识到生产力发展水平制约着共同富裕的实现程度和水平。要改善人民的物质文化生活状况并最终实现共同富裕，必须采取积极的政策来推动生产力的发展。在现代化建设的道

① 毛泽东文集：第 7 卷［M］. 北京：人民出版社，1999：228.

路设计上，邓小平强调必须从中国的特点出发，在摸准、摸清国情及经济活动中各种因素间相互关系的基础上，确定长远规划的原则。在这一思想指导下，邓小平提出了“三步走”的发展战略，为实现共同富裕提供了战略保障。

第二，实现共同富裕必须实施非均衡发展与防止两极分化相结合的策略。从我国处于社会主义初级阶段这一基本国情以及我国生产力发展不平衡这一基本特点出发，邓小平提出了非均衡发展与防止两极分化相结合的发展策略。所谓非均衡发展，就是在考虑个体和地区差异的基础上，使不同发展阶段的工作重心有所不同。具体而言，就是在政策上允许一部分地区、一部分人先富起来，先富起来的人和地区通过其强大的示范力量来影响和带动后富，最终实现共同富裕。邓小平认为允许一部分地区、一部分人先富起来可以提高劳动者的积极性并有助于实现资源的优化配置，符合社会主义的发展原则。基于这一认识，邓小平提出了推动东西部地区共同富裕的“两个大局”战略构想。此外，邓小平格外重视市场经济条件下如何防止两极分化的问题并就此问题进行了积极探索。例如，邓小平提出要通过调节分配的方式来缩小收入差距，通过征收所得税等方式对先富起来的人给予一定的限制。实践证明，邓小平的非均衡发展与防止两极分化相结合的发展策略，极大地提高了生产力发展水平，为实现共同富裕奠定了坚实的物质基础。

（二）十三届四中全会以后对共享发展的探索

党的十三届四中全会以来，我们党围绕“人的全面发展”进行了一系列新的实践探索并提出让广大人民群众共享改革发展成果，丰富和发展了中国共产党共享发展思想的理论宝库。

第一，共同富裕不单是物质财富的富足，还包括人的全面发展和社会的全面进步。作为人类历史上崭新的社会形态，社会主义社会不仅要提升人民的物质生活，而且要丰富人民的精神文化生活，提高人民的思想道德素质和科学文化素质。“贫穷不是社会主义；精神生活空虚，社会风气败坏，也不是社会主义。”① 因此，在发展过程中，要使我们的一切工作“既要着眼于人民现实的物质文化生活需要，同时又要着眼于促进人民素质的提高”②，以此推动人的全面发展和社会的全面进步。围绕如何推动人的全面发展和社会的全面进步这一主题，以江泽民为核心的第三代中央领导集体提出了全面建设小康社会这一阶段性目标和发展战略。这一战略不仅继承、丰富和发展了邓小平的小康社会理论，而且具体化了实现共同富裕的步骤，为进一步推动人的全面发展和社会的全面进步开辟了新路径。

第二，坚持效率与公平的有机统一。如何处理好效率与公平的关系问题，实现效率与公平的有机统一，这既关系到党的领导能否得以有效实施，又关系到我们能否顺利实现共同富裕。在社会主义市场经济的建立和完善过程中，我们党围绕效率与公平的关系问题展开了不懈探索。江泽民在党的十四大报告中明确提出要兼顾效率与公平，之后又提出个人收入分配要坚持效率优先、兼顾公平的原则。他认为这一原则不仅有助于实现资源的优化配置，而且有助于推动经济发展和维护社会稳定。在党的十六大报告中，江泽民再次阐述了效率与公平的关系问题，制定了处理效率与公平关系的政策措施，体现了我们党对社会主义建设规律认识的进一步深化，为我们在实践中更好地实现共享发展指明了方向。

第三，强调发展成果由广大人民群众共享。强调发展成果由广大人民群众共享是江泽民社会主义现代化建设实践探索中的重要理论成果。江泽民多次强调要努力使工人、农民、知识分子等广大人民群众共享改革发展成果。因为只有这样，现代化建设才能赢得群众的支持和拥护；也只有这样，国民经济才能得以持续快速健康发展，社会才能长治久安。至于如何让人民共享改革发展成果，以江泽民为核心的第三代中央领导集体带领人民展开了一系列实践探索，如积极建立合理的收入分配

① 江泽民论有中国特色社会主义（专题摘编）[M]．北京：中央文献出版社，2002：380.

② 江泽民文选：第3卷 [M]．北京：人民出版社，2006：294.

制度、建立和完善多层次的社会保障制度、落实开发扶贫措施以及少数民族扶持政策等内容。这些实践探索不仅使人民普遍享受到了改革发展的红利，极大地拓宽了共同富裕的发展道路，而且极大地调动了人民群众参与到改革开放和社会主义现代化建设中的积极性和主动性，从而进一步增强了共享发展的现实动力。

（三）党的十六大以后对共享发展的探索

党的十六大以来，面对世情、国情和党情的新变化，以胡锦涛为总书记的党中央在进一步升华中国共产党共享发展思想的基础上，提出了“共建共享”，并在此基础上展开了一系列探索。

第一，在共建共享中构建社会主义和谐社会。社会和谐既是中国特色社会主义的本质属性，也是中国共产党不懈奋斗的目标追求。“我们要构建的社会主义和谐社会，是在中国特色社会主义道路上，中国共产党领导全体人民共同建设、共同享有的和谐社会。”① 社会主义和谐社会的建设过程，实质上就是全体人民在共建中共享、在共享中共建，相互促进、共同提高的美好发展过程。因此，胡锦涛强调要把共同建设、共同享有贯穿于和谐社会建设的全过程。在这一思想指导下，以胡锦涛为总书记的党中央在统筹区域协调发展、消除城乡二元结构以及民生建设等方面进行了积极探索。例如，在统筹区域协调发展方面，党中央提出了西部大开发、优先发展东北老工业基地、中部地区崛起以及东部地区率先发展的战略；在消除城乡二元结构方面，党中央通过增加农民收入、提高农民的受教育水平、改善农村基础设施以及建立农民最低社会保障制度等手段，使农村居民同城市居民共同享受改革发展成果；在民生建设方面，党中央在教育、医疗、就业以及公共服务等方面采取了一系列惠民举措，极大地推动了我国民生事业的发展。2007 年 10 月，胡锦涛在党的十七大报告中再次强调要按照共同建设、共同享有的原则积极构建社会主义和谐社会，体现了中国共产党对共享发展认识的进一步

---

① 十六大以来重要文献选编：下册［M］．北京：中央文献出版社，2008：650.

深化。

第二，更加突出社会公平。作为我国社会发展的核心价值之一，公平是维护社会稳定的根本要求。因此，以胡锦涛为总书记的党中央提出把实现社会公平正义和解放发展生产力一起作为社会主义初级阶段的两大历史任务，在发展中更加注重突出社会公平。因此，我们在规范收入分配秩序、推进医疗卫生体制改革、深化教育体制改革以及建立社会公平保障体系等方面进行了一系列实践探索，以此来维护和确保人民各方面的权益。在 2008 年的两会记者招待会上，温家宝把公平正义上升到社会主义国家制度首要价值的高度，认为公平正义就是在尊重和维护个人合法权益的基础上，为每个人的全面发展创造机会。在党的十八大报告中，胡锦涛进一步强调必须维护社会公平正义，在推动经济社会发展的基础上更加突出社会公平，以此保证人民平等参与和发展的权利，努力使全体人民共享经济社会发展成果。

第三，坚持科学发展。推动社会的全面协调发展是我国现代化进程中面临的一项重要任务。要完成这一任务，必须要坚持科学发展，走科学发展之路。因此，以胡锦涛为总书记的党中央提出了科学发展观并系统阐述了科学发展观的内容。科学发展观的提出，回答了在新的历史条件下要实现什么样的发展、为谁发展以及如何发展的问题，体现了共建与共享以及经济社会与人的全面发展的有机统一。在科学发展观的指引下，以胡锦涛为总书记的党中央根据我国社会发展的新情况新变化和新特点，积极制定了构建社会主义和谐社会的重大发展战略，在坚持以人为本的基础上把共建与共享融入社会主义和谐社会建设的全过程，这是在新的历史条件下对中国共产党共享发展思想的进一步发展和深化。

三、共享发展理念的提出与落实

党的十八大以来，以习近平同志为核心的党中央围绕如何使全体人民共享发展成果进行了一系列新的理论和实践探索。党的十八届五中全会把使全体人民共享发展成果上升到发展理念的高度，指明了发展的根本立场、根本动力和价值取向，是对中国共产党共享发展思想的重大理论升华。在继承和发展中国共产党共享发展思想的同时，以习近平同志为核心的党中央对如何实现共享发展进行了新的探索和规划，有力地推进了共享发展的实现进程。

第一，坚持持续发展生产。尽管当前人民生活水平得到了很大的提升，但我们面临的各种问题和挑战依然严峻。要想使全体人民都过上美好生活，必须从现阶段的基本国情出发，坚持持续发展生产，不断提高发展的质量和效益。因此，习近平明确提出："发展是硬道理的战略思想要坚定不移坚持，同时必须坚持科学发展，加大结构性改革力度，坚持以提高发展质量和效益为中心，实现更高质量、更有效率、更加公平、更可持续的发展。"① 基于这一认识，以习近平同志为核心的党中央在准确判断和把握国内外发展大势的基础上，科学制定了我国经济社会的发展目标，通过调整经济结构、转变经济发展方式、实施创新驱动发展战略等一系列措施，有力地推动了我国经济的持续健康稳定发展。

第二，尊重人民主体地位。自成立以来，中国共产党就对人民主体地位有着深刻的认识，始终坚持以人民为主体，把人民作为一切工作的根本立足点和出发点。党的十八大以来，以习近平同志为核心的党中央从最广大人民群众的根本立场出发，把人民群众放在心中首要位置，始终重视和维护人民群众的根本利益，把对人民群众主体地位的尊重转化为治国理政的具体实践，在此基础上提出了以人民为中心的发展思想。以人民为中心的发展思想坚持人民利益至上的根本原则，坚持发展为了人民、发展依靠人民、发展成果由人民共享、发展效果由人民检验，是在新的历史条件下对人民主体地位的充分尊重和发挥。

第三，保障社会公平正义。维护公平正义是中国共产党一贯坚持的

① 中共中央文献研究室．习近平总书记重要讲话文章选编［M］．北京：中央文献出版社，2016：269.

政治主张。习近平指出促进社会公平正义是全面深化改革的根本目的，要通过深化经济体制改革创造更加公平公正的社会环境，通过深化政治体制改革发展人民民主，通过深化社会体制改革建立更加公平、可持续的社会保障体系，通过深化生态文明体制改革确保代内和代际的环境正义。在推进社会公平正义的过程中，制度建设是重要保证，要通过创新制度安排，为全体人民共享改革发展成果创造更加公平正义的社会环境。此外，由于司法公正对社会公正具有重要的引领作用，因此习近平号召要在实践中推进司法公正，“努力让人民群众在每一个司法案件中都能感受到公平正义”①。可以说，从经济、政治、社会、文化、法律、行政等各方面入手促进和维护社会公平正义，使发展更加平衡、发展机会更加均等、发展成果人人共享，是以习近平同志为核心的党中央对中国共产党共享发展思想的最新阐释。

综上所述，无论是从1921年中国共产党成立到1978年改革开放之前党对共享发展的初步探索，从1978年改革开放伊始到2012年党对共享发展的重新探索，还是党的十八大以来共享发展理念的提出与落实，共享发展的政治理想始终贯穿于党的指导思想和各项方针政策之中，为新时代更好地推进共享发展奠定了坚实的实践基础。

第三节 共享发展理念的理论渊源

纵观整个人类发展史，建立一个平等、共享的理想社会始终是人类的美好愿望与追求。在人类社会自古至今的思想流变中，不论是中国传统文化中的“民本”思想和“大同”理想，还是西方社会的人本思想和公正思想，都蕴含着丰富的共享思想萌芽，充分体现出共享是人类恒

① 中共中央宣传部．习近平总书记系列重要讲话读本［M］．北京：人民出版社，2016：94.

久的理想价值追求。可以说，共享发展是在继承和发展马克思主义共享发展思想、汲取中国传统文化中与共享相关的有益思想、借鉴国外社会发展思想合理成分的基础上而提出的科学发展新理念。

一、对马克思主义共享发展思想的继承与发展

尽管马克思主义的经典文献和重要论述中并没有明确提出或使用过"共享"这一概念，但是在他们的学说中，却处处闪耀着共享思想的光辉。共享发展理念是马克思主义共享思想与当代中国具体共享发展实践相结合的产物，是新的历史条件下对马克思主义共享发展思想的继承与发展。

（一）共享发展理念继承和发展了历史唯物主义的基本原理

1. 人民群众是历史的主体和创造者

在《路易·波拿巴的雾月十八日》一文中，马克思明确指出："人们自己创造自己的历史。"① 在马克思看来，人民群众是历史的主体和创造者。人民群众的活动，不仅体现着历史的发展规律，而且决定了历史的发展方向。历史发展规律只能通过人的能动的社会活动表现出来，历史的进步与否也只能通过人的活动的产物——特定的社会关系来衡量。正是在这个意义上，马克思提出："历史不过是追求着自己目的的人的活动而已。"② 这一论断，充分肯定了人在社会历史发展进程中的主体地位和能动作用，表明了社会历史发展过程实际上就是作为主体的人的实践创造过程。

作为社会历史的主体，人民群众在不同历史时期有着不同的内容。但总体而言，人民群众包括质和量两个层面的含义。就量的层面而言，人民群众指的是社会成员中的绝大多数。就质的层面而言，人民群众是

---

① 马克思恩格斯选集：第1卷［M］. 北京：人民出版社，2012：669.

② 马克思恩格斯文集：第1卷［M］. 北京：人民出版社，2009：295.

推动社会前进的主要力量。不管是从质的规定还是从量的描述来看，作为社会历史主体的人民群众具有以下特点：首先，人民群众既不是抽象的、孤立的个人，也不是无社会差别的个体的简单相加，而是处在一定社会关系中的现实的人。其次，人民群众的主体地位体现在对象性的社会历史实践之中，离开了实践客体，人的主体性便也随之失去意义。再次，有别于动物的本能活动，人的活动是有目的、有意义、有自觉能动性的创造性活动。在整个历史发展进程中，由于人民群众主体地位的确立及其能动作用的发挥，社会历史也随之呈现出鲜明的主体性特征，“人民群众的总体意愿和行动代表了历史发展方向，人民群众的社会实践最终决定历史发展的结局”①。

人民群众在社会历史发展中的主体地位和能动作用决定了人民群众既是社会发展成果的创造者，也是社会发展成果的享有者，全体社会成员只有在共同劳动、共同建设的基础上才能共同享有经济社会发展的利益和成果。对此，恩格斯明确指出：“由全体社会成员组成的共同联合体来共同地和有计划地利用生产力……所有人共同享受大家创造出来的福利……使全体社会成员的才能得到全面发展。”② 列宁也认为：“在这个新的、更好的社会里……大家都应该做工。共同劳动的成果不应该归一小撮富人享受，应该归全体劳动者享受。”③

就其实质而言，共享发展理念体现的是以人民为中心的发展思想。这一思想正是对历史唯物主义关于人民群众是历史的主体和创造者的继承和发展，体现了对人民主体地位的肯定和尊重。第一，共享发展坚持人民群众是发展的实践主体。从来就不存在什么救世主，是人民群众自己创造了历史并决定历史的命运。在改革发展的历史进程中，每一个经验的创造和积累都源自广大人民的实践和智慧。要顺利推进社会主义现

---

① 张英胜，陆继锋．新型城镇化进程中的农民价值观重塑与创新研究——以青岛市为例［M］．北京：人民日报出版社，2017：51.

② 马克思恩格斯选集：第1卷［M］．北京：人民出版社，2012：308.

③ 列宁全集：第7卷［M］．北京：人民出版社，1986：112.

代化建设事业，就必须紧紧团结和依靠人民，凝聚全体人民的智慧和力量。正因为如此，习近平总书记明确指出："我们党来自人民、植根人民、服务人民，党的根基在人民、血脉在人民、力量在人民。失去了人民拥护和支持，党的事业和工作就无从谈起。"① 共享发展理念坚持把人民群众作为发展的力量源泉，把广大人民群众作为社会主义现代化建设成就的创造者，倡导在发展过程中要紧紧地依靠人民，通过全体人民的共同努力来开创社会主义现代化建设的新局面。从历史唯物主义的角度看，共享发展理念就是对依靠人民群众推动历史前进的当代表达。第二，共享发展坚持人民群众是发展的价值主体。在贯彻落实共享发展理念的过程中，以习近平同志为核心的党中央始终坚持人民群众是发展的价值主体，始终坚持把人民的梦想当作党和国家的梦想，把人民的意愿和利益作为一切工作的出发点和落脚点。正如习近平总书记所强调的："我们党要巩固执政地位、完成执政使命，就必须始终把实现好、维护好、发展好最广大人民根本利益作为一切工作的出发点和落脚点，不断解决好人民最关心最直接最现实的利益问题，努力让人民过上更好生活。"② 第三，共享发展坚持人民群众是发展效果的检验主体。习近平总书记指出："我们党的执政水平和执政成效都不是由自己说了算，必须只能由人民来评判。"③ 在以往发展过程中，我们通常把经济产值的变化或者是人民生活水平的高低作为衡量社会发展的标尺，这种传统的见物不见人的评价标准具有片面性和表面化的倾向，无法真实反映出我们党的执政得失和发展好坏。共享发展坚持发展的效果由人民来评判，使发展的成效最终落实到广大人民群众的满意度上，这不仅有助于反映我们党的执政水平和执政成效，而且也真正体现了我们党对人民主体地位的尊重和肯定。

---

① 习近平谈治国理政［M］．北京：外文出版社，2014：367.

② 中共中央文献研究室．习近平关于实现中华民族伟大复兴的中国梦论述摘编［M］．北京：中央文献出版社，2013：13.

③ 习近平谈治国理政［M］．北京：外文出版社，2014：28.

2. 生产力是人类全部历史的基础

马克思主义认为，作为一种既得的力量，生产力是以往活动的产物。每一代人所取得的生产力都是前一代人已经取得的，他们把从前人那里得到的生产力转化为原料以便为自己新的生产服务。人们这种对生产力连续性的继承和发展，就形成了人类的历史。由此可见，生产力决定着人类社会的发展进程，是人类全部历史的基础。

生产力在人类历史中的基础性地位主要体现在生产力对生产关系的决定作用上。一方面，生产力的状况决定着生产关系的性质。“手推磨产生的是封建主的社会，蒸汽磨产生的是工业资本家的社会。”① 不管何种社会形态，都必须以一定的生产力为内容，而生产关系则是与生产力相适应并维系生产力存在和发展的社会形式。有什么样的生产力，就会产生什么样的生产关系，生产力是生产关系形成的前提和基础。另一方面，生产力的发展决定着生产关系的变化。马克思指出：“人们永远不会放弃他们已经获得的东西……为了不致丧失已经取得的成果，为了不致失掉文明的果实，人们在他们的交往方式不再适合于既得的生产力时，就不得不改变他们继承下来的一切社会形式。”② 作为生产方式中最活跃的因素，生产力的发展势必会引起生产关系的发展和变革。

生产力是人类全部历史的基础这一基本原理，决定了生产力是社会进步的最高标准。也就是说，人们无论是进行生产关系的变革，还是追求人的解放与发展，都必须立足于当时的生产力发展状况并适应生产力的发展需求。“如果还没有具备这些实行全面变革的物质因素，就是说，一方面还没有一定的生产力……尽管这种变革的观念已经表述过千百次，但这对实际发展没有任何意义。”③ 因此，马克思和恩格斯一致认为生产力的发展是建立未来共产主义社会“绝对必须的实际前提”。只有在生产力普遍发展的基础上，人们才能够建立普遍的交往并在全世

---

① 马克思恩格斯选集：第1卷［M］. 北京：人民出版社，2012：222.
② 马克思恩格斯选集：第4卷［M］. 北京：人民出版社，2012：409.
③ 马克思恩格斯选集：第1卷［M］. 北京：人民出版社，2012：173.

界范围内联合起来。反之，脱离了高度发达的生产力，未来共产主义社会将失去其存在的物质基础进而变成纯粹的幻想。对此，列宁也明确指出："劳动生产率，归根到底是使新社会制度取得胜利的最重要最主要的东西"①。

由此可见，要使全体人民共享改革发展成果，就必须以高度发达的生产力为前提，生产力的发展程度直接决定着共享发展的实现程度。如果脱离生产力的发展而奢谈共享，"那就只会有贫穷、极端贫困的普遍化；而在极端贫困的情况下，必须重新开始争取必需品的斗争，全部陈腐污浊的东西又要死灰复燃"②。以习近平同志为核心的党中央立足我国现实国情，提出了共享发展理念并把发展性作为共享发展理念的根本特征之一，坚持发展是解决我国一切问题的基础和关键，努力提升发展的质量和效益，为人民更好地共享发展成果提供坚实的物质基础。可见，不管是共享发展理念的提出，还是共享发展理念的贯彻和落实，无不体现出我们党对生产力是人类全部历史的基础这一历史唯物主义基本原理的坚持与发展。

（二）共享发展理念体现了马克思主义政治经济学的根本立场

共享发展理念不仅体现了社会主义发展的基本原则，而且体现了马克思主义政治经济学的根本立场。作为马克思主义的重要组成部分，马克思主义政治经济学揭示了经济社会发展的客观规律，表明了为受压迫和剥削的无产阶级和广大劳动人民求解放、谋利益的根本立场。

所谓立场，就是人们在看待和处理问题的过程中，根据自身所处的地位而表现出的相应态度和观点。任何理论体系的建立，都必须以特定的立场为前提。在阶级社会，不同阶级之间由于所处地位以及经济利益关系的不同，他们的根本立场也是不同的。

17 世纪中叶，反对封建制度和重商主义的英国古典政治经济学诞

---

① 列宁选集：第 4 卷［M］. 北京：人民出版社，1992：16.

② 马克思恩格斯选集：第 1 卷［M］. 北京：人民出版社，2012：166.

生了，它主张经济自由并第一次把经济学的研究对象从流通领域转向生产领域。但是，由于古典政治经济学始终站在资产阶级的立场上，代表的是资产阶级的利益，无法透过各种经济范畴的表象揭示隐藏在其背后的实质，更无法揭示资本主义的基本经济规律。所以，马克思指出："古典政治经济学几乎接触到事物的真实状况，但是没有自觉地把它表述出来。只要古典政治经济学附着在资产阶级的皮上，它就不可能做到这一点。"① 当代西方主流经济学依然站在资产阶级的立场上研究资本主义经济，为资本主义的垄断辩护，维护资本家的根本利益。作为现代资产阶级经济学的典型代表人物，凯恩斯毫不避讳地提出："如果当真要追求阶级利益，那我就得追求本属于我自己的那个阶级利益……在阶级斗争中会发现，我是站在有教养的资产阶级一边的。"②

不同于西方资产阶级经济学，马克思主义政治经济学从诞生之日起就始终站在无产阶级的立场上，代表广大无产阶级的利益。在深刻剖析资本主义生产方式的基础上，马克思提出了劳动价值论和剩余价值论，掀开了资本主义的神秘面纱，揭露了资本主义剥削的秘密。例如，在《资本论》中，马克思就明确揭露了资本家对劳动者的剥削："实现劳动力的买卖的商品流通领域……一个高视阔步……一个战战兢兢，畏缩不前，像在市场上出卖了自己的皮一样，只有一个前途让人家来揉。"③ 此外，马克思还提出了诸如商品的二重性、劳动的二重性、价值规律以及周期性经济危机等一系列观点和范畴，揭示了资本主义的经济运行规律、资本主义无法克服的内在矛盾及其必然灭亡的历史趋势。马克思认为资产阶级不仅铸造了置自身于死地的武器，而且还造就了使用这种武器的人——无产阶级，从而提出了资产阶级的灭亡和无产阶级的胜利同样不可避免的历史论断。在恩格斯看来，"真正的自由和真正的平等只

① 马克思恩格斯全集：第23卷［M］. 北京：人民出版社，1972：593.

② 约翰·梅纳德·凯恩斯. 劝说集［M］. 蔡受百，译. 北京：商务印书馆，1962：244.

③ 马克思恩格斯全集：第23卷［M］. 北京：人民出版社，1972：200.

有在共产主义制度下才可能实现”①，因此无产阶级要谋求自身的解放和发展，就必须在联合起来的基础上消灭私有制，进行现实的共产主义运动。马克思和恩格斯号召广大无产阶级“摒弃‘做一天公平的工作，得一天公平的工资’这种保守的格言，要在自己的旗帜上写上革命的口号：‘消灭雇佣劳动制度！’”②

可以说，马克思研究政治经济学的目的，“是为了寻找广大民众贫困的根源和摆脱贫困的出路”③。正因为如此，《资本论》一经出版，便被奉为“工人阶级的圣经”，“各地的工人阶级都越来越把这些结论看成是对自己的状况和自己的期望所作的最真切的表述”④。随着时间的推移，马克思主义政治经济学在各国社会主义革命和建设实践探索中得到不断的丰富和发展，但它代表无产阶级和广大劳动人民的根本立场始终没有改变。可以毫不夸张地说，马克思主义政治经济学是真正为人民谋福利的人民经济学。

针对不同历史时期的特点和任务，中国共产党提出了一系列推动经济社会发展的思想和理论，其中始终贯穿着为无产阶级和广大劳动人民求解放、谋福利的根本立场。党的十八大以来，以习近平同志为核心的党中央提出了共享发展新理念，彰显了我们党坚持人民利益至上的根本价值取向。坚持人民利益至上，就是坚持把实现和维护广大人民群众的根本利益作为一切工作的出发点和落脚点，不断增进人民福祉，带领全体人民朝着共同富裕的方向稳步前进。共享发展理念，首先要解决的就是发展为了谁这个根本问题。可以说，共享发展理念是在聚焦当前我国发展中问题和短板的基础上对广大人民的期待与诉求的美好回应，目的就是要让人民生活更加幸福。就其实质而言，共享发展就是以人民为中

---

① 马克思恩格斯全集：第1卷［M］．北京：人民出版社，1956：582.

② 马克思恩格斯选集：第2卷［M］．北京：人民出版社，2012：69.

③ 韩小谦．坚持马克思主义政治经济学教学中的基本立场教育［J］．思想教育研究，2016（8）：66－69.

④ 马克思恩格斯全集：第23卷［M］．北京：人民出版社，1972：36.

心的发展，共享发展的目的就是要“顺应人民群众对美好生活的向往，不断实现好、维护好、发展好最广大人民根本利益”①，不断增进广大人民群众的获得感、幸福感和安全感。由此可见，共享发展理念是在新的历史条件下对人民利益至上原则的升华，是对马克思主义政治经济学根本立场的坚守和呈现。

（三）共享发展理念彰显了科学社会主义的价值追求

科学社会主义是马克思和恩格斯在唯物史观和剩余价值理论基础上创立的关于人的解放的学说。这一学说不仅揭示了资本主义自身无法克服的内在矛盾及其发展的必然趋势，而且明确提出了对人的自由全面发展的美好价值追求。具体而言，对人的自由全面发展的理解，包含以下方面的内容。

首先，唯物史观是人的自由全面发展这一科学社会主义价值追求的理论基础。人的自由全面发展，必须以生产力的高度发达以及社会财富的极大丰富为前提和基础。恩格斯指出：“每一历史时代的经济生产以及必然由此产生的社会结构，是该时代政治的和精神的历史的基础。”②对于人的发展问题，不能从纯粹形式的角度去考察，因为它不是一个抽象的概念，而是一个与社会各层面发展状况密切相关的、实实在在的历史发展过程。只有当生产力水平极大提高、物质财富极大丰富的时候，人的全面自由发展才具备实现的条件和基础。反之，如果生产发展不足、物质财富匮乏，社会必将充满矛盾与冲突，人的自由全面发展也将沦为空谈。除了生产力这一必备前提，人的自由全面发展还必须具备完善的社会关系这一基本要素。在资本主义生产方式下，资本家无情地剥夺工人的劳动成果，工人只是资本家实现资本增值的工具，加上旧式分工的存在，受剥削和奴役的广大无产阶级逐渐失去了独立性和个性，最终沦为片面和被动发展的人。对此，马克思提出无产阶级只有通过革命

① 中共中央文献研究室．习近平总书记重要讲话文章选编［M］．北京：中央文献出版社，2016：401.

② 马克思恩格斯选集：第1卷［M］．北京：人民出版社，2012：380.

的形式将旧的生产关系消灭以后，才能获得真正的自由和解放。所以，马克思和恩格斯号召全世界无产阶级通过暴力革命推翻腐朽的资产阶级及其政治统治，在此基础上建立无产阶级政权并实行生产资料的公有制，为实现每个人自由全面发展创造良好的社会条件。

其次，剩余价值理论在对资本主义本质的揭露和批判中，为人的解放与发展指明了方向。马克思运用剩余价值理论，通过对资本主义生产的层层剖析，揭露了资本主义剥削关系的实质以及资本主义的非正义性与非公平性，在此基础上提出了人的解放与全面发展的价值目标。马克思认为无产阶级要摆脱受剥削、受奴役的地位，就必须同传统的所有制实行最彻底的决裂，推翻资本主义制度并建立自由人联合体，为人的自由全面发展提供支撑和保障。可见，剩余价值理论蕴含着马克思以生产资料公有制代替私有制、以社会公平正义代替剥削与压迫的社会理想。这一社会理想不仅体现了对资本主义社会“以物为本”的经济运行机制以及人的异化的积极扬弃，而且体现了无产阶级维护和实现自身利益、争取全人类的解放与发展的美好愿望和追求。

针对资本主义生产方式下人的异化的现实，恩格斯在《对英国北方社会主义联盟纲领的修正》一文中对未来社会制度做了美好的预见：“我们的目的是要建立社会主义制度，这种制度将给所有的人提供健康而有益的工作，给所有的人提供充裕的物质生活和闲暇时间，给所有的人提供真正的充分的自由。”① 通过这一预见可以发现，恩格斯认为在社会主义社会，全体社会成员不仅可以共同享有经济领域的发展成果，而且可以在政治、文化、社会等各个领域共同享有发展成果，只有这样才能使每个人都得到平等的对待，也才能使每个人都得到自由而全面的发展。在政治领域，恩格斯在《反杜林论》中明确指出：“一切人，或至少是一个国家的一切公民，或一个社会的一切成员，都应当有平等的

① 马克思恩格斯全集：第21卷［M］．北京：人民出版社，1965：570.

政治地位和社会地位。”①在教育文化领域，早在《共产党在德国的要求》一文中，马克思和恩格斯就提出了“实行普遍的免费的国民教育”② 的伟大构想。在《共产党宣言》中，马克思和恩格斯再次强调无产阶级取得政权以后，要“对所有儿童实行公共的和免费的教育”③。通过以上论断可以发现，让全体社会成员共享经济社会发展的成果，既是社会主义社会区别于资本主义社会最重要的价值评判标准之一，也是无产阶级政党对未来美好社会的理想价值追求。

中国共产党在领导中国人民进行社会主义革命、建设、改革和发展的历史进程中，始终坚守着这一无产阶级政党的理想价值追求。党的十八届五中全会上，以习近平同志为核心的党中央更是在立足我国社会主义初级阶段基本国情的基础上，提出了共享发展新理念。共享发展理念坚持把人民利益放在首位，努力为全体人民共享改革发展红利创设条件，成功地把经济发展和社会发展统一到人的发展之中，充分体现了科学社会主义关于人的自由全面发展这一根本价值追求，是中国共产党在坚持和发展科学社会主义理论基础上对未来美好社会的现实表达。

二、对中华优秀传统文化的传承与超越

在中华民族的文明发展史中，先哲圣贤们虽然没有明确提出共享发展的概念，但是对“民本”思想和“大同”理想的探讨绵延不绝，其中蕴含着大量的共享思想萌芽，体现了人们对平等、共享以及建立大同世界的美好愿望和追求。

（一）中华传统文化中的“民本”思想

“民本”思想是中华传统思想文化的重要组成部分，在中国几千年的思想政治史中占有十分重要的地位。所谓“民本”，就是要以民为

① 马克思恩格斯选集：第 3 卷［M］. 北京：人民出版社，2012：480.
② 马克思恩格斯全集：第 5 卷［M］. 北京：人民出版社，1958：5.
③ 马克思恩格斯选集：第 1 卷［M］. 北京：人民出版社，2012：422.

本。《尚书》记载："民为邦本，本固邦宁。"说的就是民众是国家的根本，只有国家的根本巩固了，国家才能得到安宁。由此可见，"民本"思想最核心的内容就是君主在治理国家的过程中要重视民众的作用，把民众当作国家的根本，处理好与民众的关系，做到施惠于民。

早在原始社会末期，人们就已经开始了对"政"与"民"相互关系的思考。其中，最典型的就是夏禹提出的"德惟善政，政在养民"的观点。"禹曰：'於！帝念哉！德惟善政，政在养民。水、火、金、木、土、谷，惟修；正德、利用、厚生、惟和；九功惟叙，九叙惟歌。戒之用休，董之用威，劝之以九歌，俾勿坏。'"（《尚书·大禹谟》）西周时期，随着生产力水平的提高以及人们对自然界认知水平的提升，当时的思想家们逐步认识到了民的力量，思想开始由"重神""以神为本"向"保民""以民为本"转变，主张君主要保民、爱民、禁止虐民。春秋战国时期，各种思想文化激荡，人们对"民"的认识也得到了进一步的提升。管仲首先提出了"以人为本"的政治思想，同时还提出了富民、顺民的政治思想原则。孔子不仅强调统治者要富民、利民，而且要把富民当作治理国家的根本。这一时期，民贵君轻的思想得到了充分的体现。到了唐朝，统治者们更加认识到"民"的重要性，重民思想得到巨大发展。明末清初，随着阶级矛盾的进一步激化以及资本主义生产关系的萌芽，"民本思想"的发展达到顶峰。进步思想的代表人物黄宗羲提出了"天下为主，君为客"的观点，反对君主把天下当作自己的私有财产，对君主专制进行了猛烈的抨击。

总体来看，中华传统文化中的"民本"思想凸显了"民"的重要作用，在对"民"的态度上，坚持保民、爱民、富民、顺民，要求君主把民众当作社会发展的主体，得民心、顺民意，从而实现"本固邦宁"，这在一定程度上提高了劳动者的地位。但是中国传统"民本"思想中的"民"是与"君"相对而言的，实质上是通过对统治阶级道德品格的塑造来倡导当政者重民爱民利民，其根本目的还是为了维护统治阶级的利益和地位，而所谓的"民本"只不过是统治阶级维护其统治的手段而已。尽管如此，"民本"思想所倡导的重民爱民利民的基本原则，在一定程度上与共享发展理念中的人民主体性原则不谋而合，在历史发展进程中起到了不容忽视的积极作用。

（二）中华传统文化中的"大同"理想

"大同"理想，向来是中华民族的美好价值追求，是中国传统政治文化的重要组成部分，体现了人们对构建公平、幸福社会的美好期待。

作为先秦哲学中的一个重要概念，"大同"思想最早可追溯到两千多年前的《礼记・礼运》。书中孔子描绘了一个天下一家、人人平等、和睦相处的大同社会，他提出"大道之行也，天下为公"。（《礼记・礼运》）近代以来，身受"三座大山"压迫的国人对建立美好理想社会的需求尤为迫切。洪秀全领导的太平天国运动，在继承以往农民起义"均贫富"思想的基础上，尝试建立一个"无处不均匀，无人不饱暖"的理想社会，充分反映了人们对社会公平和公有共享的渴望和追求。但是受农民自身阶级局限性的限制，太平天国追求的理想社会实际上是建立在小农经济基础上的绝对平均主义，严重脱离了当时的具体国情和生产力发展水平，最终只能以失败告终。在总结中国古代"大同"思想和西方近代民主文明思想的基础上，资产阶级维新派的代表人物康有为在其《大同书》中系统论述了他对未来理想社会的构想，他认为大同世界是能够让人们得到真正幸福的美满极乐世界。在揭露和批判封建君主专制制度的基础上，康有为提出通过去国界、去级界、去种界、去形界、去家界、去产界、去乱界、去类界、去苦界，实现人类"大同"。但是受当时历史条件和康有为本人阶级局限的限制，他的"大同"理想最终沦为脱离具体革命实践的空想。作为资产阶级革命派的代表人物，孙中山在构想未来社会新秩序的过程中，同样把大同世界作为人类社会的理想模式。1912 年元旦，在《临时大总统宣言书》中，孙中山明确把"将使中国见重于国际社会，且将使世界渐趋于大同"① 作为对

① 孙中山．孙中山全集：第 2 卷［M］．北京：中华书局，1982：2.

外交往的目标。1918 年 11 月第一次世界大战结束后，孙中山再次把对未来世界的构想与大同世界联系起来，他乐观地指出："人类进化之目的为何？即孔子所谓'大道之行也，天下为公'……此人类所希望，化现在之痛苦世界而为极乐之天堂者是也。"① 到底什么是大同？孙中山将其描述为"人人平等自由，世界幸福，人人共享，将野蛮变文明，不平变为平等"②。至于如何实现大同，孙中山认为三民主义是进入大同世界的根本途径。与前人相比较，孙中山找到了通过资产阶级革命争取实现大同理想的道路，反映了受剥削和奴役的中国人民对建立一个平等、自由、共享的理想社会的美好愿望和追求。但是，由于历史和时代的局限，孙中山三民主义的大同理想最终也沦为脱离实际的空想。

总之，从中国古代思想家们追求的大同世界，到近代洪秀全的太平天国，到康有为的大同理想再到孙中山的三民主义，都反映了历代中国人民对未来理想社会的不懈追求与探索，对人人平等、公有共享以及自由和谐的渴望与期待，都为中国共产党共享发展理念的提出提供了有益的思想资料。

三、对国外社会发展思想合理成分的吸收和借鉴

在国外社会发展思想尤其是西方社会发展思想史中，从来就不缺少对人的问题以及社会公平正义问题的思考和探讨。思想家们就如何推动人的发展以及如何实现社会公平正义而上下求索，其思想成果无不体现出对构建一个平等、共享、人人幸福的理想社会的渴求。

（一）国外社会发展思想中的人本思想

早在古希腊时期，人的问题就已经成为哲学关注的中心问题。当时的哲学家们围绕人的问题进行了深刻的思考，他们认为社会发展的实质

① 孙中山．孙中山全集：第 6 卷［M］．北京：中华书局，1985：196.
② 孙中山．孙中山全集：第 5 卷［M］．北京：中华书局，1985：629.

就是谋求人的幸福和发展。这一点，从苏联哲学家格里戈里扬对希腊时期人的哲学的论述中就可见一斑。他在《关于人的本质的哲学》中引用瑞士著名古希腊罗马文化研究者安·邦纳的观点，提出“全部希腊文明的出发点和对象是人。它从人的需要出发，它注意的是人的利益和进步”①。智者派的主要代表人物普罗泰戈拉提出人是万物的尺度，认为人的主观感觉是判断万物存在与否及其性质形态的标准，强调了人的主体意义和尊严。柏拉图在《理想国》中提出了全体公民的幸福问题，他认为“国家的目标并不是为了某一个阶级的单独突出的幸福，而是为了全体公民的最大幸福”②。在探讨人生目的时，亚里士多德把幸福作为人生的终极目的，认为“幸福是终极的和自足的，它是行为的目的”③。

文艺复兴时期，随着资产阶级文化运动的兴起，人文主义者们开始吸收古典文化中自由、平等、民主等观念，以此对封建等级制度及宗教禁欲主义展开批判。他们推崇人的自由和尊严，追求人的个性解放和幸福。启蒙运动时期，思想家们从“人”出发，对宗教神学和封建专制主义展开了猛烈的抨击，提出了“天赋人权”和“自由、平等、博爱”的政治口号，重视人的价值和利益，追求人的个性的进一步解放。卢梭提出“人性的首要法则，是要维护自身的生存，人性的首要关怀，是对于其自身所应有的关怀”④。德国古典哲学创始人康德明确提出了人是目的的观点，他认为要始终把人当目的而不能当成工具。

19 世纪初的三大空想社会主义者对人的解放与发展问题格外关注，分别从理论和实践双重维度对这一问题进行了探讨。圣西门把满足人的需要和改善无产阶级的身心生活作为未来社会的根本目的，他认为人们

① 鲍·季·格里戈里扬．关于人的本质的哲学［M］．汤侠声，李昭时，等译．北京：生活·读书·新知三联书店，1984：28.

② 柏拉图．理想国［M］．郭斌和，张竹明，译．北京：商务印书馆，1986：133.

③ 亚里士多德．亚里士多德全集：第 8 卷［M］．苗力田，译．北京：中国人民大学出版社，1992：13.

④ 卢梭．社会契约论［M］．何兆武，译．北京：商务印书馆，2003：5.

只有在身心需要得到满足之后才能得到幸福。傅立叶提倡建立一个符合人类自然本性，人的健康情欲能得到满足的“和谐制度”，从而实现“个人全面发展”。欧文认为旧式的分工使人的体力和智力都受到严重的束缚，因此他提出了一些具有可操作性的方法。例如，通过合理安排环境推动人的性格和智慧的全面发展，通过教育使儿童成为全面发展的人等。

近代以来，西方学者们对人的发展问题做了进一步的阐释。佩鲁站在全人类的高度，提出了以人为中心的整体综合发展观。著名的发展伦理学家德尼·古莱从人的美好生活的角度出发，提出发展的目标就是通过改善人们的生活来寻求人类共同的和个人的福祉。阿马蒂亚·森从自由的角度出发，认为发展就是扩展人的自由的过程，而且他认为评判进步的首要标准就是看人们的自由是否得到增进。伊恩·迈尔斯在《人的发展与社会指标》一书中提出了把人在各个生活阶段上的发展作为核心的社会发展战略，他认为以人的发展为核心的社会发展能够克服当今世界“恶性发展”的现状，因此是有利于社会各成员的人类发展。

综上所述，在西方社会从古至今的人本思想发展与实践中，“人”的问题始终是无法回避的核心问题。虽然不同时期思想家们对“人”的定义有所不同，对有关人的发展的内涵和外延也做了不同的规定，但他们始终把人作为价值目标，追求人的幸福与发展。尽管西方人本思想的实质是企图用抽象的、精神层次上的“人道主义”来掩盖资产阶级对无产阶级的剥削和压迫，但就其宣扬人的价值、重视人的主体意义和尊严方面而言，西方人本思想在推动人的发展与进步方面的意义是值得肯定的。

（二）国外社会发展思想中的公正思想

在西方社会，公正思想可谓源远流长。先哲们在对公平正义的追寻过程中，探讨了如何进行利益分配以及如何维护人性尊严和满足个性需要的问题，提出了许多对未来理想社会的构想，蕴含着丰富的共享思想因子。

早在古希腊时期，先哲们就已经开始关注公正问题。苏格拉底把公正看作美德的一部分，认为公正和所有的其他美德即智慧。柏拉图认为正义是最大的善，他把正义分为国家正义和个人正义。国家正义就是“每个人在国家内做他自己分内的事”①。谈到个人正义的时候，柏拉图认为“我们每一个人如果自身内的各种品质在自身内各起各的作用，那他就也是正义的，即也是做他本分的事情的”②。亚里士多德把公正看作最完全的德性，在此基础上，他把公正划分为分配公正和法律公正两类。亚里士多德认为，“分配性公正，是按照所说的比例关系对公物的分配（这种分配永远是出于公共财物，按照各自提供物品所有的比例）”③。法律公正是用来规范交往中的公正问题的。在亚里士多德看来，法律公正就是所得和损失的中间，“是在非自愿交往中的所得与损失的中庸，交往以前和交往以后所得相等”④。现实公正的实现，就是在分配公正和法律公正二者共同作用下完成的。

早期空想社会主义者在阐述对未来理想社会的构想时，对公平正义问题进行了初步探索。出于对资本主义的痛恨以及对劳动人民的同情，空想社会主义者们主张构建“一个能使人类的力量，人类的美，人类的光耀升华到最高境界的社会，一个安抚受难的人民，把无辜的人们从饥饿和悲伤的苦难中拯救出来而把幸运的人从自我主义中解脱出来的社会，一个使劳动与欢乐、富有与善良、德行与幸福在尘世间结合起来的社会”⑤。在《乌托邦》中，莫尔认为消灭私有制是实现社会公正和人类幸福的前提。康帕内拉同样主张废除私有制，他在《太阳城》中描述了一个没有私有财产、人人参加劳动、产品按需分配的理想社会制

① 柏拉图．理想国［M］．郭斌和，张竹明，译．北京：商务印书馆，1986：155.

② 柏拉图．理想国［M］．郭斌和，张竹明，译．北京：商务印书馆，1986：169.

③ 亚里士多德．亚里士多德全集：第8卷［M］．苗力田，译．北京：中国人民大学出版社，1992：101.

④ 亚里士多德．亚里士多德全集：第8卷［M］．苗力田，译．北京：中国人民大学出版社，1992：103.

⑤ 赫茨勒．乌托邦思想史［M］．张兆麟，等译．北京：商务印书馆，1990：213.

度，体现了被剥削阶级对消灭阶级差别、实现人人平等的美好愿望和追求。马布利认为要消除贫富对立，必须要先消灭私有财产制度，他认为未来社会应该是“人人平等，人人自由，人人是兄弟”的理想社会。巴贝夫主张废除私有制并确立以劳动为基础的公众福利。

启蒙运动时期，很多思想家对平等、人权、自由等问题进行了积极探讨。霍布斯提出“每一个人都应当承认他人与自己生而平等”①。斯宾诺莎主张法律面前人人平等，认为执行法律的人要对每个人的权利都平等地加以保护。洛克提出每个人在自然状态下都享有自由、平等和财产的权利。在《社会契约论》中，卢梭提出人人都可以在契约的基础上得到平等的权利和自由。

到了19世纪，三大空想社会主义者圣西门、傅立叶和欧文明确揭露和批判了资本主义制度的罪恶。在对未来理想社会制度的设计上，他们提出了诸如实行公有制、消除阶级差别、共同劳动等天才般的设想。圣西门主张实行“实业制度”，在这种制度下不存在一部分人统治和压迫另一部分人的现象，人们能够享有最大程度的自由，人们一切劳动和活动的目的是“改善人数最多阶级的精神和物质生活”②。傅立叶主张构建“和谐制度”，在这种制度下，人人参加劳动，消费品按照劳动、才能以及共享的比例进行分配，人们摆脱了旧式分工的束缚，消除了阶级差别，人与人之间是平等友好的关系。欧文提出了“新和谐公社”，在公社内实行生产资料公有制，阶级、特权、贫富差距消除，人人平等，按需分配，公社的最高权力属于全体社员，涉及公社利益的重大事情由全体社员共同决定。

当代西方社会公正思想的典型代表人物就是罗尔斯和诺奇克。罗尔斯认为正义是社会制度的首要价值，他从社会体制出发探讨了分配正义的内容和基本原则。此外，罗尔斯还探讨了人类共同体思想，他认为建

---

① 霍布斯．利维坦［M］．黎思复，黎廷弼，译．北京：商务印书馆，1985：117.

② 圣西门．圣西门选集：第3卷［M］．董果良，赵鸣远，译．北京：商务印书馆，2011：165.

立在社会联合和分享基础上的人类共同体可以给成员们带来享受和欢乐。诺奇克主张自由主义的持有正义论，强调个人权力的至上性。他认为政府必须尊重和保护人们的人身自由及私有财产权，只有这样的政府才是公正的政治组织。尽管罗尔斯和诺奇克在正义的实现方式和途径上持有不同的观点，但是他们研究正义问题的出发点却是一致的，那就是通过对社会成员获取资源的模式和原则等问题的探讨，来最大限度地确保每个人的自由和权利。排除制度因素的差异，国外学者们关于如何实现和维护社会公平正义的探索，对我国更好地贯彻落实共享发展有着重要的启示意义。

第二章

共享发展理念的主要内容及基本特征

作为我国社会主义发展的基本价值导向，共享发展理念具有十分丰富的内容。从生产力发展状况与生产关系性质的视角来看，共享是对“均享”与“私享”的超越。就内涵而言，共享发展包括全民共享、全面共享、共建共享和渐进共享四个方面的基本内容。就其特征而言，共享发展具有整体协同性、开放包容性和人民主体性三个方面的基本特征。共享发展是内隐于中国特色社会主义的价值基因，揭示了我国发展的根本动力，阐明了发展的最终目的，为发展起来以后的中国要实现什么样的发展以及如何进一步发展指明了方向。

第一节　共享发展的属性和意义

从基本范畴来看，共享不仅包括全体社会成员之间发展成果的合理分配，还包括个体发展机会的均等拥有。由此可见，共享发展蕴含着两种基本属性：一是普惠性，二是公平性。共享发展实质上就是一种较之传统发展而言更具普惠性和公平性的发展。共享发展理念的提出，不仅指明了我国社会主义发展的新方向，而且为促进每个社会成员的全面发展创造了条件，不管是在物的发展还是人的发展方面都具有极为重要的意义。

一、共享发展的属性

作为发展的出发点和落脚点，共享发展理念最根本的特征就是它的“共享性”。但在当下的话语氛围中，可能没有人会把共享发展中的“共享”和近年来兴起的新型经济形式——共享经济中的“共享”相等同。如何准确把握共享发展之“共享”，如何在当前中国社会主义现代化建设的发展实践中树立和贯彻共享发展理念，这一系列问题构成了新时代发展的重要课题。对这一课题的关注和思考，首先还是要从“共享”的基本范畴谈起。

（一）从“共享”谈起

在现代汉语词典中，“共”指的是共同，一起，彼此都具有、使用或者承受的意思，描述的是一种状态；“享”指的是受用、享受的意思，描述的是一种过程。共享，就是共同分享，指的是把物品或信息的知情权、使用权或产权与别人共同拥有或分享，是对社会发展成果享有方式的一种表达。从政治哲学的视角看，共享的实质就是“公”，注重的是解决社会的公平正义问题，强调让广大人民更加公平地享有经济社会发展成果。

自人类诞生以来，社会发展成果的享有方式问题便成为人们关注的焦点问题之一。马克思从消费资料的分配入手对社会产品的享有方式问题进行了深入探讨，他指出：“消费资料的任何一种分配，都不过是生产条件本身分配的结果；而生产条件的分配，则表现生产方式本身的性质。”① 也就是说，生产方式的性质直接决定了社会产品的享有方式。生产方式是社会生产的两个方面——生产力和生产关系的有机统一。根据生产力发展状况和生产关系性质的不同，可以把人类历史上出现的生产成果享有方式划分为“均享”和“私享”两种类型。

---

① 马克思恩格斯选集：第3卷［M］．北京：人民出版社，2012：365.

"均享"是在生产力水平低下的原始氏族、部落和古代公社内部实行的，为了维系个体的生存发展而平均分配生产成果的一种产品享有方式。"均享"很重要的一个前提就是落后的社会生产力。由于生产力水平低下，人们只能通过某种纽带（主要通过血缘关系）而结成一个集体，在简单协作的基础上进行集体劳动，生产资料公有制是集体劳动的结果。这种生产力低下、生产资料公有和集体劳动的社会生产方式决定了必须实行与之相适应的"均享"的产品分配方式。

"私享"是建立在生产力相对发达基础上的，由生产资料所有者享有社会生产成果的一种产品享有方式。随着生产力的发展和私有制的出现，共同体的影响和束缚日益减弱，"每一单个家庭就是一个经济整体，它本身单独地构成一个独立的生产中心"①，而"公社财产本身只表现为各个个人的部落住地和所占有土地的公共附属物"②。这意味着公社不再具有个人所有者联合体的意义，实际上成为个人所有者的共同财产。在这种情况下，不同劳动产生的劳动成果差别和物质利益矛盾日益凸显，反映在产品的享有方式上，便是注重个体劳动差别和物质利益的"私享"逐渐取代了"均享"。随着生产力发展水平和私有化程度的进一步提升，社会产品"私享"的方式也日益盛行。到了资本主义社会，产品的"私享"更是被发挥到了极致。资本家凭借对生产资料的占有而无偿占有工人的劳动成果，工人所得到的，"几乎只限于维持工人生活和延续工人后代所必须的生活资料"③。

"均享"是在生产力极度落后的条件下，为了维系个体生存和发展而采取的产品享有方式。这种享有方式是和有限的生产力发展相适应的，是劳动主体的生产力水平低下的产物，当生产力发展到一定程度时，"均享"必然会走向解体。在资本主义生产条件下，资产者把"私享"看作建立在资本主义生产基础上的唯一"公平的"产品享有方式，

---

① 马克思恩格斯选集：第2卷［M］. 北京：人民出版社，2012：734.
② 马克思恩格斯选集：第2卷［M］. 北京：人民出版社，2012：735.
③ 马克思恩格斯选集：第1卷［M］. 北京：人民出版社，2012：407.

他们“不通过交换却又在交换的假象下占有他人劳动”①，人的内在本质被完全地空虚化和全面地异化。从这个意义出发，马克思对“私享”的产品享有方式进行了猛烈的批判，他明确指出：“凡是现代表现为自我满足的地方，它就是鄙俗的。”②

共享是对“均享”与“私享”的超越。共享不是对社会产品简单粗暴的平均分配，更不是牺牲一些人的利益去满足另一些人的需要。按照马克思的设想，共享是在彻底消除阶级和阶级对立以及旧式分工的基础上，全体社会成员有计划地共同劳动、发展生产力并共同享受大家创造出来的福利。消灭私有制和旧式分工是实现共享的前提，全体社会成员共同地和有计划地利用生产力是实现共享的基础，而发展成果由全体人民共享则是马克思共享思想的目标指向。当然，马克思没有把社会发展成果的共享简单地局限在物质层面，而是将其拓展到了更深层的领域，强调全体社会成员还应该在政治上享有同等的权利。因此，共享不仅包括全体社会成员之间发展成果的合理分配，还包括个体发展机会的均等拥有。

通过对“共享”范畴的简要分析，可以发现“共享”蕴含着两种基本的属性。一是共享的普惠性，这是就共享的主体而言的。共享的主体不是少数人，也不是一部分人，而是全体社会成员共同享有社会发展成果。二是共享的公平性，这是就共享的客体或对象而言的。共享不单是发展成果在社会成员之间的合理分配，从发展伦理学的视角来看，共享还应充分体现出所有正义与良善的价值指向的综合——公平（具体体现为社会成员之间权利与机会的均等）。在权利与机会均等的条件下，每一个社会成员都能够不断地成长并使个性得到张扬，进而实现每个人自由而全面的发展这一发展伦理学的终极关怀。

“共享”范畴所蕴含的基本属性启示我们，对共享发展之根本特

① 马克思恩格斯选集：第2卷［M］. 北京：人民出版社，2012：765.

② 马克思恩格斯选集：第2卷［M］. 北京：人民出版社，2012：740.

征——“共享性”的理解，需要从普惠性和公平性两个方面入手。因为从本质上来说，人类社会发展的历程就是一个由低级到高级，不断追求发展成果在全体社会成员之间更加公平、合理分配的过程。对当今中国而言，我们所要追求或坚持的共享发展，实质上就是一种较之传统发展而言的更具普惠性和公平性的发展。

（二）共享发展的基本属性分析

1. 普惠性

在把握共享发展的基本属性时，首先要考虑的一个问题就是共享的主体是谁，也就是发展成果由谁来享有的问题。所谓主体，就是活动的发动者、承担者和实现者。在阶级社会里，社会产品和财富的享有主体是奴隶主、地主阶级和资产阶级等统治阶级，而社会财富的真正创造者——占人口绝大多数的劳动人民却处于被压迫和奴役的地位，他们所得到的，是只够维系自身基本生存需要的生活资料。这种产品享有方式建立在一些人对另一些人的剥削之上，是对人的内在本质的异化。而无产阶级的历史使命决定了无产阶级必须把全人类的共同利益放在首位，把促进人的自由全面发展作为最高价值目标，从而使人的内在本质得到全面展现。因此，在社会产品的占有方式上，无产阶级就要对体现阶级剥削与压迫的“私享”做出彻底的扬弃，使社会发展成果惠及全体社会成员（不是少数人，也不是一部分人），也就是使普惠性成为发展的基本属性。只有这样，“人类的进步才会不再像可怕的异教神怪那样，只有用被杀害者的头颅做酒杯才能喝下甜美的酒浆”①。

法国著名经济学家佩鲁在《新发展观》中写道：“增长的目的是什么？当前目标是什么？在什么条件下增长是有益的？增长是为什么人的？只是为国际社会中的某些人，还是为所有人？”② 对于这些问题，佩鲁本人给出了明确的答案，他认为：“为了一切人和完整人的发展就

---

① 马克思恩格斯选集：第1卷［M］. 北京：人民出版社，2012：862－863.

② 弗朗索瓦·佩鲁. 新发展观［M］. 张宁，丰子义，译. 北京：华夏出版社，1987：8－9.

理应是政治家、经济学家和研究人员一致接受的目标。”① 佩鲁从整体综合发展观的视角出发，指出普惠性是发展的基本属性。

所谓普惠，指的就是发展成果要惠及所有人，或者说发展成果要由所有人共同享有。对于“所有人”范畴的理解，可以从横向和纵向两个不同维度入手。从横向维度来看，所有人指的是代内的全体成员。就国际范围而言，共享发展的普惠性表现在让所有国家和地区的所有人共同享有全球经济发展的利益和好处，使国际区域经济合作与发展的成果覆盖世界上的每一个成员。就一国范围而言，共享发展的普惠性表现在全体社会成员共同享有经济社会发展成果。从纵向维度来看，所有人指的是代际间的全体成员。共享发展的普惠性不仅包括让所有当代人共享发展成果，还包括让我们的子孙后代共享发展成果。在当前中国语境下通俗地理解共享发展的普惠性，就要在外延上做到两个兼顾。一是共享发展是兼顾整体与个体的发展，二是共享发展是兼顾当前与长远的发展。只有在实现整体利益与个体利益相统一、当前利益与长远利益相统一的基础上，才能通过共享使发展更有温度、使人民的幸福更有质感。

2. 公平性

公平是人类自古以来的美好理想和不懈追求，是人类社会的最高价值目标。但对公平具体内涵的认识和把握，却是一个非常复杂而又富有争议的问题。亚里士多德认为公平具有多重含义。首先，他认为公平指的是个人的正直美德，是人做事情的品质。其次，他认为公平指的是社会基本制度安排的公平合理性。随着人类社会文明程度的提高，公平作为社会制度安排公平合理性的内涵日益为人们所接受。美国经济伦理学家乔治·恩德勒指出：“公正一是被理解为美德，被理解为个人在日常生活中的正当行为（使人人有其物），另一方面也被理解为制度性标

① 弗朗索瓦·佩鲁. 新发展观［M］. 张宁，丰子义，译. 北京：华夏出版社，1987：4.

准，应该据此对社会的基本政治、经济和社会机构进行基本评价。”①作为制度性的评价标准，公平的作用在于实现与保持特定的社会关系，从而使“社会的政治利益、经济利益和其他利益在全体社会成员之间合理而平等地分配”②。

如果说普惠性是共享发展的物理属性，那么公平性无疑就是共享发展的精神属性。就其实质而言，共享发展主要解决的是社会的公平正义问题。共享发展的目的就在于通过一定的制度安排和设计，在权利公平、机会公平、规则公平和分配公平的基础上，使人们公平合理地享有经济社会发展的机会、权利和成果。共享发展的公平性不仅仅是一个经济学范畴，还涵盖了政治、伦理等方面的内容。就其具体内容来看，共享发展的公平性表现在经济上就是每个人都能平等地享有经济发展成果，都有平等的机会和权利去实现自身的幸福；共享发展的公平性表现在政治上就是每个人都能依法平等地参与到管理国家事务和社会事务、经济事业和文化事业之中，真正实现当家作主；共享发展的公平性表现在伦理上就是每个人都享有平等的发展机会，在起点公平、机会公平和规则公平的基础上施展自己的才能、实现自己的价值。共享发展在价值指向上是和社会主义的本质相一致的，那就是充分保障每个社会成员发展的机会和权利，妥善协调各方面的关系，在增进共同利益中实现社会公平。

需要注意的是，不能把共享发展的公平性理解为无差别的平均主义。首先，在推进共享发展的过程中要正视发展能力的差异以及发展水平的阶段性特征。共享发展是一个历史的范畴，在不同历史时期，共享的内容与层次是不一样的。恩格斯在1888年《共产党宣言》英文版序言中明确提出：“每一历史时代主要的经济生产方式和交换方式以及必

---

① 乔治·恩德勒．经济伦理学大辞典［M］．李兆荣，等译．上海：上海人民出版社，2001：164.

② 俞可平．社会公平和善治是建设和谐社会的两大基石［J］．中国特色社会主义研究，2017（6）：10－15.

然由此产生的社会结构，是该时代政治的和精神的历史所赖以确立的基础，并且只有从这一基础出发，这一历史才能得到说明。"① 因此，在共享发展的推进过程中，共享程度与水平的高低必须和特定历史发展阶段的经济社会发展水平相适应，否则，共享最终只会沦为脱离历史和时空的空想。其次，在推进共享发展的过程中要承认分配结果在数量上的差异。由于各种自然、历史或者偶然因素的制约，社会成员在天赋资质、能力水平或努力程度等方面是存在差异的，这就造成了社会成员在发展过程中事实上的不平等。如果用分配结果数量上的均等来掩盖社会成员能力大小及贡献多少的差异，那么实质上是对社会成员利益的剥夺。因此，要正确理解和把握共享发展的公平性，就要承认和充分尊重不同社会成员在发展过程中适度、客观的差异，坚决抵制打着共享的旗号搞平均主义一刀切的做法。

二、共享发展的意义

关于共享发展的意义，可以从事实性意义和价值性意义两个维度入手进行解读。从事实维度看，共享发展的意义在于回答共享发展是什么的问题，是人们对共享发展的本质、规律等内容的一种事实性认识；从价值维度看，共享发展的意义在于回答共享发展应该会怎样的问题，也就是共享发展分别对发展的主体和客体所具有的作用和意义。就发展的主体而言，共享发展的价值性意义指的是共享发展对作为主体的人的意义，也就是在促进人的自由全面发展方面所具有的作用和价值；就发展的客体而言，共享发展的价值性意义指的是共享发展对作为客体的物的意义，也就是在创造社会物质财富、维护社会公平正义、促进社会健康有序发展方面所具有的价值功能。在把握共享发展的意义时，要逐步从共享发展的事实性意义上升到共享发展的价值性意义，从共享发展客体

① 马克思恩格斯选集：第1卷［M］．北京：人民出版社，2012：385.

层面的意义上升到共享发展主体层面的意义，这样才能对共享发展有一个完整、准确的认识。

（一）共享发展指明了社会主义发展的新方向

共享发展强调和尊重人民群众在社会历史发展中的主体地位和作用，实质上体现了以人民为中心的发展思想。作为新时代坚持和发展中国特色社会主义的基本方略之一，以人民为中心的发展思想回答的是进入新时代的中国要实现什么样的发展以及怎样发展的问题，为新时代中国特色社会主义的发展指明了新方向。

自中国共产党成立以来，一代又一代中国共产党人始终坚持把人民放在心中最高位置，把民族独立和人民解放作为奋斗目标。经过长期的努力，久经磨难的中华民族终于实现了从站起来、富起来到强起来的历史性飞跃。这不仅使我们看到了中华民族伟大复兴的光明前景，而且使我们日益靠近世界舞台的中央，自近代以来不断衰落的中华民族开始持续走向繁荣富强。但是繁荣的背后，却有越来越多的人日益感受到了源自内心深处的失落与不安。我们掌握了强大的改造自然的物质力量，但是却没有保护好我们赖以生存的自然；我们创造了雄厚的物质财富，但是却没有消除两极分化导致的道德沦丧；我们在努力营造和美化着自己的物质家园，但是却无法阻止信仰缺失背景下精神家园的荒芜。社会在高速发展的同时，也衍生出了很多光怪陆离的现象或问题。当人们不断地感慨个体的脆弱和社会责任缺失的时候，才不得不开始重新反思，社会和人的发展轨迹到底该走向哪里？所有这一切都充分说明，当前我们在发展过程中面临着一系列的风险和隐患。而这些风险和隐患的产生，与发展模式的选择有着密不可分的关系，或者说与人们选择追求发展的何种意义有着密不可分的关系。

长期以来，人们用发展的物的意义遮蔽了发展的人的意义，在发展实践中选择了“以物为本”的片面发展模式。在理论导向上，这种片面的“以物为本”的发展模式“偏重于生存自由赖以实现的物质财富和市场收入效应，而没有考虑到人的社会和精神层面自由实现的条件”①。在实际发展过程中，“以物为本”的发展模式把人的价值让渡给了物的价值，物质的丰裕程度或财富的增值程度成为衡量发展的唯一标准。在发展的结果上，尽管“以物为本”的发展模式促进了生产力的快速发展和物质财富的极大增长，但是它把人异化为冰冷、枯燥、只知道一味地追求物质利益的工具，最终导致了社会公平的缺失以及人的片面、低端发展。从本质上来讲，传统“以物为本”的发展模式是一种数量型的经济发展模式，“在经济发展由低级阶段向高级阶段迈进的过程中，这一模式的弊端和局限性就逐步暴露了出来，需要进行经济发展理论的创新和经济发展模式的转换”②。

党的十六大以来，以胡锦涛为总书记的党中央立足我国社会主义初级阶段的基本国情，在深刻总结我国发展实践的基础上提出了科学发展观，从此我国在发展模式上逐渐由“以物为本”向“以人为本”转变。但是，传统“以物为本”的发展模式仍以其强大的惯性力量影响着经济社会的发展。“我们的发展速度越来越快，但我们却迷失了方向。”③为解决我国在发展过程中出现的问题和矛盾，党中央适时提出了共享发展新理念。共享发展理念把物的发展和人的发展有机统一起来，把社会发展中人的意义的因素作为衡量社会进步与否的根本标准，从而把“以物为本”的发展模式彻底转变成了“以人为本”的发展模式。在发展的内容上，共享发展注重“人的各种需要的良好满足和各种潜能的良好发挥，人与外部世界关系的不断生成特别是改善，人的生理机能的完善和进化，以及人在主观上对自身生存状况的满意度或幸福度的不断

① 王小锡．中国经济伦理学年鉴（2012）［M］．南京：南京师范大学出版社，2013：30.

② 任保平．低成本经济发展的制度阐释［M］．北京：中国社会科学出版社，2001：64.

③ 威利斯·哈曼．未来启示录［M］．徐元，译．上海：上海译文出版社，1988：193.

提高或增强等"①，给发展注入了全新的内涵。

总之，共享发展高举"以人为本"的大旗，指明了发展的价值取向，适应了时代变化的发展要求，完成了由"以物为本"的数量型发展模式向"以人为本的"全方位、多层次质量型发展模式的转变，把我们对发展的认知提升到了新的境界，为新时代中国特色社会主义的发展指明了新方向。

（二）共享发展为促进每个社会成员的全面发展创造了条件

就其实质而言，马克思主义就是关于人的自由解放和全面发展的学说。恩格斯在《在爱北斐特的演说》中就明确提出："每一个人都无可争辩地有权全面发展自己的才能"②，之后，马克思和恩格斯又在《哲学的贫困》《共产主义原理》《德意志意识形态》与《共产党宣言》等著作中对人的全面发展的相关问题进行了论述。

从内容上看，人的全面发展包括人的劳动能力、人的需要、人的社会关系以及人的个性的全面发展四个方面的内容。其中，人的劳动能力的全面发展包括人的体力、智力、才能和志趣的全面发展。马克思指出人的劳动能力的全面发展是对人的本质力量的公开和展示，全面地发展自己的一切能力是所有人的职责和使命。除人的劳动能力外，人的现实需求状况也反映着人的发展水平。在生产力发展水平低下、物质财富相对匮乏的条件下，人的需要也是相对单一的。随着生产力水平的提高和物质财富的丰富，人的需要也会随之变得更加丰富和多样化。此外，需要也是人的一切活动的内在动力，人们只有不断地进行实践活动才能使需要得到满足。社会关系是衡量人类发展水平的客观标志，正如马克思所言："个人的全面性不是想象的或设想的全面性，而是他的现实关系和观念关系的全面性。"③ 人的全面发展的过程实质上就是人的社会关

① 邱耕田．论整体性发展［J］．北京大学学报（哲学社会科学版），2017（5）：5－14.

② 马克思恩格斯全集：第2卷［M］．北京：人民出版社，1957：614.

③ 马克思恩格斯全集：第46卷下［M］．北京：人民出版社，1980：36.

系不断丰富和完善的过程。人的个性的全面发展指的是人的体质能力、精神状态、心理倾向及行为特征等内容的最大限度的发展。在马克思主义理论体系中，人类社会发展的最终形式是“建立在个人全面发展和他们共同的、社会的生产能力成为从属于他们的社会财富这一基础上的自由个性”①。可见，人的全面发展的最高标准以及人类社会发展的最终目标是人的个性的全面发展。

从历史发展的总趋势看，人的发展实际上就是人在社会发展进程中不断寻求自身解放的历史过程，其最终指向就是人的全面发展。但是，实现人的全面发展必须具备一定的条件。从劳动能力方面来看，实现人的全面发展，首先要消灭异化劳动，使劳动在真正意义上变成人的自主活动。从需求角度来看，实现人的全面发展，需要人们突破已有生产的局限，不断提升自身需求的质量和层次。从社会关系方面来看，实现人的全面发展，就必须消灭狭隘陈旧的生产关系并在此基础上塑造新的平等和谐的社会关系。从人的个性发展的角度来看，人的全面发展意味着人的个性的解放和人的个性的充分发挥。

共享发展理念的提出，为促进每个社会成员的全面发展创造了条件。首先，共享发展坚持以人民为中心的发展思想，尊重人民主体地位，充分发挥人民的主体作用，在发展实践中始终坚持以人为本，为人的劳动能力的全面发展奠定了坚实的基础。其次，共享发展坚持人民利益至上的根本原则，在发展中不断提升发展的质量和层次，注重在“把蛋糕做大”的基础上努力“把蛋糕分好”，为满足人民日益增长的美好生活需求创造了前提。再次，共享发展坚持公平正义的价值追求，强调在加强制度建设的基础上使每个社会成员都拥有平等发展以及平等参与社会主义现代化建设的机会和权利，让每个社会成员都能“各尽其能”。通过完善基本分配制度和社会保障制度来整合社会成员之间的利益关系，让每个社会成员在“各得其所”的基础上与其他社会成员

① 马克思恩格斯全集：第46卷上［M］. 北京：人民出版社，1979：104.

和谐相处，有力地推动了人的社会关系的全面发展。最后，共享发展用“以人为本”的全方位、高质量、多层次的质量型发展模式取代了传统“以物为本”的数量型发展模式，强调人的发展的价值和意义，把物的发展看作实现人的价值的外在条件，使每个人既是发展的“积极参与者”，又是发展的“真正受益者”，使经济社会发展最终落脚于人们真实的获得感、幸福感和安全感，为人的个性的全面发展提供了理论规范和价值导向。

总之，共享发展是内隐于中国特色社会主义的价值基因。中国的发展不是漫无目的的随波逐流，而是在坚持自身价值原则基础上的积极实践。共享发展理念的提出，顺应了我国社会主义发展的基本价值导向，不管是在物的发展还是人的发展方面都有着极为重要的意义。

第二节 共享发展理念的基本内涵

作为五大发展理念的出发点和根本落脚点，共享发展不仅揭示了发展的根本动力，而且阐明了发展的最终目的，为发展起来以后的中国该如何进一步治理指明了方向。可以说，创新、协调、绿色、开放发展理念强调的都是如何发展的问题，其目标指向都是国家的富强和人民的幸福，最终都要落实到共享发展理念之中，体现在全体人民对改革发展成果的共同享有上。而要贯彻落实共享发展理念，首先要厘清共享发展理念的基本内涵。从主体维度来看，共享发展指的是全民共享，也就是让全体人民共同享有改革发展成果；从客体维度来看，共享发展指的是全面共享，就是全体人民共同享有国家在经济、政治、文化、社会、生态等各方面的发展成果，全体人民在规则平等的基础上共同享有发展的机会和权利；从动力体系来看，共享发展指的是共建共享，也就是让全体人民参与到社会主义现代化建设的具体实践之中，让他们在共同建设的基础上共同享有改革发展成果；从推进进程来看，共享发展指的是渐进共享，也就是共享发展是一个从低级到高级、从不均衡到均衡的逐步推进的历史过程。

一、主体维度：全民共享

从主体维度来看，共享发展指的是全民共享，也就是让全体人民共同享有改革发展成果。习近平总书记在2015年庆祝“五一”国际劳动节大会的讲话中明确提出：“国家建设是全体人民共同的事业，国家发展过程也是全体人民共享成果的过程。”① 所谓“全体人民共享成果”，实质上就是要做到人人享有、各得其所。我们要坚持的共享不是少数人的共享，也不是一部分人的共享，而是“一个都不能少”的共享，这也就意味着要使全体人民在社会主义现代化建设的历史进程中都切实享有改革发展成果。

（一）全民共享的必要性和重要性

就主体维度而言，全民共享要求改革发展的成果要惠及全体人民，这实际上强调的是社会发展过程中的公平正义问题。在社会主义条件下，社会的发展应当是一种追求公平正义的发展，其基本价值指向就是人人享有、普遍受益。在社会发展过程中，应当确保每个社会成员的尊严和基本生活条件都能得到满足，每个社会成员的潜能都能得到发挥，每个社会成员的生活水准和发展能力都能随着社会的进步得到不断提升。可以说，全民共享既是马克思主义的基本价值追求，也是中国特色社会主义的内在要求。

在社会发展过程中，最理想的发展状态应当是“使个人的福利持续地得到改进，并使所有人都得到好处”②。如果在发展中只有少数人或一部分人受益，而绝大部分成员没有得到应有的权利、机会和成果，

---

① 中共中央文献研究室．习近平关于协调推进“四个全面”战略布局论述摘编［M］．北京：中央文献出版社，2015：44.

② 联合国新闻处．联合国手册（第八版增编）［M］．北京：商务印书馆，1972：96.

进而被排斥于正常的发展进程之外，那么从社会发展基本目的的视角来看，这样的发展将注定是失败的。著名发展经济学家赫希曼（Albert O. Hirschman）曾经利用“隧道效应”这一概念来解释社会发展过程中人们对不平等现象的容忍度以及对未来良好预期满足感的问题。当人们进入一个同向行驶的双车道隧道，如果双车道都遇到交通阻塞，当 A 车道上的车开始移动时，B 车道上的司机会因为推测自己也将很快移动而感到开心。但如果 A 车道的车一直移动而 B 车道上的车却毫无移动的迹象，那么 B 车道的司机将很快感到沮丧，甚至会想办法强行插入 A 车道，最终使两条车道的情况都变得越来越糟。由此可见，在发展过程中，如果一部分人因为长期被排斥于正常的发展进程之外而无法享受经济发展成果，那么这部分人将不仅会因为发展机会的不均等而降低参与经济社会发展实践的意愿，而且有可能会采取行动来阻碍经济社会的发展。因此，不管任何国家，如果想获得持久的稳定和发展，都必须确保让绝大多数人在更加公正的基点上享受到发展的红利。

对我国而言，让全体人民共同享有改革发展成果不仅是社会主义的本质要求，而且是改革发展成效的最终评判标准。我们不能“一边宣布全面建成了小康社会，另一边还有几千万人生活在扶贫标准线以下”①。因此，应该让全体人民平等地参与到社会主义现代化建设的历史进程之中，让他们共同享有改革发展成果，让他们有更多的获得感和成就感，让社会主义现代化建设的伟大事业更加深得民心。

（二）全民共享的基本内涵

要理解和把握“全体人民共享成果”的基本内涵，首先必须对“人民”有一个明确的概念。作为一个社会历史范畴，人民在不同国家、不同历史时期和不同社会条件下所具有的内涵也是不同的。总体来讲，人民一般指的是能够顺应历史潮流并推动社会前进的一切阶级、阶

① 中共中央文献研究室．习近平总书记重要讲话文章选编［M］．北京：中央文献出版社，2016：278.

层、集团和个人。当前，一切拥护、支持党的政策，积极参与到社会主义现代化建设事业中的人们都属于人民的范畴，具体包括工人、农民、知识分子，一切拥护社会主义的爱国者和拥护祖国统一的爱国者。基于以上对人民范畴的定义，从横向一国范围的视角来看，当前我们所说的全体人民共享成果，就是一切拥护、支持党的政策，积极投身社会主义现代化建设进程中的人们共同享有改革发展成果。从纵向视角来看，全体人民共享成果不仅指的是要使改革发展成果在当代人中人人享有，而且要使改革发展成果惠及我们的子孙后代。

共享发展在不同视角下有着不同的内涵，但是，不管是在横向视角下还是在纵向视角下，共享发展的目标指向都是始终如一的，就是要使全体人民共享发展成果。要做到这一点，必须首先明确“为谁发展”这一事关全局的根本立场问题。我们党鲜明地宣告了要始终将人民利益置于首位、坚持“以人为本”的根本价值追求。习近平总书记指出：“为什么人、靠什么人的问题，是检验一个政党、一个政权性质的试金石。”① 不同国家、不同社会和不同政党在为谁发展这一问题的选择上是不同的。从成立之日起，中国共产党就把人民立场作为自己的根本政治立场，把人民利益至上的原则作为根本原则，把为人民谋福利作为根本价值旨归。共享发展正是在坚持“以人为本”的基础上，把发展放在如何实现和维护最广大人民的根本利益中来认识，放在如何使发展成果惠及全体人民群众中来思考，放在如何引导全体人民群众走向共同富裕的道路中来把握，切实为增进人民福祉探求一条规范、科学的发展之路。正如习近平所言：“我们追求的发展是造福人民的发展，我们追求的富裕是全体人民共同富裕。改革发展搞得成功不成功，最终的判断标准是人民是不是共同享受到了改革发展成果。”②

① 习近平谈治国理政：第2卷［M］．北京：外文出版社，2017：52.
② 征求对中共中央关于制定国民经济和社会发展第十三个五年规划的建议的意见 中共中央召开党外人士座谈会 习近平主持并发表重要讲话［N］．人民日报，2015－10－31（1）．

尽管全民共享强调人人享有，各得其所，但这绝不意味着每个社会成员都是同时、同等地绝对平均享有。共享发展目标的实现是一个历史的渐进的长期过程，我们要承认人群发展存在差异性这一客观事实。如果把共享发展理解为完全平均和同步地享有改革发展成果，则又回到了平均主义，会使社会丧失前进的动力。就个体而言，由于存在体力、智力、受教育水平以及由此产生的劳动生产率等各方面因素的差别，必然会导致社会分工、财产及收入分配的适度差异。就国家、民族、地区而言，由于自然资源、人口因素、地理环境等方面的差别也会导致在具体的发展阶段和发展程度上存在不同的发展样态。虽然目前我国依然在城乡、区域以及居民收入分配等方面存在差距，但是，这些差距都是数量上的差异，是与我国经济社会的发展水平相适应的。共享发展追求的是真正意义上的平等与公正（内在地包含了尊重不同个体之间的差异），而不是平均主义的数量上的绝对均等。简单地把改革发展成果在全体社会成员中平均分配，违背了社会主义初级阶段的按劳分配原则，抹杀了不同劳动者之间的差别，是对社会公平与效率的极大损害。

当然，承认社会成员在享有社会发展成果上的差距并不意味着可以允许差距无限度地拉大。邓小平曾经明确指出："要按劳分配，要有差别，但差别不能太大。"① 社会主义不是平均主义，但却是平等主义，我们追求的不是形式上的平均，而是实质上的平等。我们在把"蛋糕"做大的同时，应更加关注社会公平问题，进一步把"蛋糕"分好。因此，在贯彻和落实共享发展理念的过程中，既要承认和尊重个体在改革发展成果分配上的差异，又要通过制度层面的保障，把这种差异控制在合理范围之内，以此营造公平的社会氛围，激发个体参与社会主义现代化建设的主动性和积极性，使社会不同阶层达成共识、消解矛盾，共同为实现中华民族伟大复兴的中国梦而努力奋斗。

---

① 邓小平年谱（1975—1997）（上）［M］. 北京：中央文献出版社，2004：196.

二、客体维度：全面共享

从客体维度来看，共享发展指的是全面共享，就是全体人民共同享有国家在经济、政治、文化、社会、生态等各方面的发展成果，全体人民在规则平等的基础上共同享有发展的机会和权利。也就是说，在其发展的包容性上，全面共享不仅包括发展成果（资源）层面的共享，而且包括权利和机会的共享。

（一）全面共享的必要性和重要性

面对人民日益增长的美好生活新期待，我们所追求的共享发展不能只停留于幻想阶段，必须要有实实在在的内容。因此，从共享的内容来看，必须要让全体人民在经济、政治、文化、社会、生态等各方面共同享有发展的权利、机会和成果。共享发展的全面性是由人的发展的全面性和人的需要的多样性所决定的。

首先，从人的发展的全面性来看，人的全面发展包括人的生活的充实与富足、人的能力的释放与发展、人的社会关系的和谐与融洽以及人的个性的张扬与完善。受社会发展水平的制约，人的全面发展是一个由低层次向高层次不断推进的过程，人的全面发展的高层次是人的全面发展的低层次的目标和方向，人的全面发展的低层次是人的全面发展的高层次在特定历史阶段的实现和具体体现。就我国现阶段而言，人的全面发展的低层次具体表现在两个方面：一是要维护人民在各方面的合法权益，增进人民福祉；二是要实现全面建成小康社会的奋斗目标，满足人民不断增长的美好生活需要。其中，不管是人民福祉的增进还是人民美好生活需要的满足，都意味着让人民在各个领域得到更多的实惠，享受到更多的发展成果。只有这样，才能为人的全面发展在现阶段的实现创造良好的条件和基础。如果其中任何一个领域或环节缺位，都会严重推迟或阻碍人的全面发展的进程。因此，人的发展的全面性决定了人们享有内容的全面性。

其次，从人的需要的多样性来看，人的需要始终处于由简单到复杂、由低级到高级的动态发展过程之中。根据不同的维度，人的需要可以划分为不同的类型。从层次上看，人的需要可以划分为生存的需要、享受的需要和发展的需要；从内容上看，人的需要又可以划分为物质的需要、精神的需要和社会的需要等方面的内容。不管是哪一种类型的需要，当低层次的需要得到满足之后，新的更高层次的需要又会随之产生。与人的需要的多样性相对应，对人的需要的满足也是一个由低级到高级的动态发展过程。只有最高层次的需要得到满足后，人们才可能从动物的生存条件进入真正的人的生存条件。因此，我们不能只关心人民纯粹生理需要的满足和物质利益的实现，更要保证社会全体成员充分而自由的发展。当前，我国已经由“温饱型”社会跨入“小康型”社会，人们的基本生活需求已经得到满足，在此基础上，人们不仅在物质方面的需求进一步提升，而且开始更加注重对民主、法治、公平、正义、安全、环境等内容的追求。正是人的这种需要的多样性，决定了我们要实现的共享发展必须是全面的共享发展。

（二）全面共享的基本内涵

恩格斯在《反杜林论》中指出：“通过社会化生产，不仅可能保证一切社会成员有富足的和一天比一天充裕的物质生活，而且还可能保证他们的体力和智力获得充分的自由的发展和运用。”① 由此可见，真正的发展不应当只关心人民纯粹生理需要的满足和物质利益的实现，而是要更重视人民在各方面的更高层次的需求，重视和提升人民的获得感，让人民生活更加幸福，向自由而全面发展的方向进一步迈进。曾经一度，我们简单地把经济增长等同于社会发展，“我们常常以为，一些矛盾和问题是由于经济发展水平低、老百姓收入少造成的，等经济发展水平高了、老百姓生活好起来了，社会矛盾和问题就会减少”②。在这种

① 马克思恩格斯选集：第3卷［M］．北京：人民出版社，2012：670.

② 中共中央文献研究室．习近平总书记重要讲话文章选编［M］．北京：中央文献出版社，2016：276.

错误思想的指导下，人们单纯地追求经济增长的规模和速度，最终导致的后果就是物质主义的泛滥和经济人的盛行。全面共享，就是要将发展置于人本精神视域之下，在生产力发展的基础上，更加注重人的社会属性和多样化的价值追求，充分保障人民在各方面的合法权益，使人民共同享有经济、政治、文化、社会、生态等各方面的发展成果。因此，全面共享包括以下两个方面的基本内涵。

第一，全体人民共同享有经济、政治、文化、社会、生态等各方面的发展成果。在《德意志意识形态》中，马克思明确指出物质生产本身是人类生存的第一个必须的前提，因此，人类的发展必须以一定的物质生活资料为基础，人们只有在基本生存需求得到满足的基础上才有可能去追求新的更高层次的需求。这也就意味着，要实现共享发展，首先要使全体人民共同享有社会发展的经济成果。但是，共享不仅仅是经济成果的共享。除了物质生活资料的丰沛与充足，人的全面发展还需要在政治、文化、社会、生态等各方面都得到满足。例如，随着社会的发展进步，人们会渴求更加优质的教育资源、更加可靠的社会保障、更加健全的社会公共服务以及更加优美的生态环境等各方面的内容。由此可见，就共享的内容而言，共享不仅包括全体社会成员对社会经济发展成果的共享，而且还包括对政治、文化、社会、生态等各方面内容的共享。

第二，全体人民在规则平等的基础上共同享有发展的机会和权利。作为内隐于中国特色社会主义的价值基因，共享发展实质上是要解决社会的公平正义问题。可以说，维护和实现公平正义是社会主义区别于资本主义最重要的标志之一。一般来讲，公平正义包括权利公平、机会公平和规则公平三个方面的主要内容。其中，权利公平指的是排除身份、地位、家庭背景等各种因素的制约，每个社会成员平等地享有参与各项社会活动的权利。权利公平既是维护和实现社会公平正义的逻辑起点，也是社会公平正义的内在要求。机会公平指的是每个社会成员都平等地享有生存和发展的机会，可以说，机会公平是维护和实现社会公平正义的基本前提。规则公平指的是社会成员在经济社会发展过程中要遵守相同的行为规范和行动准则，规则公平是维护和实现社会公平正义的必要保障。只有让全体社会成员在权利、机会、规则平等的基础上参与到社会主义现代化建设进程之中，才能妥善协调各方面的利益关系并激发广大人民群众的创造活力，进而真正显示出社会主义的优越性。

总之，就内容而言，共享发展不仅包括全体人民对发展成果（资源）的共享，而且还包括全体人民在规则平等的基础上对发展的权利和机会的共享。

三、动力体系：共建共享

就动力体系而言，共享发展指的是共建共享，也就是让全体人民参与到社会主义现代化建设的具体实践之中，让他们在共同建设的基础上共同享有改革发展成果。共建共享体现了马克思主义群众史观的根本内容，闪烁着唯物辩证法的智慧和光芒。可以说，共建共享体现了发展目标与发展动力的辩证统一、发展主体权利与义务的辩证统一以及价值观与方法论的辩证统一。在全面建成小康社会的过程中，我们要充分发扬民主，尊重人民的主体地位，最大限度地激发广大人民群众的积极性和主动性，做到人人参与、人人尽力，保证人人都有获得感。

（一）共建共享的必要性和重要性

自党的十八大以来，以习近平同志为核心的党中央多次强调，要让人民群众在共建共享发展中有更多获得感。具体而言，人民群众的获得感不仅来自对经济社会发展成果的共同享有，而且来自对社会主义现代化建设实践的共同参与。共建与共享，既体现了我们党对人民主体地位的充分尊重，又体现了我们党全心全意为人民服务的根本宗旨，是凝心聚力、不断推进社会主义现代化建设事业的必然要求。

首先，共建是中国特色社会主义伟大事业的力量之源。中国特色社会主义伟大事业是一项复杂的系统工程，要实现这一宏伟目标，离不开全体人民的智慧和力量。历史唯物主义一再证明，人类社会发展的一切成就都离不开人民的劳动和创造。只有充分尊重和发挥人民的主体作用，积极动员广大人民群众投身于社会主义现代化建设实践之中、承担起社会主义现代化建设的光荣使命，社会主义现代化建设事业才能获得持久的动力。此外，使全体人民共同参与现代化建设，赋予他们同祖国和时代共同成长进步的机会，有助于增强他们的主人翁意识，进而使他们在自身主导的劳动和创造过程中拥有更多的获得感和成就感。

其次，共享是社会主义的本质要求和社会主义优越性的集中体现。社会主义的优越性最终要体现在人民发展权利和机会的均等以及对发展成果的共同享有上。在带领人民朝着共同富裕的奋斗目标奋勇前进的过程中，必须保证广大人民群众切实从发展中得到实惠，发展成果确实惠及全体人民。通过共享，不仅可以满足人民日益多样化、多层次的美好生活需要，而且可以充分激发全体社会成员的潜能和创造活力，让他们最大限度地为消除阻碍社会前进的主要制约因素而努力奋斗，进而创造出更加丰厚的物质和精神成果，让人民生活更加幸福，向自由而全面发展的方向进一步迈进。

（二）共建共享的基本内涵

共享发展是共建与共享的有机统一。共建是共享的前提和基础，共享是共建的动力和目标，具体表现如下。

首先，共建是共享的前提和基础。所谓共建，就是要激发全体人民的活力和创造力，使他们积极投身于社会主义现代化建设事业之中，创造出更多的物质产品、精神文化产品和生态产品，为全体人民共享社会发展成果奠定坚实的基础。可以说，共建是共享的前提，共建水平的高低直接决定着共享程度的高低。如果没有共建，没有经济、政治、文化、社会、生态等领域建设成果的取得，共享就如同水中月、镜中花一样，可望而不可及。

共建需要全体社会成员的积极参与。社会主义现代化建设事业是亿万人民共同的事业，仅仅依靠少数人的努力是无法实现社会主义现代化奋斗目标的。只有全体中华儿女勠力同心、和衷共济、团结奋斗，社会主义现代化建设的各项事业才有可能取得胜利。可以说，改革开放四十多年来，我们每一份成绩的取得、每一个经验的创造，都离不开广大人民群众的实践和智慧。在决胜全面建成小康社会的关键时期，我们更应该广泛地汇集民智、最大限度地激发民力，通过全国人民的共同努力把人民的生活质量和社会的共享水平推向新台阶。

共建还需要充分调动每一个社会成员的主观能动性。共享不等于坐享其成，共享不是“靠着墙根晒太阳，等着别人送小康”，更不是福利养懒人。共享发展的实现，需要每一个社会成员的积极参与和努力。每一个社会成员既是社会发展成果的享有主体，也是社会发展的实践主体；既是各项权利和机会的享有主体，也是义务和责任的承担主体。只有每一位社会成员都充分发挥自己的主观能动性，做一名合格的实践主体，勇于承担自身的责任和义务，积极投身到社会主义现代化建设之中，才能为全体社会成员共享发展成果奠定坚实的基础。同时，对个体而言，每个人的创造能力和个体潜能发挥的过程实际上也是个体自我实现的过程。每个人只有不断地参与到社会主义现代化建设实践之中，才能有机会感受到生命存在的意义，感受到作为人的尊严和幸福，从而最大限度地拥有获得感、成就感和幸福感。因此，在共建的过程中，必须加大对部分社会成员中存在的“等、靠、要”思想的治理力度，充分调动每个社会成员的主动性和积极性，鼓励他们为实现全体社会成员的幸福而努力奋斗。

其次，共享是共建的动力和目标。从发展的最终目的来看，一切发展都是为了满足人民日益增长的美好生活需要，最终实现每个人自由而全面的发展。在社会主义现代化建设的历史进程中，共建与共享是不可分割的有机整体，或者说二者是同一问题的两个不同方面。离开了共建，社会主义现代化建设事业就不可能有持久的繁荣，共享也将失去其坚实的根基和前提；离开了共享，社会的公平正义就难以实现，社会的和谐稳定将难以维系，共建也将失去其持久的动力。所以，要想使全体社会成员积极参与到社会建设之中，就必须让他们切实从发展中得到实惠，让他们的生活质量和水平切实从发展中得到提升。总之，经济社会发展成果只有切实惠及全体人民，只有真正做到发展成果“人人享有”，才能在全社会形成“人人参与、人人尽力”的生动局面，社会主义现代化建设的奋斗目标也才能早日实现。

共建与共享，不是一种静止的状态，而是一个持续不断的动态发展过程。我们所追求的共享，不是等发展起来之后再对发展成果进行分享，不是等“蛋糕”做大做好之后再去分“蛋糕”，而是把共享贯穿于社会主义现代化建设的全过程，在做大“蛋糕”的同时就把“蛋糕”分好。共建与共享，二者有机统一于社会主义现代化建设的全过程。只有在不断做大“蛋糕”与持续分好“蛋糕”的动态实践之中，共建与共享才能在互相促进的良性循环中获得持久的生命力。

四、推进进程：渐进共享

就推进进程而言，共享发展是一个从低级到高级、从不均衡到均衡的渐进发展过程。共享发展的渐进性要求我们在社会主义现代化建设过程中要做到一切从实际出发，立足我国基本国情，根据不同阶段的经济社会发展水平制定相应的共享发展策略，既不能好高骛远，做超越当前社会发展阶段的事情，也不能在逐步实现共同富裕的道路上裹足不前、无所作为，要“根据现有条件把能做的事情尽量做起来，积小胜为大胜，不断朝着全体人民共同富裕的目标前进”①。

（一）渐进共享的哲学依据

恩格斯指出：“世界不是既成事物的集合体，而是过程的集合体。”② 由低级到高级、由简单到复杂，这是人类社会历史演进的基本

① 习近平谈治国理政：第2卷［M］．北京：外文出版社，2017：215.
② 马克思恩格斯选集：第4卷［M］．北京：人民出版社，2012：250.

趋势，而人类社会由低级向高级不断演进的过程，也就是人类的共享层次和共享质量不断提升的过程。根据人的发展状况，马克思把人类社会划分为三种历史形态：人的依赖关系的阶段、以物的依赖性为基础的人的独立性的阶段和建立在个人全面发展和他们共同的社会生产能力成为他们的社会财富这一基础上的自由个性的阶段。在第一阶段，由于生产力水平的低下，自然界仅仅是人类满足其肉体生存需要的对象，人对自然界有狭隘的、严重的依赖，这也就决定了人们之间的社会联系只能局限在孤立地点和狭窄范围内的共同体内部，如原始社会的氏族和部落、奴隶社会和封建社会的农村公社和城市公社等。第二阶段，随着自然经济转变为商品经济，作为商品生产者和交换者的个人，摆脱了对直接共同体的依赖，获得了形式上的独立，但是越来越细的社会分工把人限定在越来越狭小的领域中，使人的活动变得愈加片面，而人的需要则变得愈加全面。到了第三个阶段，社会关系由人们共同控制，每个人都能获得自由而全面的发展。

当前，我国还处于并将长期处于社会主义初级阶段，人的依赖关系占统治地位的历史形态已经成为过去，总体上处于以物的依赖关系为基础的人的独立性的阶段，工农差别、城乡差别、脑力劳动和体力劳动的差别依然存在，按劳分配原则依然是社会产品的主要分配原则。此外，发展不平衡、不充分的问题依然存在并成为满足人民日益增长的美好生活需求的主要制约因素，全面建成小康社会的短板更加突出。从这个意义上讲，我们实际上仍然历史地处在被外部客观力量强制性支配的“必然王国”之中。要摆脱这种外在的必然性而达到自身的自由全面发展，只有通过具体的、历史的实践来实现。历史已经向我们证明，一切离开具体的、历史的“左”的或“右”的错误思想，都会给我们的社会主义现代化建设事业带来巨大的灾难。由此可见，不管是由低层次共享向高层次共享的转变，还是由人的片面发展向人的全面发展的转变，都要经过一个漫长的蓄力过程，具有长期性的特点。社会发展这一长期性的特点客观上要求我们必须立足国情，一切从实际出发、实事求是地思考和设计共享发展的政策和策略。可以说，这是一场自我扬弃的运动，会经历一个极其艰难而漫长的过程。我们只有脚踏实地、循序渐进，才能逐步实现更高层次和更高水平的发展。

（二）渐进共享的基本内涵

一方面，渐进共享从推进进程上充分说明了共享发展的实现不是一蹴而就的事情，而是一个从低级到高级、从不均衡到均衡的历史过程。就总体发展趋势而言，共享发展具有鲜明的历史性和阶段性特征。可以说，共享发展的实现程度不存在绝对量的指标，不同历史时期和发展阶段的共享水平是由当时的生产力发展状况所决定的，而生产力本身无限发展的趋势就决定了共享发展的层次和水平也具有无限提升的趋势。某一时期或阶段共享发展目标的实现并不等于共享发展目标的完成，这只是意味着共享发展又获得了一个全新的起点，在此基础上还要向更高层次和水平的共享发展目标迈进。由此可见，人类社会发展的过程也就是共享发展的层次和水平不断提升的过程，我们应抛弃共享发展只能在将来某个时期才能实现的错误思想，充分认识共享发展的历史性和阶段性特征，不断寻找和实现共享发展的阶段性目标，在此基础上逐步提升共享发展的层次和水平。

另一方面，共享发展不会自发地实现，对共享发展理念的贯彻落实不能只停留在口头和想法上，必须要拿出积极的实际行动。众所周知，生产力的发展必然会带来经济效率的提升，但是如果缺乏相应体制机制的调节和干预，在经济发展过程中难免会出现贫富差距甚至是两极分化的现象，共享发展的推进进程也会因此被延缓。例如，由于经济运行体制机制不健全、人们思想观念多元化等因素的制约，在发展过程中极有可能会存在一些“真空地带”或“灰色区域”。在这一背景下，一部分社会成员的“获得感”建立在另一部分社会成员的“失落感”或“被剥夺感”的基础之上，进而直接影响了共享发展的推进进程。对此，必须要从社会发展实际出发，通过加强对群众的宣传教育以及建立健全共享发展的体制机制等手段，扫清共享发展的障碍，逐步从低层次共享向高层次共享迈进。当前，我国社会主义初级阶段的基本国情决定了我们在推进共享发展的过程中必然会面对各种困难和障碍，对此，我们不能止步不前，而必须从现有条件出发把能做的事情尽量做好，在点滴积累中不断朝着全体人民共同富裕的目标前进。

第三节 共享发展的基本特征

当前学界对共享发展基本特征的研究主要集中在两个方面：一是从“共享”的维度出发，引申出共享发展的普惠性；二是从“发展”的维度出发，引申出共享发展的过程性。尽管以上研究的侧重点不同，但都是从共享发展的内容出发，对共享发展基本属性的描述，从根本上来说具有同质性。因此，本文试图从其他方面入手，对共享发展的基本特征进行拓展性研究。一是从动态与静态相结合的视角出发，探讨共享发展的整体协同性；二是从内联外动的视角出发，探讨共享发展的开放包容性；三是从制度属性的视角出发，探讨共享发展的人民主体性。

一、整体协同性

从动态与静态相结合的视角来看，共享发展的基本特征包括了静态的存在发展样态及动态的具体运行机制两个方面的内容。在静态的存在发展样态方面，共享发展呈现出鲜明的整体性的特征；在动态的具体运行机制方面，共享发展则呈现出协同性的鲜明特征。

（一）整体性

整体性是对共享发展存在发展样态的概括。在共享发展的基本内容中，全民共享和全面共享是从静态的视角对共享发展之样态的描述，强调的是全体人民对所有社会发展成果都享有受惠受益的机会和权利，强调的是共享发展的整体性问题。

就主体维度而言，共享发展的整体性指的是全体人民，不管他们在现实生活中各种身份（阶层、民族、性别、职业、年龄、文化程度等）有多大差异，都有权利共同享有经济社会发展成果。人民是一个具有深厚历史底蕴的范畴，当前在我国指的就是工人、农民、知识分子和新的社会阶层，这其中既包括个体，也包括群体和社会整体。对个体而言，群体和社会整体是其发展的前提条件和根本利益之所在，个体总是从属于一定的群体，不能脱离群体和社会整体而孤立地存在。因此，共享发展的价值诉求就是要促进社会的公平与正义，做到更好地施惠于民，保证全体人民（既包括当代人，也包括子孙后代）共同享有社会发展成果，而不是让少数人或者是当代人享有社会发展成果。当然，我们在强调共享发展主体的整体性时，并不是要忽视或否定个体，不是把整体理解为一种把所有个体都排斥在外的抽象的整体，而是强调个体发展与整体发展的一致性，强调以每个人的享有为基础和条件的全体人民的共享。

就客体维度而言，共享发展的整体性指的是人民共享的内容是一个涉及全方位、多层面的有机整体。人民共享内容的整体性是由社会发展的整体性以及人的发展的全面性所决定的。一方面，人类社会是一个包括政治、经济、文化、社会、生态等内容的有机整体，社会的健康有序运行必须依赖政治、经济、文化、社会、生态等领域的共同、协调发展。如果发展不能涵盖所有领域和方面，那社会的有序运行也将难以为继。只有在政治稳定、经济发展、文化繁荣、社会和谐以及生态文明的基础上，人类社会才能得以健康有序运行。另一方面，马克思主义认为人的发展不是被动、单一、片面、畸形的发展，而是自由、全面、充分、和谐的发展，是人的各种需要得到满足、素质得到提升、能力得到发展、各种活动和关系都得到充分拓展的整体性发展。要实现人的这种全面、整体性的发展，必须要有一定的前提条件，其中既包括高度发达的政治、经济关系，也包括繁荣的文化关系、和谐的社会关系以及人与自然之间和谐共生的关系。共享发展内容的整体性契合了马克思主义关于人的全面发展的思想，是对促进社会的整体性发展以及人的全面发展的积极回应。

（二）协同性

所谓协同性，指的是在由多种要素有机组合而成的系统内，各要素之间相互协调，以此维持系统的完整和平衡。协同性是从动态的视角出发，对共享发展的具体运行机制的描述。共享发展的协同性特征是其整体性特征的必然衍生。也就是说，共享发展不是某个要素或某个领域的单一、片面发展，而是政治、经济、文化、社会、生态“五位一体”的协调、全面发展。人类社会是一个由多种要素构成的复杂系统。在组成系统的各要素中，经济要素对其他要素起着决定性的作用，经济的发展必然会导致政治、文化、生态等要素的变迁。与此同时，政治、文化、生态等要素又影响和制约着经济的发展。社会各要素之间这种相互作用、相互影响的运行机制从根本上决定了社会各要素间协同发展的必要性。这种必要性既表现在社会发展的整体协调上（即政治、经济、文化、社会、生态各要素间的相互协调），也表现在社会整体中各要素自身的稳定协调发展上。如果没有社会各要素间及各要素自身的稳定协调发展，共享发展就失去了其应有的、真正意义上的整体效应或功能。

二、开放包容性

从内联外动的视角来看，共享发展具有鲜明的开放包容性的特征。共享发展是中国共产党在顺应时代潮流和现实发展需求基础上提出的发展新理念。共享发展的目的就是要提升发展的公平性、有效性和协同性，使发展更加均衡，使发展机会更加均等，使发展成果人人享有，使人民日益增长的美好生活需要不断得到满足。但是，共享发展不是囿于我国一国范围内的独善其身，而是在开放中谋求世界各国人民的共同发展，在内联外动中让世界更加美好、让人民更加幸福。

当前，世界格局发生了许多深刻复杂的变化，经济全球化已经成为不可阻挡的历史潮流。这一变化既给世界各国创造了前所未有的发展机遇，也带来了一系列新的威胁和挑战。世界各国利益高度融合，日益成为命运与共、休戚相关的命运共同体；和平、发展、合作、共赢日益成为全人类共同的价值目标；构建公平正义、共建共享的世界格局日益成为世界各国发展的共同需要。在这一背景下，以习近平同志为核心的党中央审时度势，顺应历史发展的大势，怀着开放包容的心态明确提出“世界命运应该由各国共同掌握，国际规则应该由各国共同书写，全球事务应该由各国共同治理，发展成果应该由各国共同分享”①，推动构建人类命运共同体。在人类命运共同体战略思想之中，蕴含着一条清晰的逻辑主线，那就是共享发展理念。可以说，人类命运共同体是共享发展理念在全球范围内映射出的共同价值追求，为当今世界经济增长、治理、发展模式指明了发展方向。

“大家一起发展才是真发展，可持续发展才是好发展。”② 以习近平同志为核心的党中央秉承开放包容的精神，大力发展全球互联互通，努力推动各国在发展中分享机会和利益、实现互利共赢，走向共同繁荣。新形势下，我们在坚持各国主权平等、权利平等、机会平等、规则平等原则的基础上，推动各国间的共建共享和合作共赢，力求建设一个共同繁荣的世界。我们还努力推动各国间的交流互鉴，坚持各国在取长补短中共同进步，让各国间的文明差异成为人类文明进步的动力，力求建设一个开放包容的世界。当前，我国倡导的共赢共享的发展理念以及我们在发展中展现出的开放包容的精神姿态得到了国际社会的高度认可，这不仅是因为我们有着坚定的促进共同发展的决心，而且还因为我们在推动各国共同发展中所进行的积极实践。我们在奉行互利共赢开放战略的基础上提出了“一带一路”倡议，把我们自身的发展机遇积极与世界各国分享，让各国搭乘我国发展的“顺风车”。此外，我们还努力联结

① 习近平谈治国理政：第2卷［M］. 北京：外文出版社，2017：215.
② 习近平谈治国理政：第2卷［M］. 北京：外文出版社，2017：524.

遍布全球的“朋友圈”，同所有国家发展共赢共享的合作关系，为世界的和平与发展贡献了中国智慧与中国方案。

总之，共享发展不仅强调中国人民自身的共建与共享，而且超出了国家与意识形态的界限，强调让世界各国人民在互利互惠、合作共赢中共享世界发展成果，共同维护世界的持久和平、稳定与繁荣。可见，共享发展兼顾了中国自身的发展与世界共同的繁荣，这不仅彰显了其内容上的丰富广袤性和特征上的开放包容性，而且顺应了世界历史发展的潮流和世界各国人民的共同期待，是推动世界平衡发展、实现世界各国人民共赢共享的正确战略抉择。

三、人民主体性

从制度属性的视角来看，共享发展具有鲜明的人民主体性的特征。共享发展聚焦当前我国发展中的突出问题和矛盾，集中回答了我们要实现什么样的发展、怎样发展以及为谁发展的问题，从本质上体现了以人民为中心的发展思想，明确了当代中国发展的根本价值导向。

“共享发展并非是任何社会形态发展的自然结果”①，它具有深刻的制度属性。从根本上来说，以生产资料公有制为基础的中国特色社会主义为共享发展的提出和实现提供了制度保障。中国特色社会主义始终坚持科学社会主义的基本立场和基本观点，坚持人民群众是历史的创造者，坚持让全体人民在共建共享发展中有更多的获得感、成就感和幸福感。尽管当前资本主义在其发展过程中依然展现出旺盛的生命力，但从本质上来说，资本主义发展的目的只是为了实现资本增值。这种资本主导下的发展事实上是人们“用摧残生命的方式来维持他们的生命”②，严重导致了人的异化，人的需要沦为资本增值的手段。在这种生产方式

① 王霞，孟宪生．深刻把握共享发展的规律性特征［J］．理论月刊，2018（5）：29－34.

② 马克思恩格斯选集：第1卷［M］．北京：人民出版社，2012：209.

之下，“物质进步不仅不能解脱贫困，实际上它产生贫困”①。由此可见，资本主义制度下的发展是注定不可能为绝大多数人谋利益的，因为资本主义“以资为本”的本质属性决定了资产阶级不可能与广大劳动人民共享社会发展成果。只有在始终坚持实现好、维护好、发展好最广大人民根本利益的社会主义制度下，共享发展理念才能得以提出并被坚定不移地贯彻落实。

人们通过追求自己目的的活动创造着自己的历史，这是唯物史观的基本立场，也是唯物史观的必然结论。共享发展在遵循唯物史观基本立场的基础上，始终坚持以人民为中心的价值取向，具有鲜明的人民主体性的特征。

首先，共享发展坚持人民是发展的价值主体。作为一个表征主客体之间关系的哲学范畴，价值指的是客体的属性或功能满足主体需要的效益关系。在所有价值之中，人的价值是其他一切价值的出发点和落脚点。可以说，人的价值是唯物史观进行价值确定和价值判断的根本依据。“世界不会满足人，人决心以自己的行动改变世界。”② 人们在改造世界的过程中，必然会涉及价值确定和价值评判的问题，即世界是按照谁的意愿、为谁而改变的问题。共享发展站在唯物史观的根本立场上，坚持人民群众是发展的价值主体，坚持改变世界的目的就是为了顺应人民的意愿、维护人民群众的根本利益、满足人民日益增长的美好生活需要。

其次，共享发展坚持人民是发展的实践主体。从本质上来讲，人民群众是社会发展的主体，人民群众的实践是一切价值的源泉。通过实践，人们不仅改造着客观世界和主观世界，而且不断创造和发展着价值，由此推动社会不断向前发展。纵观整个人类历史可以发现，人民群

① 亨利·乔治．进步与贫困［M］．吴良健，王翼龙，译．北京：商务印书馆，1995：16.

② 列宁专题文集·论辩证唯物主义和历史唯物主义［M］．北京：人民出版社，2009：138.

众的实践过程实质上就是各种价值创造的过程，同时也是人类社会的发展过程。因此，在现代化建设的进程中，要充分发挥广大人民群众的积极性、主动性和创造性，要充分使用各方面的人才，不断把各项事业推向前进，为人民共享发展成果奠定坚实的基础。

再次，共享发展坚持人民是发展的检验主体。在人类社会发展进程之中，人民群众始终在发展中起着定位（社会发展的历史方位）、定向（社会发展的应有方向或取向）、定则（为社会发展制定或提供原则方法）、定力（为社会发展提供动力）等的作用，所以发展效果的好坏自然也要依据人民的意见或满意度来进行评判。发展效果只有落实到广大人民群众的满意度上，才能真正体现出经济社会的实际发展状况，也才能真正反映出人民是否切实从发展中得到了实惠。可以说，通过发展不断让人民满意的过程，实际上就是中国共产党不断“赶考”的过程。党的十八大以来，以习近平同志为核心的党中央坚持把人民群众的意见或满意度作为评判我们党的执政得失和发展好坏的标准，明确提出“所有领导干部和全体党员要继续把人民对我们党的‘考试’、把我们党正在经受和将要经受各种考验的‘考试’考好，努力交出优异的答卷”①，从而实现了新时代我们党关于社会发展衡量标尺的新飞跃。

---

① 中共中央文献研究室．习近平关于全面建成小康社会论述摘编［M］．北京：中央文献出版社，2016：190.

第三章

推进共享发展的现实困境

纵观人类发展历史可以发现，尽管存在意识形态和社会结构的差异，但是人类社会在发展过程中却有着共同的目标指向，那就是走向共享。人类正是通过不断提高共享的层次和水平来实现自身发展的，可以说，人类不断推进共享的过程就是人类社会不断提升的过程。但是，由于不同历史时期和发展阶段的差异，不同国家在发展中所选择的道路和面临的问题也会有所差异。就我国而言，我们选择了一条努力让全体人民共享发展成果的、有中国特色的社会主义发展道路。受各方面因素的制约，当前我国在推进共享发展的过程中还面临着一些现实困境：一是由于传统发展方式的制约而导致的发展方式之困，二是由于社会结构分化和利益博弈而导致的利益分化之困，三是由于共享发展相关制度体系的缺陷与不足而导致的体制机制之困，四是人们受财富分配中固定思维影响而产生的对共享发展的认知偏差之困。如何突破困境，使全体人民共享改革发展成果，是当前我国推进共享发展过程中面临的一个重要课题。

第一节　共享发展的发展方式之困

改革开放以来，我国以前所未有的发展速度取得了举世瞩目的发展成就。但是作为世界上最大的发展中国家，这些成就的取得主要依靠的还是以高投入、高消耗、高污染、高浪费和低产出为主要特征的传统粗放高代价的发展方式。在这种发展方式的引导下，人们直接把发展等同于经济总量的增加，从而导致经济增长的同时贫富差距拉大、生态环境破坏、经济社会发展失衡等各种问题随之产生，由此带来的深层次矛盾也日益凸显。

事实上，发展是一个综合而又宏观的概念，如果说经济总量和物质财富的增加是社会发展的硬实力，那么人民生活质量和幸福感、满意度的提升、教育科学文化素质的提高以及生态环境的改善等内容就是社会发展的软实力。传统高代价的发展方式只注重硬实力的增长而忽视了软实力的提升，最终使我们在共享发展过程中遭遇了发展瓶颈。例如，传统高代价的发展方式只重视外延式的发展而忽视发展的质量和效益，因此在取得一串串亮丽的经济增长数字的同时，导致了生态环境的严重破坏；高代价的发展方式过度依赖投资、出口和劳动密集型产业的发展，在发展中只注重资本和人力资源的投入，把自主创新能力的提升抛在了脑后；传统发展方式只注重经济水平的提高，对人民生活的满意度关注不足，导致了经济社会发展失衡。可以说，当前传统粗放高代价的发展方式已经难以为继，严重影响和制约了共享发展的推进进程，具体表现如下。

一、高代价的发展方式消解了共享发展的后劲

在价值取向上，高代价的发展方式是一种以物为本的发展方式；在覆盖面上，高代价的发展方式是一种片面的发展方式；在性质上，高代价的发展方式是一种带有极端功利性质的发展方式。在高代价的发展方式之下，我们“一方面在创造着文明，推动着进步，另一方面又在破坏着文明，阻碍着进步”①。可以说，在相当长的一段时期内，我们走

① 邱耕田．哲学视域中的科学发展［M］．北京：新华出版社，2014：209.

的都是一条高代价的发展道路，经济的快速发展都是以高消耗、高污染、高浪费为代价换取的。随着发展的不断深入，这种高代价发展方式的消极后果日益凸显，甚至在某些层面和某些程度上消解了发展之所得，严重影响了人民参与社会发展的积极性和主动性，导致共享发展因动力不足而缺乏发展的后劲。

首先，传统高代价的发展方式是一种片面的、以物为本的发展方式。在发展过程中，单纯追求经济总量的增长、物质财富的增加以及物质生活的高消费，而人的价值需求的满足以及人的自身价值的实现被漠视，可谓见物不见人。就实质而言，共享发展实际上就是以人民为中心的发展。在价值取向上，共享发展追求的是以人为本，人是衡量社会发展的尺度，发展的目的是要满足人民日益增长的美好生活需求，促进人的全面发展。在传统高代价发展模式之下，不仅人的各种需要和愿望被忽略，而且人被异化为物的奴隶而畸形发展，最终成为单向度的人。可以说，尽管以物为本的发展方式促进了经济增长、增加了社会财富，但是却严重摧残了人的日常生活和精神世界，使人无法各尽其能，当然也不能各得其所，极大地削弱了普通民众参与社会发展的积极性，使共享发展失去了持久的动力。

其次，传统高代价的发展方式是一种带有极端功利性质的发展方式。早在 100 多年前，恩格斯就指出："文明是一个对抗的过程，这个过程以其至今为止的形式使土地贫瘠，使森林荒芜，使土壤不能产生其最初的产品，并使气候恶化。"① 随着现代化进程的推进，森林草场毁坏、土地沙化、环境污染、资源枯竭等各种问题层出不穷。而以上所有问题都是人类在传统高代价发展方式下制造的"副产品"，是人类为了换取经济的快速增长而付出的高昂"代价"。可以毫不夸张地说，高代价的发展方式是一种极端功利的发展方式，在发展理念上，一味地奉行以物为本；在发展目的上，单纯地追求经济发展指标；在发展过程中，

① 恩格斯．自然辩证法［M］．于光远，等译．北京：人民出版社，1984：311.

盲目地追求发展的数量和速度。正是这种极端功利的发展，使人类在取得发展成就的同时也付出了巨大的代价和成本。长期以来，我国走的也是一条高代价的发展道路。在这种发展方式下，我们以对资源能源的过度消耗以及对生态环境的持续破坏为代价，换取了经济的高速增长；在这种发展方式之下，当代人肆无忌惮地挥霍和透支着未来，却要让后人为这种不负责任的行为买单；同样是在这种发展方式之下，亮丽成绩的背后隐藏着对弱势群体、弱势地区和弱势领域权益的不断侵害，贫富差距拉大、区域经济发展不平衡，一部分人和一部分地区为另一部分人和另一部分地区的发展付出了高昂的代价。

总之，传统高代价的发展是一种不正义的发展，它剥夺了人们平等地享有发展的权利和机会，严重影响了共享发展的推进进程。

二、创新能力不足削弱了共享发展的动力

随着国际竞争的日益加剧，科技进步和技术创新对一国经济发展的作用越来越突出，可以说，科技进步和技术创新是经济发展的动力。科技进步和技术创新不仅可以使社会的整体生产率得到大幅度提高，而且可以使经济增长的质量得到大幅度提升。一国经济要想获得长足的发展，就必须把科技进步和技术创新放在优先考虑的位置。改革开放以来，我国在科技创新的道路上进行了锲而不舍的实践探索，尤其是近年来，更是在全国范围内兴起了技术创新的浪潮。但是，受传统高代价发展方式的影响，当前我国的经济增长主要依靠的还是投入的增加以及数量的扩张，创新能力不足，尤其是自主创新能力不足，阻碍了经济的转型发展，削弱了共享发展的动力。具体来看，我国的创新能力不足主要表现在以下方面。

首先，技术创新不足。从 20 世纪 80 年代开始，我国开始实施“以市场换技术”的发展策略，希望以此学习国外的先进技术。经过 40 多年的发展，我们的确在一定程度上提高了生产技术水平。但在“以市

场换技术”的实施过程中，往往是重硬件而忽视软件，重引进而忽视消化吸收，加之国外对高新、尖端技术的封锁，导致了引进模仿多、自主创新少这一局面的出现。我们过度依赖国外技术，关键核心技术又受制于人，自主创新能力不足。在这种背景下，我们只能通过要素投入的扩张推动经济的增长，这不仅会给资源、环境造成越来越大的压力，而且有可能会因为重复投资而引发产能过剩。从长期来看，这种简单引进、模仿、再引进、再模仿的方式无法实现经济的长效发展，只有“创新才是促进生产率提高的唯一不竭源泉”①。

其次，制度创新不足。制度创新不足在一定程度上也妨碍了经济发展的速度以及共享发展的推进进程。制度在一国经济增长过程中起着至关重要的作用，因为制度决定着各种资源配置以及资源能否得到有效利用。总体而言，当前我国还存在促进经济发展的有效制度创新相对滞后、供给不足的状况。一方面，我们在产业培育、科技研发以及人才制度等方面的有效具体制度供给还相对不足，尤其是对热点领域的制度建设相对滞后。例如，互联网技术催生了 P2P、支付宝、共享单车等很多新业态，这些新生的商业模式颠覆了传统规则，而监管制度又不能及时调整和落实，从而使这些新兴商业模式在发展过程中出现了很多问题。另一方面，能够推进具体有效制度创新的制度环境和相关配套措施不健全。例如，受传统发展观念的影响，我们在根据市场需求变化及时调整或创新制度方面的意识还不够，导致相关政策、措施的出台和落实相对滞后，从而阻碍了经济的发展。

总之，受传统粗放高代价发展方式的影响，当前我国在经济发展过程中还存在着质量和效益相对低下、创新能力不足以及对资源环境的破坏性掠夺等问题。这些问题阻滞和损害了经济社会的健康有序发展，削弱了共享发展的动力，消解了共享发展的后劲，严重妨碍了共享发展的

① 戴安娜·法雷尔．提高生产率：全球经济增长的原动力［M］．朱静，译．北京：商务印书馆，2010：48.

推进进程。

第二节　共享发展的利益分化之困

改革开放以来，我国经济快速发展，一跃成为世界超级经济大国，创造了世界发展史上的经济奇迹。但与此同时，我国“方方面面的利益分化到了一个极端，社会进入了一些学者所说的‘利益博弈’以及‘利益瓜分’社会”①。在纵向上，社会日益分化出许多新的社会阶层，不同社会阶层之间出现了不同的利益追求，各阶层间的利益差别不断拉大，各种直接和非直接的利益冲突也日益增多。在横向上，阶层固化的倾向日渐明显，社会不同阶层间的流动性逐步降低。由于社会结构分化和多维利益主体间的利益博弈导致的利益分化，使人们在教育、就业、住房、社会保障等各方面都面临着一系列问题。随着问题的增多，人们对进一步深化改革的预期普遍提升，对共享社会发展成果的要求也普遍增强，因此，我国在整合各方面的利益关系、不断满足人民日益增长的美好生活需求方面的难度也大大增加。

一、利益需求日益多样化

当前我国社会转型日益向纵深拓展，社会结构也随之发生变迁。很多新的阶层从原来的“两阶级一阶层”（即工人阶级、农民阶级和知识分子阶层）中分化出来，在新的社会条件下获得了新的社会角色和社会经济地位，社会阶层分化成为当前我国发展中无可辩驳的事实。

社会阶层的分化，反映到社会成员的利益需求上，必然表现为利益

① 袁祖社．马克思主义人学理论与社会发展探究［M］．北京：人民出版社，2016：192.

主体的多样化以及利益需求的多样化。社会成员依据对社会资源占有状况的不同而被划分为不同的利益主体，而社会层级的多样性直接决定了社会利益主体的多元化。一方面，在社会转型过程中，原有的利益主体由于自我意识的不断强化而成为独立的利益主体；另一方面，随着改革发展的深化和社会利益关系格局的重新分配，又产生了新的利益主体。而利益主体的多元化，又直接导致了利益需求的多样化。从需求层次来看，不同利益主体间的利益需求存在着很大的差异。例如，对于贫困阶层而言，他们的利益需求主要表现在对基本生活条件的满足上；而对于富裕阶层而言，他们的利益需求则更多地表现在生活品质的提升以及个人能力的发展上。从需求的内容来看，随着经济社会的发展，人们需求的内容也日益呈现出多样化的态势。过去，人们往往关注的是经济利益的满足，对其他方面的需求并不明显。如今，除了经济利益之外，人们也开始更多地关注政治、生态、文化、社会等各方面的利益。

可以说，利益需求的多样化是我国现代化进程中的必然产物。一方面，利益需求的多样化有助于我们重构利益格局，使之更加合理有序、更能够激发全体社会成员的活力。但另一方面，利益需求的多样化对我们凝聚共识、平衡不同利益主体间的利益关系以及满足不同利益主体的利益需求带来了很大挑战。要实现发展成果在社会成员之间的共享，首先要在各社会阶层之间形成共享发展的凝聚力。但是，由于社会利益主体的多元化，要在多维利益主体多样化的利益需求和价值取向中寻找平衡、要寻求不同利益主体利益需求的“最大公约数”进而形成共享发展的合力，可谓困难重重。此外，社会成员利益需求的多样化对社会服务和社会产品的供给也提出了更高的要求。针对当前社会成员利益需求多样化和社会产品服务供给短期落差的现状，如何缩小二者之间的差距、更好地满足社会成员日益多样化的需求，也是我国在推进共享发展的过程中不得不面对的一个难题。

二、利益差距逐渐扩大化

在传统计划经济体制下，由于人们注重的是集体的利益，加之平均主义分配方式的影响，社会成员的利益在各自领域内差别不大。随着我国由传统计划经济体制向社会主义市场经济体制转型，市场在资源配置中的基础性作用日趋明显，原有的利益格局和平均主义的分配方式逐步被打破，这不仅使社会利益主体和利益需求呈现出日益多样化的趋势，而且使不同阶层和社会群体间的利益差距也呈现出逐步扩大的态势，强势群体在改革发展中获得了巨大收益，而弱势群体则成为改革代价的承担者。这种利益差距的扩大突出表现在不同阶层和社会群体之间及其内部的收入差距上。

基尼系数是常用的反映居民收入差距的指标，国际上一般把0.4作为衡量贫富差距的警戒线，超过0.4表示收入差距扩大，超过0.5则表示收入差距悬殊。国家统计局数据显示，近十年来我国基尼系数都保持在0.4至0.5之间。2017年我国基尼系数为0.467，比2016年上涨0.002个百分点。此外，国家统计局把全国居民人均可支配收入进行了五等份分组，其中2017年处于金字塔最顶端的“高收入组”收入涨幅为9.1%，比2016年上涨0.8个百分点。而“中等偏上”、“中等”和“中等偏下”组的收入涨幅分别为7.7%、7.2%和7.1%，增长率比2016年下降了0.6到1个百分点。“低收入组”的收入增长率为7.5%，增长率比2016年上涨了1.8个百分点。可见，除“低收入组”因精准扶贫政策的实施而收入大幅度提高外，其他四个阶层只有最富裕的“高收入组”收入大幅增加，中间阶层收入增长缓慢。这些数据充分表明，当前我国居民收入差距呈现出逐步扩大的态势。

从劳资收入差距来看，当前我国劳动报酬在国民收入分配中所占的比例偏低，而资本收入的比例则过大。作为初次收入分配的重要组成部分，合理的劳动报酬比例不仅可以体现按劳分配的主体地位，而且可以体现国民收入分配的公平。“发达国家劳动报酬在国民收入中所占的比重一般在55%以上，在中国则不到42%，并呈逐渐下降趋势。”① 劳动报酬在国民收入分配中比重的低下弱化了劳动力要素在收入分配中的地位，这不仅拉大了劳资收入差距，而且极易引发各种“分配性冲突”。

从城乡收入差距来看，尽管从党的十八大以来我国城乡居民收入差距呈现出不断缩小的趋势，但目前城乡居民收入差距依然较大。据统计，2017年我国城镇居民人均可支配收入为36396元，扣除价格因素实际增长6.5%；农村居民人均可支配收入为13432元，扣除价格因素实际增长7.3%。尽管农村居民人均可支配收入有所增加，但城乡居民人均收入倍差2.71，仅比上年缩小0.01，所以当前我国城乡居民收入差距依然较大。

从区域差距来看，由于自然条件、发展基础等各方面因素的影响，自改革开放以来，我国东中西部地区的差距一直呈现出扩大的趋势。尽管近年来我国一直大力实施西部大开发、振兴东北老工业基地以及中部崛起等重大发展战略，但是我国区域经济非均衡发展的态势依然明显，东中西部地区以及东北地区居民收入差距依然较大。2017年我国东中西部地区以及东北地区生产总值分别为449681亿元、179412亿元、170955亿元和55431亿元，东部地区和中部地区、西部地区以及东北地区的生产总值之比分别为2.51、2.63和8.11；2018年上半年各省可支配收入最高的上海是最低的西藏的4.72倍（2018年上半年上海人均可支配收入是32612元，西藏是6916元）。

从行业差距来看，一般国际上公认3倍左右的收入差距是比较合理的。改革开放以来，我国不同行业间的收入差距日益拉大，并且明显超过了国际公认的合理区间。改革开放之初，我国人均工资水平最高行业的工资是最低行业的1.8倍左右。2017年，全国非私营单位人均工资

① 洪远朋，等．利益关系总论 新时期我国社会利益关系发展变化研究的总报告［M］．上海：复旦大学出版社，2011：537.

水平最高的行业是信息传输、软件和信息技术服务业，人均工资133150元，而人均工资水平最低的农、林、牧、渔业只有36504元，二者的倍差高达3.65。可见，当前我国的行业差距也呈现出相对扩大的态势。

对以上数据的统计还不包括各种福利收入，如果将福利收入计算在内，不同阶层和群体间利益差距扩大的趋势将会更加明显。从我国发展的现实国情来看，尽管当前我国的利益差距还处于适度可控的范围之内，但是如果对目前利益差距扩大的现象不加以重视，这将会极大增加全体社会成员共享经济社会发展成果的难度。

三、利益矛盾和冲突日益公开化

近年来，“官二代”“富二代”“星二代”“穷二代”等词语日益进入大众视野，成为人们关注的焦点。这些词语的背后，折射出的是社会阶层分化的代际传承问题，也就是阶层固化问题。进入21世纪以来，由于利益结构的分化，我国社会的总体流动性明显降低，社会阶层开始呈现出固化态势。一方面，社会强势群体的子女可以轻易地依靠父辈资源而处于社会的上层；另一方面，社会底层群体的子女们通过自身努力上升到上层社会的通道日益变窄。社会阶层的固化以及利益差距的扩大加剧了不同社会阶层与群体间的对立，使他们彼此间的利益矛盾和冲突日益公开化。

首先，利益关系的多元化以及利益差距的扩大化和显性化，导致许多社会成员对自身所处的地位和现状产生不满，由此生出强烈的相对剥夺感，进而加剧了不同社会阶层和群体间的冲突和敌对意识。相对剥夺感是一个被广泛应用于对社会不平等态度研究的概念，它更多表达的是社会成员个体或群体的一种心理状态，主要指的就是个体或群体在与他人或其他群体比较时而产生的自身利益被参照个体或群体剥夺的心理感受。从本质上来讲，我国改革发展的过程实际上就是社会利益关系格局重构的过程。在这一过程中，所有社会群体的利益都在随着我国经济的发展而逐步增加，不过各个群体的利益增长速率肯定是不一样的，有快慢高低之分。对某些群体而言，尽管他们的利益在发展过程中得到了实质性的增加，但是在改革发展过程中，这些群体与其他群体的利益差异却被逐步放大，因此他们的相对剥夺感也就自然而然地产生了。这一点充分解释了当下常见的“端起碗来吃肉，放下筷子骂娘”的社会现象，人们一方面享受着改革发展带来的各种利益和好处，另一方面又对社会现实和自身的处境深表不满。一旦这种不满情绪积攒到某种程度，就很容易转化为行为的动力，从而使不同阶层和群体间的冲突和敌对意识进一步激化。近年来，社会上的“仇视富有群体”“歧视落后群体”现象以及各种群体性暴力、冲突事件的发生，都是不同社会阶层和群体间冲突和敌对意识增强的典型表现。

其次，利益关系的多元化以及利益差距的扩大化和显性化，还带来了社会成员心理层面的各种风险，这突出表现在社会信任的缺失以及社会焦虑的蔓延上。在我国由传统社会向现代社会转型的过程中，随着利益差距的逐步扩大化与显性化，强烈的反差很容易使民众产生焦虑、隔阂、不信任的情绪。这些不良情绪的产生，不仅破坏了人际间的和谐，而且对经济与社会生活的正常秩序产生了影响。

社会信任在一国经济增长和社会进步过程中发挥着不可或缺的重要作用，一旦信任缺失，将严重影响整个社会的有序运行。中国社会科学院社会学研究所发布的《社会心态蓝皮书》中明确指出当前我国的总体信任指标还不到60分的及格线，社会信任水平呈下降的趋势。目前，我国的信任缺失已经扩展到社会的各个层面和领域。总体来看，我国社会的信任缺失主要表现在政府的公信力不足、企业信用缺失、社会组织和媒体的公信力不足以及社会成员之间的信任不足等方面，而这些方面的问题又会相互影响形成恶性循环，从而导致整个社会信任水平的进一步下降。

随着经济社会的发展，人们的利益需求日益呈现出多元化的趋势。

而在利益多元化的背后，是人们价值观念的冲突和混乱。现实生活中，人们由于就业、教育、利益差异等不确定性因素的影响而产生焦躁、忧虑、不安等情绪，这种情绪累积到一定程度就形成了全社会的焦虑。当前，不断蔓延的焦虑已成为我国社会转型期的突出心理问题之一。尽管适当的焦虑对推动社会发展具有一定的积极作用，但是一旦焦虑超出正常范围并累积到一定程度，将会对社会发展造成严重危害。一方面，焦虑容易造成不同阶层和群体间的心理隔阂，从而导致社会成员之间关系紧张甚至是恶化；另一方面，焦虑会降低社会成员的凝聚力，甚至在一定程度上会拉低社会的抗风险能力，如果加以特定事件和情境的催化，极易导致社会成员非理性行为的发生。

总之，在我国社会转型发展过程中，由于利益博弈和利益瓜分等各方面因素的影响，我国社会逐步呈现出利益分化的格局，这突出表现为利益需求的日益多样化、利益差距的逐渐扩大化以及利益矛盾和冲突的日益公开化。从实质上来讲，利益分化的核心问题就是社会不同阶层和群体如何分享和占有社会资源以及经济社会发展成果的问题。在当前各种利益关系严重失衡、各种利益矛盾和冲突不断显现的背景下，如何协调各方的利益关系、使全体人民共享改革发展成果，是我国在推进共享发展过程中必然要面对和解决的一个难题。

第三节　共享发展的体制机制之困

实现共享发展，需要健全、有效的制度安排作为保障。制度安排事关社会的公平正义，在实现共享发展过程中起着根本性、全局性和长远性的作用，有效的制度安排可以破除各种利益藩篱、妥善协调各方之间的利益关系、化解各种矛盾和风险、促进社会的和谐稳定与发展。在由传统社会向现代社会转型发展的过程中，为使改革发展成果更多更公平地惠及全体人民，我国在不断探索中建立了共享发展的制度体系，以此协调多元利益主体之间的利益关系并消解社会转型中出现的各种消极因素。但是，由于目前我国共享发展的相关制度体系还不够健全甚至有些地方还存在缺陷，给共享发展的实现带来了一些体制机制方面的障碍。

一、正确引导发展的激励机制还不够健全

当前，我国社会正处于发展的转型期，在这个“大变革”的时代，由于计划与市场、传统与现代并存，社会阶层分化以及社会二元结构等各方面因素的影响，我国在发展中虽然取得了巨大的成就，但也存在着很多不尽如人意的地方。在这一背景下，能否建立和健全正确引导发展的激励机制，以此激活全体人民的创造精神和创造活力，形成各尽所能、各得其所而又和谐相处的良好局面，进而破解发展难题、清除发展障碍，显得尤为重要。正如欧洲民主社会主义理论的开创者安东尼·克罗斯兰提到的一样：“社会决策，不仅会对人们的社会经济福利带来影响，而且还会严重影响到人们的私人生活。”① 自改革开放以来，我们在如何建立正确引导发展的激励机制方面进行了不懈探索，取得了良好的发展成效。但总体来看，当前的激励机制还不够健全，还不能完全适应外部环境的变化以及内部发展的要求，需要及时进行调整和完善。

首先，增强全社会创造活力的体制机制不够健全。可以说，充分调动人们的创造活力和发挥人民的主体作用，是推动和实现共享发展的关键。但是，当前影响人们积极性以及创造活力的因素在一定程度上仍然存在，特别是一些体制机制的障碍成为束缚人们创造活力的主要因素。比如，受传统计划经济体制的影响，当前社会上依然存在一些以“出身”论英雄和以“所有制”划等级的错误思想观念，而引导人们以“贡献”论英雄和以“职业”分类别的体制机制还不够完善，还没有形

① 安东尼·克罗斯兰．社会主义的未来［M］．轩传树，等译．上海：上海人民出版社，2011：338.

成让一切为社会做出贡献的劳动和价值都能得到尊重和认可的社会氛围。受传统观念的影响，当前我国在人力资源配置方面的体制机制也不够健全，还不能充分发挥各类人才的优势和价值，真正形成“人尽其才、才尽其用”的良好格局。此外，受传统平均主义分配原则的影响，让生产要素按贡献参与分配的体制机制还不够完善，当前仍然需要理顺各方面的分配关系，建立健全让生产要素按贡献参与分配的体制机制，充分激发各种生产要素的活力。

其次，激励、尊重和保护创新的体制机制还不够完善。创新在发展过程中发挥着极为重要的作用，如果离开了创新，发展就失去了持久的活力。因此，建立和完善激励、尊重和保护创新的体制机制就显得尤为重要。失去相关体制机制的支持，激励、尊重和保护创新就只能是一句空话。尽管当前我国已经初步建立了激励、尊重和保护创新的体制机制，在鼓励社会成员的积极性、主动性和创造性方面发挥了重要的作用，但总体来看，现有的体制机制还相对单一，绝大多数激励机制还都局限于对创新成果的激励，对创新的形成及实施还缺乏有效的激励和支持。此外，由于创新本身就是一种具有潜在风险的行为，因此需要相应的风险分担机制和风险投资机制的支持和保护，而当前我国在这方面的体制机制建设仍需要进一步完善。

再次，对领导干部的政绩考核评价机制还需进一步完善。领导干部的政绩考核评价机制在整个社会发展过程中发挥着极为重要的导向作用，因为领导干部政绩考核评价体系的内容直接决定着领导干部的工作追求以及施政方针。受传统发展模式的影响，现行领导干部政绩考核评价体系还存在过分强调经济指标的倾向，导致部分领导干部在工作中“把‘以经济建设为中心’理解为‘以 GDP 为中心’，把‘发展才是硬道理’理解为‘增长率才是硬道理’，把‘发展是第一要务’理解为‘GDP 是第一要务’”，“产生‘目标定在任期上，眼睛盯在数字上，心思花在升迁上’的现象”①，从而形成了不科学的政绩观和发展观。此外，由于跟踪问效和失误责任追究机制不健全，对领导干部的实际工作成效督查落实不到位，对责任追究和失误惩处不力，导致了一些地方的盲目、片面发展，严重影响了共享发展的推进进程。

二、利益表达和协调机制还不够顺畅

随着我国民众利益需求的日益多样化，因利益关系引起的各类问题和事件已经成为当前我国社会矛盾的重要表现之一。一个以实现共享发展为目标的社会，首先应该是一个不同阶层和群体的利益诉求都能得到合理表达的社会。在这一背景下，能否做出相应的制度安排来容纳群众的利益表达就显得格外重要。针对当前我国民众利益需求日益多样化、复杂化的现状，我国正在逐步建立和完善不同阶层和群体的利益表达和协调机制，以使不同阶层和群体的利益都能够得到合法化和制度化表达。但总体来看，现有的利益表达和协调机制还不够顺畅，不能够完全适应多维利益主体利益分化的需求。

首先，利益表达制度建设滞后。当前我国利益表达制度建设滞后，导致不同社会阶层和群体间利益表达机会的不均等以及利益表达作用的不均衡，从而在不同社会阶层和群体的利益博弈中出现了严重的社会权利失衡现象。随着社会主义市场经济的不断发展，各个阶层和群体进行利益表达的诉求都与日俱增，但是由于利益表达的制度建设相对滞后，缺乏有效公平表达利益的制度性平台，在现实中造成了强势群体因其掌握的社会资源和能量而把控甚至是垄断了整个社会的利益表达渠道，弱势群体却因为资源和能力的匮乏而难以表达自己的利益诉求，“特别严

---

① 全国党的建设研究会课题组．学习实践科学发展观长效机制研究［M］．北京：党建读物出版社，2011：59.

重的是在影响他们命运的决策之处，根本听不到他们的声音”①。这种情况下，如果没有及时有效的制度安排来容纳和体现弱势群体的意志和利益，那就很容易出现强势群体在社会上的利益独占现象，弱势群体则会因为利益表达的缺失而产生被“边缘化”的感受，甚至会用过激的行为方式来表达自身的利益诉求，如近年来出现的农民工跳楼讨薪、开胸验肺等事件都是这方面的典型案例。因此，政府必须加强社会成员利益诉求的制度化和法制化建设，尤其是要注重弱势群体利益诉求和利益表达机制的建设，拓展利益诉求的渠道，使全体社会成员都能在公正、有序的制度框架内进行利益博弈。

其次，利益协调机制有待进一步完善。在我国由传统社会向现代社会转型过程中，不同社会阶层和群体间的利益分化日益明显，利益冲突也时有发生。尽管利益分化是社会主义市场经济发展的必然结果，但是如果利益分化过于严重，就很容易挫伤社会成员的积极性，甚至会引发严重的利益矛盾和冲突。因此，针对当前我国利益分化的现状，需要建立起相应的利益激励、约束和补偿机制，协调不同利益主体之间的相互关系。目前我国已经建立了相对完善的利益激励机制，能够有效激发和调动不同利益主体追求自身利益以及社会利益的积极性、主动性和创造性。但是，在利益约束和补偿机制的建设方面有待进一步完善。在利益约束机制方面，对不同利益主体的逐利行为在一定程度上和一定范围内还存在约束不力的问题，从而导致各种侵犯或妨碍他人利益现象的产生及蔓延。在利益补偿机制方面，由于在政策制定过程中部门利益干扰等相关因素的影响，对社会弱势群体的关注还不够充分，制定的政策还不能够充分体现不同群体特别是弱势群体的利益，给全体人民共享改革发展成果带来了一定的障碍。只有进一步加强和完善利益协调机制的建设，才能在保证合理经济结构形成的同时推动合理社会结构的形成，进

① 克莱尔·肖特. 消除贫困与社会整合：英国的立场［J］. 国际社会科学杂志（中文版），2000（4）：49-55，4.

而使全体人民更加公平地享有经济社会发展成果。

三、社会整合机制还不够完善

在我国由传统社会向现代社会转型发展的过程中，随着政治、经济、社会等方面改革的不断推进，整个社会结构也在发生着剧烈变动，社会阶层分化、各种利益矛盾和冲突不断加剧、各类社会矛盾日益凸显、社会成员之间的关系日益紧张。在这种背景下，使各种不满情绪得以释放、使各种合理的利益诉求得到回应并使各种社会冲突和矛盾得到消解，成为我们推进共享发展进程中必须解决的现实问题。因此，必须充分发挥社会整合的功能，建立健全社会整合机制，通过有效合法的制度安排和协调手段，实现社会成员间利益的均衡，以此推动社会的良性发展与协调运行。

作为维持社会秩序的重要保障，社会整合机制通常会被看作社会的“安全阀”，它主要是通过社会整合的力量消解社会发展过程中的各类矛盾和隐患。目前，我国正在努力构建能够化解社会冲突并协调各类社会关系的社会整合机制，但是能够完全适应现代化要求的社会整合机制尚未完全建立，需要进一步建立和完善利益整合机制、制度整合机制和价值整合机制，“在承认个性化、多元化的基础上，通过沟通、对话、谈判、协商、妥协、让步，整合各个社会阶层、各个社会群体都能接受的社会整体利益，最终形成各方都能够自觉遵守的社会契约”①。

首先，利益整合机制需要进一步完善。健全的利益整合机制是化解利益冲突、实现利益均衡的重要保障，但从当前我国利益整合的现状来看，我们在对不同阶层和群体的利益协调方面依然存在一些问题。例如，在对社会底层群体的保护方面，尽管我们已经建立了包括医疗、教

---

① 鹿锦秋．大聚焦 十八大后中国未来发展若干重要问题解析［M］．北京：研究出版社，2013：248.

育、就业、养老等在内的社会保障体系，但是与城市相比较，广大农村地区的公共资源及社会服务仍然相对薄弱。在收入分配方面，劳动报酬在初次分配中的比重依然偏低，弱势群体享有社会发展成果的比重也相对偏少。因此，在对社会成员的利益协调方面，需要进一步深化收入分配制度改革、建立健全社会保障体系，努力使发展成果更多更公平地惠及全体人民。

其次，制度整合需要进一步加强。制度建设是社会健康有序运行的重要保证。社会发展过程中如果缺少必要的制度，那将会产生随意性、多变性等各种风险和不利因素。因此，加强制度建设、实现制度整合对于维系合理的利益格局和稳定的社会结构，进而提高社会的整体发展水平具有极为重要的意义。当前我国已经初步建立起包括人民代表大会制度、政治协商制度、选举制度等在内的现代政治制度，但是仍有一些不足之处亟待解决。例如，我国现行的政治制度很容易产生“党政不分”、“以党代政”以及“权利过分集中”的现象，政党的权力过大，民众的知情权和监督权容易被忽视。此外，当前我国的法制制度建设也不够健全，需要进一步制定和完善相关法律法规，为社会主义市场经济的顺利运行保驾护航。

再次，价值整合需要进一步深化。随着改革开放的不断深入和社会主义市场经济的持续发展完善，由于社会阶层分化和不同群体间的利益博弈所导致的利益分化日趋明显，人们的价值观念和意识形态结构也随之呈现出日益多元化的趋势。不同价值观念彼此间相互碰撞，极易产生价值共识危机进而影响到社会的和谐有序发展。在这种情况下，提出并建立一种合理、包容、统一的价值共识，以此实现对多元、复杂价值取向的价值整合，显得尤为重要。我国实现价值整合的重要途径就是大力培育和践行社会主义核心价值观，使社会主义核心价值观成为团结和凝聚全国各族人民的思想旗帜。但是，当前我们在进行社会主义核心价值观教育的过程中仍然存在一些问题，比如对社会主义核心价值观教育的思想认识不到位、教育手段单一等，这些问题在很大程度上影响了社会主义核心价值观价值整合功能的发挥。在今后工作过程中需进一步加强对社会主义核心价值观的教育宣传和引导，使社会主义核心价值观渗透到社会生活的各个领域并使其成为全体人民内化于心、外化于行的价值共识。

第四节 共享发展的认知偏差之困

改革开放以来，随着我国社会主义市场经济的确立和发展，追求和获得利益被公开认可，每个人都试图从各种纷繁复杂的利益关系中争取个人利益的最大化。而与此同时，受“效率优先、兼顾公平”原则序位价值的影响，不同利益主体间的利益差距日渐凸显。为重构社会利益关系格局、理顺利益分配关系、解决我国发展中出现的共享性不足以及受益不均衡的问题，以习近平同志为核心的党中央提出了共享发展理念。但是，受以往财富分配关系中固定思维的影响，人们对共享发展的认知还存在一些误区和偏差。具体表现如下。

一、把共享发展等同于发展成果的平均分配

当前，我国社会出现了明显的领域分离和越来越严重的利益分化。基于我国利益分化的事实，有人把平均主义作为共享发展的实现途径，认为只有达到“均享”的状态，社会才能实现真正的共享。这种错误认知完全背离了共享发展的实质。共享不是社会发展成果的平均分配，而是让社会主体在规则平等的前提下享有平等发展的机会和权利，同时平等地享有社会发展成果。

就实质而言，共享发展追求的是社会发展主体间的平等，而平均主义追求的是发展成果在社会成员之间的平均分配。平等与平均是两个完全不同的概念，不能将其混为一谈。所谓平等，指的是“人或事物的

地位完全处于同一标准或水平，都被同等对待"①。本质上，平等更多强调的是权利平等、机会平等和规则平等。在中国传统社会中，平均主义思想可谓经久不衰。从中国古代的"不患寡而患不均""均贫富、等贵贱"到近代的"平均地权"，无不体现出人们对平均分配社会财富和发展成果的渴望。一直到了计划经济时代，平均更是成为我国经济生活的核心价值追求。本质上，平均主义追求的是社会成员对财富的平均占有，注重的是结果上的均等。可以说，平均主义是原始社会时期人们在生产力极度低下、物质资料极其匮乏的条件下，为维持自身的生存以及种族的延续而做出的必然选择。在阶级社会中，平均主义则成为被压迫阶级反对剥削和压迫的有力武器。但是，在以生产资料公有制为主体的社会主义社会，平均主义则成为社会发展的阻碍。我国计划经济时期的实践充分表明，平均只会带来普遍的贫穷。在社会主义市场经济条件下，平等才是人们最基本的价值追求，也是推动社会发展进步的必然要求。社会成员只有在规则平等的前提下获得平等发展的机会和权利，才能平等地享有社会发展成果并逐步走向共同富裕。

当前，针对我国利益分化的事实，人们对社会财富的分配依据和标准展开了深入思考。在这一过程中，如果对利益格局的现状及原因分辨诊断不清，那么对社会财富分配问题的思考就会陷入迷雾之中。如果有人因贫富分化的现状而生出重回平均主义的心态，那将会给我国解构贫富差距、实现共享发展带来极大困难。表面上看，人们对社会财富的占有越平均，就意味着社会越公平，人们的共享层次和水平也就越高。但实际上，"差异性配给的目的旨在达到平等的对待"②，有差别的共享才是真正的公平。人们在先天禀赋、后天习得以及境遇和努力程度等方面的差异，造成了他们事实上的起点的不公平。如果在起点不公平的前提

① 戴维·M. 沃克. 牛津法律大辞典［M］. 北京：北京社会与科技发展研究所，译. 光明日报出版社，1988：303.

② 亚历克斯·卡利尼克斯. 平等［M］. 徐朝友，译. 南京：江苏人民出版社，2003：98.

下一味地追求平均主义，那就意味着忽视个体差异，让每个人都拥有均等的社会财富。这样的安排不仅不能实现共享发展，而且还会产生新的不平等。按照平均主义的原则，如果让能力大小不同和付出多少不同的人都获得相同的报酬，那么这种分配方式对能力大、付出多的人而言是极为不公平的。可见，平均主义表面上看似平等，实际上却只会导致不平等。一个社会如果长期实行否定个体差异的平均主义，那么这个社会就只会成为助长懒人习气、扼杀社会成员天赋和能力的社会，最终导致的结果就是社会成员的积极性和主动性被严重挫伤，丧失活力的社会也因此停滞不前，而这种情况下的共享则只能沦为镜花水月的空谈。

由此可见，共享不等于均享，共享发展不是让社会成员平均地、无差别地、等额地享有社会发展成果，而是在承认个体差异基础上的有差别的共享，“是在维护个人与集体利益的同时实现社会的公平与正义”①。

二、把共享发展等同于坐享其成

在推进共享发展的过程中，由于一部分人对共享发展的边界认知模糊，从而把共享误认为不劳而获、坐享其成，认为不用付出任何成本就可以无偿地享有经济社会发展成果。这种错误思想不仅是对个体权利与义务相统一的否定，而且是对人民主体地位的否定。共享发展不是要培养坐享其成的寄生群体，而是要凸显社会成员权利与义务的统一。只有全体社会成员共同参与和努力，才能为大家共同享有发展成果创造前提和实现条件。

共享是共建基础上的共享，“人人参与、人人尽力、人人享有”是共享发展的内在要求。这一要求充分表明了共享是过程导向与结果导向

---

① 卢德之．论资本与共享 兼论人类文明协同发展的重大主题［M］．北京：东方出版社，2017：62.

的有机统一。在现代化进程中，一方面，社会成员只有在“各尽所能”的前提下，才能“各得其所”；另一方面，社会成员不仅可以通过共同分享社会发展成果拥有“获得感”，而且可以通过共同参与发展成果的创造拥有“成就感”。美国经济学家吉利斯说过：“经济发展的关键因素，是人民必须是这一过程的主要参与者……参与发展过程，意味着享受发展带来的利益，并且参与这些利益的生产过程。”① 如果只注重发展成果的享受，坐享其成，而不愿意参与到发展成果的创造过程之中，那么“搭便车”的现象将会在所难免，最后只会导致坐吃山空。

从博弈论的角度来看，共享发展不是零和博弈而是正和博弈。共享不是通过对社会强势群体财富的瓜分来实现弱势群体的利益，不是把一部分人的“获得感”建立在另一部分人的“失落感”之上，而是要在人人参与、人人尽力的基础上实现全体社会成员利益的最大化。当前，我国依然处于社会主义初级阶段，在现代化建设的道路上，人人可为、人人必为、人人受益，每个人不仅要把享受发展成果作为自己应得的权利，而且要把共同参与社会主义现代化建设作为自己应尽的责任和义务。共享发展绝不是坐享其成，而是要每个人用勤劳的双手和汗水去努力拼搏，即使唱不了“高音”，也要做最美“和声”，集全社会的智慧和力量共同创造“中国好声音”。

三、否认共享发展的循序渐进性

改革开放以来，居民在收入分配领域里的分化成为我国经济社会发展的既定事实。共享发展理念的提出，就是要解决我国在改革发展过程中出现的贫富差距和利益分化问题。但是，由于所处社会发展阶段、生产力发展水平以及资源承受能力等各方面因素的制约，当前我们的共享

---

① 吉利斯，等．发展经济学［M］．黄卫平，等译．北京：人民大学出版社，1998：7.

程度还相对较低。针对这一问题，有人开始对共享发展的渐进性质疑，认为只要走同时、同步共享之路，共享发展的程度和水平自然就会相应地提升。这种观点的错误在于忽视了社会生产力是一个不断由低级向高级发展的历史过程，而由生产力发展水平所决定的共享发展必然也会经历一个循序渐进的发展过程。

共享发展的实现，不是同时共享，也不是同步共享，不可能一蹴而就，是一个长期渐进的历史过程。总体而言，共享发展的渐进性是由以下因素决定的。

首先，从总体发展趋势来看，共享发展的实现程度并没有绝对量的指标，它在每一时期的实现程度都是由当时的生产力发展水平所决定的，而生产力本身无限发展的趋势又决定了共享发展的程度也具有无限增加的趋势。就这个意义而言，社会生产力不断发展的过程也就是共享发展的水平和层次不断提升的过程，而那种认为共享发展可以同时、同步一次性实现的观点也就成为不合逻辑的想法。某一个阶段共享发展目标的实现并不意味着共享发展进程的终止，相反，这意味着下一阶段的共享发展已经获得了一个全新的起点。以此起点为基础，下一阶段的共享发展将会向着更高层次和更高水平的方向迈进。

其次，从改革发展进程来看，我国的经济改革是一场渐进性的改革，那么与改革发展成果直接相关联的共享自然也是渐进性的共享。也就是说，在改革发展过程中，随着改革发展成果的不断丰裕，人们共享的层次和水平也可以由低到高、由简单到复杂，循序渐进地提升。

最后，从我国所处的社会发展阶段来看，当前我国依然处于并将长期处于社会主义初级阶段，在分配方式上，实行的是“各尽所能、按劳分配”。由于我国经济社会发展的不平衡以及劳动者在体力、智力、文化水平、家庭成员状况等方面的差异，不同行业和不同地区的不同劳动者在收入水平和家庭富裕程度方面也是存在差异的。而劳动者在收入水平和家庭富裕程度上的差异，亦即他们在共享社会发展成果方面的差异。因此，社会成员有差别地享有社会发展成果是我国当前社会发展所处阶段的必然产物。而我国当前社会发展所处阶段的长期性，也就决定了社会成员对社会发展成果的享有是一个逐步推进的历史过程。

总之，共享发展是一个由低到高、逐步推进的历史过程。在推进共享发展的过程中，必须要立足国情和经济社会发展水平，逐步提升共享的层次和水平，而不能让社会成员盲目、激进地分享改革发展成果。

四、认为共享发展是对效率的否定

由于共享发展实质上解决的是社会的公平正义问题，因此有人认为共享发展是对经济发展的阻碍，共享是对效率的否定。在一些人看来，社会主义初级阶段的中心任务是通过经济建设大力发展生产力，既然要以经济建设为中心，那就不可能实现发展成果的共享。如果一定要推进共享，就必然会否定效率，从而阻碍经济的发展。这种观点的错误就在于扭曲了共享的内涵，把共享直接等同于公平，把发展直接等同于效率，并且认为公平与效率是相互对立的。

作为人类社会永恒的主题，公平与效率通常会被当作衡量社会制度的基本尺度。公平，通常指的是在处理人与人之间利益关系时的规则、行为等是否符合社会发展的需要。一方面，公平与效率的确是相互对立的。因为公平就是意味着要缩小不同利益主体之间的利益差距，差距的缩小又通常会挫伤利益主体的积极性进而影响效率；效率的提升通常会拉大不同利益主体之间的差距，而差距的拉大往往又会伤害到公平。但另一方面，公平与效率又不是完全对立、此消彼长的关系，不是说要效率就不要公平，要公平就一定会牺牲效率。事实上，公平与效率之间完全是相互促进、相互转化的统一关系。效率的提升可以为公平的实现创造前提和物质保证，公平的实现也能调动人们的积极性并实现资源的优化配置，从而实现效率的提升。对于理想的社会状态而言，就是要实现公平与效率的有机统一，在不损害公平的前提下尽可能实现效率的最大化。

从共享发展的内在价值取向来看，共享发展既包含着对公平的追求，也包含着对效率的肯定。没有效率，经济无法持续增长，共享发展就失去了物质基础的支撑。因为只有在物质财富持续增长的前提下才能实现真正的共享，否则共享发展就会沦为共同贫穷。公平缺失，社会将陷入各种利益冲突和矛盾之中，发展也将因为失去持久的动力和稳定的社会环境而无法持续。就某种意义而言，社会成员相互之间能否和谐相处，很大程度上取决于他们在社会发展过程中是否公平地享有社会资源。如果绝大多数人能够在社会发展中获益，社会成员彼此间融洽相处，这不仅能够维护社会的和谐稳定还有助于经济效率的提高。反之，如果绝大多数社会成员不能从社会发展中受益，那不仅会阻碍经济发展，而且会影响社会的和谐稳定。由此可见，让社会成员共享发展成果不仅不会阻碍经济发展，而且还将有助于经济效率的进一步提升。

当前，我国推进共享发展的过程实际上也是保持公平和效率相互平衡的过程。一方面，要注重效率，大力发展生产力，为共享创造丰厚的物质前提；另一方面，还要更加注重公平，在保证全体社会成员基本生活需求的基础上争取效率的最大化。因此，共享发展不是对效率的否定，而是在维护社会公平的基础上对效率的进一步提升。

第四章

如何推进共享发展：基于国际视角的分析

发展是时代的主题，如何更好地发展是世界各国共同关心的课题。任何国家，不论实行的是何种社会制度，不论经济发展水平处于何种状态，都必须通过一系列措施推动社会的发展。尽管不同国家由于文化、历史以及经济社会发展状况等方面的差异会导致发展的方法和路径各不相同，但各个国家的经验教训都可以为其他国家的发展提供参考和借鉴。因此，本文着力从资本主义国家和苏联式社会主义国家、发达国家和发展中国家的发展实践入手，对它们在推动社会发展、调节收入分配、建立健全社会公共服务体系以及加强社会保障体系建设等方面的具体实践进行分析，从中吸取可供借鉴的经验教训，以更好地推进我国的共享发展。当然，对于这样的分析不可能做到面面俱到，在具体分析过程中只能选取具有重要启示和警示意义的典型发展案例。所以，本文重点选取了欧洲福利国家、美国、拉美国家和苏联作为分析对象。

第一节　欧洲福利国家“高福利”困境的教训及启示

第二次世界大战以后，欧洲福利国家逐步成长起来。自此，欧洲各国不论是在经济发展还是在社会整合方面都取得了巨大成就，在一定程度上缓解了资本主义社会内部固有的阶级矛盾。但是，随着人口老龄化和经济全球化的发展，欧洲福利国家的弊端开始日益显露，加之福利国家本身的结构性缺陷，从20世纪70年代开始，欧洲福利国家开始纷纷遭遇危机，陷入"高福利"困境，经济停滞、失业增加、通货膨胀开始成为困扰欧洲各国的普遍问题。为走出困境，欧洲各福利国家纷纷把相关改革措施提上议事日程，最终走上了改革发展的道路。分析欧洲福利国家的发展经验与教训，对我们推进共享发展、使改革发展成果更多更公平地惠及全体人民具有重要的启示意义。

一、欧洲福利国家制度的确立与发展

"福利国家"（德语wohlfahrtsstaat）一词最早出现于19世纪20年代的德国，该词在当时是被德国的右翼分子用来批判魏玛共和国的社会福利政策的。后来，"福利国家"（welfare state）一词出现在英国约克郡大主教威廉·坦普（William Temple）的《公民与教徒》一书中。在该书中，威廉·坦普认为福利国家就是把福利作为政府重要职责的国家。通常来讲，福利国家指的就是那些把福利作为国家的一项重要职能并长期推行社会福利和保障政策的国家。就历史和现实发展状况来看，欧洲大部分资本主义国家都属于福利国家。

欧洲福利国家制度的产生有着深厚的历史渊源。早在工业化之前，欧洲教会就已经开始对弱势群体提供社会救济和福利服务，这种状况一直维持到中世纪后期。随着资本主义工业化的发展和贫富分化的进一步加剧，仅仅依靠教会的力量已经无法应对日益增长的失业、贫穷等问题，资产阶级和无产阶级之间的矛盾变得愈发尖锐。为缓和阶级矛盾，欧洲各国开始推进福利立法，各国的国家责任意识也由此得到强化。到了20世纪30年代，席卷整个资本主义世界的经济危机使欧洲各国遭遇了前所未有的危机，生产大幅度下降，失业人数急剧增加。为应对因经济危机产生的各种失业和贫困问题，欧洲各国开始纷纷在社会福利领域进行积极干预，福利国家制度由此确立并得到快速发展。

1942年，英国经济学家家威廉·贝弗里奇（William Beveridge）向政府提交了一份名为《社会保险和相关服务》的报告（Social Insurance and Allied Service，即《贝弗里奇报告》）。该报告提出要通过国家福利的形式解决当时英国社会的贫困、疾病、肮脏、无知、懒散等问题，同时还指出了国家福利应遵循的基本原则，即普遍性原则、基本生活保障原则、权利义务对等原则和统一性原则。可以说，《贝弗里奇报告》为福利国家制度的建立提供了重要的理论框架。1945 年英国工党上台执政，执政后的英国工党不仅采用了《贝弗里奇报告》，而且还通过法律的形式把一系列的社会保障政策给确定了下来。1948 年，英国工党首相艾德里宣布英国率先建成福利国家。之后，瑞典、法国、丹麦、挪威、比利时、荷兰、意大利等国纷纷效仿英国，努力建设“从摇篮到坟墓”的福利国家制度。到 20 世纪 60 年代，欧洲福利国家制度发展到巅峰时期，各国基本上都建立起了几乎涵盖生活各个方面的社会福利制度。瑞典后来者居上，成为当今福利国家的“橱窗”。

尽管欧洲福利国家制度在战后几十年内极大地推动了社会经济的发展，但是福利国家的各种弊端也逐渐显露出来。从 20 世纪 70 年代中期开始，欧洲各福利国家普遍陷入严重的困境之中，各国由于庞大的社会福利支出而造成了巨额的政府财政赤字。高额的累进税制抑制了投资者的投资热情，进而导致欧洲各国经济发展动力不足、失业率居高不下。调查显示，自 20 世纪 90 年代以来，欧盟国家的失业率一直维持在 8% 到 9% 的高位。“从摇篮到坟墓”的、全方位的高福利政策催生了民众的“福利依赖”情绪，正如当代西方著名社会学家安东尼·吉登斯（Anthony Giddens）在《第三条道路——社会民主主义的复兴》中所描述的一样：“福利国家……造成了极大的损害……它削弱了个人的进取和自立精神，并且在我们这个自由社会的基础之下酝酿出某种一触即发的怨恨。”① 此外，福利制度的膨胀导致行政机构臃肿，办事效率低下，

① 安东尼·吉登斯．第三条道路——社会民主主义的复兴［M］．郑戈，译．北京：北京大学出版社，2000：14.

造成了官僚主义作风的盛行以及各种社会资源的浪费。

为应对危机、走出困境，欧洲各国开始纷纷致力于内部体制的改革，希望通过改革改善经济和社会发展状况。尽管不同类型的福利国家在具体改革过程中采取了不同的改革措施，但从总体上来说也有其共同之处，主要表现在以下几个方面。第一，通过削减福利支出减少财政赤字。削减福利支出可谓欧洲福利国家制度改革的重点，尤其是在欧洲债务危机的巨大冲击之下，各国纷纷选择通过削减福利开支的方式减轻政府的财政负担。例如，英国选择了从宏观上降低福利水平的方式减少政府开支，德国选择通过控制医疗保险的支出减轻财政压力，瑞典则是通过降低社会保障的缴纳费率减轻政府负担。第二，通过养老金制度改革减少政府财政支出。人口老龄化问题已经成为当前欧洲各国面临的严峻社会问题之一，由此引发的社会福利的稳定性和可持续等问题成为各国不得不思考和面对的问题。因此，各国相继出台政策，通过延长退休年龄、提高养老金发放门槛以及减少养老金的发放金额等方法逐渐减轻政府在养老方面的压力。第三，通过福利多元化发展减轻政府财政负担。在传统福利模式中，政府是社会福利的唯一供给者，这无疑极大地增大了政府的财政负担。因此，在改革过程中，各国开始积极谋求福利供给主体的多元化，把福利供给的负担分摊给私人资本和社会组织，从而减轻政府的财政负担。

近年来，为了使福利制度符合社会发展的时代要求，欧洲各国在改革过程中采取了多种手段与措施相结合的方法，这在缓和社会矛盾、维护社会稳定方面起到了一定的积极作用，但是福利国家制度的问题并没有从根本上得到解决，欧洲福利国家制度的未来将何去何从，值得人们进一步探讨。

二、欧洲福利国家制度的成效与困境

自 20 世纪 40 年代建立以来，欧洲福利国家制度已经走过了 70 多年的发展历程。在这期间，欧洲福利国家先后经历了兴起、繁盛、危机与改革等多个发展阶段。尽管存在着许多缺陷与不足，福利国家制度在欧洲资本主义社会里依然发挥着重要的作用。从理论上深入认识和理解欧洲福利国家制度的成效与困境，对促进我国社会福利体制改革、推进共享发展具有重要的意义。

（一）欧洲福利国家制度的成效

早在20世纪40年代初期，英国就开始策划一种既能保障民众的基本生活需求又能促进经济发展的国家制度。二战结束后，以英国为首的欧洲国家开始全面推行福利国家政策，希望通过增进就业和促进公民权利的方式缓和矛盾、推动经济发展。尽管欧洲福利国家在体制上存在着三种不同的类型，即以英国为代表的自由福利国家体制、以德国为代表的法团主义福利国家体制和以瑞典为代表的社会民主福利国家体制①，但不论哪种体制类型都把社会保障和社会福利看作公民的一项基本权利。因此，以全民共享为基本特征的欧洲高福利国家制度涵盖了社会保险、社会扶助或社会救助以及社会福利等各个方面的内容，从养老、医疗、教育、失业、住房、伤残等方面给公民提供全面的保障，使公民在生活上基本上可以摆脱老、病、残、弱的影响。总体来看，经过几十年的发展与改革，欧洲福利国家制度在推动经济发展和社会进步方面取得了一定的成效。

1. 欧洲福利国家制度提高了公民的生活福祉

“新的福利国家理念的基本价值体现为权利观、平等观、整体观和普享观。”② 在这种理念指导下，人们把社会看作一个大家共同承担责

① 该划分标准来源于意大利特伦托大学教授哥斯塔·艾斯平-安德森（Gsta Esping-Andersen）对福利国家“三个世界”的划分标准。在《福利资本主义的三个世界》一书中，艾斯平-安德森从国家、市场和家庭三种制度安排入手，寻找在不同资本主义社会中公民的社会权与福利国家分层方面的差异，进而在这种差异的基础上对资本主义福利国家的体制进行分类。

② 丁东红．面临挑战的福利国家理论与实践［J］．党政干部学刊，2012（10）：11－19.

任并共同分享福利的共同体，共同体成员不论身份、职业、年龄、贫穷或富有，都有权利享有社会福利。因此，为使每个公民平等地享受社会福利待遇，欧洲各国提供了全方位的、覆盖到每一个公民及人的一生中每个阶段的社会福利保障，满足了民众在各个领域的基本生活需求。欧洲福利国家制度打破了传统社会中贫困与生、老、病、死等问题的捆绑，不仅为公民提供经济保障，而且还倡导发展健康和教育服务事业，切实提高了公众的生活福祉，有助于社会经济秩序的稳定以及整个社会的人性化发展。以瑞典为例，瑞典的福利政策涵盖了医疗、住房、疾病、就业、教育等各方面内容，基本上可以保证居民达到“一人就业、全家中产”的生活水平。再以芬兰为例，芬兰政府向每一个公民提供同等的福利，内容涵盖生育、育婴、教育、医疗、失业、养老等各个方面，这一系列可以被称之为“从子宫到坟墓”的福利使每一个公民都不必为自己的衣食住行及生老病死等问题而担心，大大提高了民众的幸福指数。

2. 欧洲福利国家制度在一定程度上缓解了贫富差距及特殊群体边缘化的问题

市场经济条件下，由于人们在先天禀赋及资源配置等各方面存在差异，他们在通过市场机制所获得的初次分配收入方面也会存在较大的差异，这种实际收入分配上的不均等直接导致了贫富差距的产生。在一定程度上，欧洲福利国家制度有助于缓解初次分配过程中产生的贫富差距问题。众所周知，欧洲福利国家制度是依靠高税率来维持高福利的。政府通过累进税、遗产税等“劫富济贫”的方式把高收入者的一部分收入间接地转移给低收入者，在初次分配领域形成的实际收入不均等程度会有所降低，贫富差距问题也会由此得到缓解。正因为如此，与世界上其他国家相比较，欧洲福利国家的基尼系数普遍偏低。除了向全体国民提供基本生活保障外，欧洲福利国家还会专门针对特殊困难群体提供安置和救济，使他们都能过上正常体面的生活，有效缓解了特殊群体边缘化的问题。例如，专门对儿童、老人、精神失常者、丧失生活能力者等特殊人群提供补助服务；对于因公死亡或伤残的人给予一定的补偿；对依靠自己的力量无法维持必要的社会水平者实行救济，帮助他们解决基本生存问题。欧洲福利国家通过安置或救济的方式，将普通社会福利覆盖不到的特殊群体都纳入保护范围，保障他们的基本生活，使他们免遭社会排斥，避免被社会边缘化的命运。

3. 欧洲福利国家制度有助于缓解社会矛盾

自二战以来，福利国家制度已经成为欧洲资本主义国家通过国家权力调节收入分配、预防社会风险、缓解社会矛盾的主要手段。以社会福利、社会保险和特殊困难救助共同支起的欧洲福利国家制度，一方面通过社会福利和社会保险向民众提供基本生活保障，另一方面通过社会安置和救济解决特殊群体的生活问题。这种社会福利制度的实施不仅有效缩减了初次分配造成的收入差距，而且使全体公民在一生中的每一个阶段都可以得到照顾，在缓解社会矛盾、维护社会稳定方面起到了“安全阀”的作用。例如，“20 世纪 80 年代中期时瑞典的养老金的覆盖率已达 100%，产假工资覆盖率也是 100%，病假工资覆盖率是 87%，失业保险的覆盖率是 75%”①。这种全方位社会福利的供给等于无形中构建了一张社会安全网，可以使民众获得更多、更高质量的保障利益。在均等化的利益分配模式下，劳资矛盾得到有效缓和，整个政治格局和社会都相对稳定。

（二）欧洲福利国家制度的困境

从本质上看，欧洲福利国家制度是资本主义国家在财富分配方式上的一种改良，而且这种改良是在不改变资本主义生产方式的前提下进行的，其根本目的是为了稳定社会秩序、缓和社会矛盾。英国学者威廉·E. 佩特森和阿拉斯泰尔·H. 托马斯在《西欧社会民主党》中就明确指出：“这种政策迄今没有改革资本主义社会的一般主要特征：生产资料

① 陈冬梅．保障利益论［M］．东营：石油大学出版社，2004：97.

仍旧归私人所有。"① 曾经，"资本主义 + 福利"被看作发达资本主义国家通用的万能发展模式。但是，经过几十年的运转，这种近乎无所不包的福利模式也产生了很多问题，遭遇了一系列发展困境。

1. 福利开支的刚性上升削弱了经济活力

由于人口出生率不断下降、人均寿命不断提高，人口老龄化问题已经成为威胁欧洲各国的严峻社会问题之一。加上经济全球化的影响，资本外流、竞争乏力、失业率攀升等问题也使欧洲各国举步维艰。养老、失业救济、医疗等费用的加重使欧洲各国的福利开支呈现出刚性上升的趋势，福利开支的增加程度甚至超过了经济增长所提供的现实能力。在欧债危机爆发前，欧洲各国社保支出占 GDP 的比例是 27.5% 左右，而在危机爆发后上升到了 30.5%。为缓解政府的财政负担并维持刚性上升的福利开支，各国只有不断提高税收，税收比例甚至可以占到人们工薪收入的 60%，企业也因为刚性上升的福利开支承受着沉重的负担。这种高福利高税收的运作模式在某种程度上干扰了市场配置机制，这不仅降低了工人的工作积极性，而且提高了企业的运作成本，降低了企业的竞争力，进而削弱了国家的整体经济活力和效率。

2. 高福利制度滋长了"福利病"

欧洲的高福利制度保证了民众的基本生活标准和质量，使他们可以心安理得地享受舒适的生活和充足的假期。这种"饱含公平与智慧光芒"的高福利制度看似在欧洲创造了一个"理想社会"，但是经过几十年的发展，这种令人羡慕的福利制度却像一把双刃剑一样困扰着欧洲国家，逐渐成为它们的"集体噩梦"。欧洲国家覆盖全民的福利制度可以使人在完全不工作的情况下过上十分舒适的生活，甚至有人指出欧洲的失业人员比在职人员过得更潇洒滋润。这种罚勤奖懒的福利制度表面上看起来有助于福利保障的均等化，实际上却催生了"吃大锅饭"的福

① 威廉·E. 佩特森，阿拉斯泰尔·H. 托马斯. 西欧社会民主党［M］. 林幼琪，等译. 上海：上海译文出版社，1982：296.

利依赖心理，使整个社会滋长了“福利病”。高福利是以高税收为代价的，而人口老龄化所导致的福利制度的代际间转移更是让欧洲的在职人员苦不堪言。毕马威会计事务所研究数据表明，2016 年瑞典的个税税率高达 57.1%，丹麦紧随其后，为 56.4%，芬兰 54.25%，荷兰 52%，法国约 49%，挪威 46.9%，爱尔兰 46.25%，英国 45%，瑞士 40%。这种高福利、高税收的制度严重抑制了人们的工作积极性。高收入人群因为高额的税收开始变得不思进取，低收入和失业人群又因为国家的高福利也失去了进取的动力。因此，越来越多的欧洲人倾向于选择半就业、半失业的工作状态，整个社会的工作热情和生产效率大幅度降低。甚至在法国还流传着“春天工作、夏天度假、秋天罢工、冬天过节”的顺口溜，形象地表达了当前多数欧洲人的心态。他们的罢工，也不是为了真正获取就业机会，而是为了取得更高的福利，这也成为欧洲失业率常年居高不下的重要原因。

3. 高福利困境极易引发社会危机

近年来，欧洲福利国家制度在产生积极影响的同时，其弊端也越来越凸显。高福利高税收的制度模式不仅严重影响了社会经济的发展，而且极大地增加了政府的财政负担，导致欧洲福利国家不约而同地出现了巨额的财政赤字。此外，高福利体制还导致欧洲官僚机构臃肿、效率低下，腐败作风日益滋长。当前的欧洲，已经深陷“三高一低”（高福利、高失业率、高债务、低增长）的怪圈，极易引发各种社会危机。当经济增长速度越来越赶不上福利保障支出增加速度的时候，改革福利制度、抑制福利支出的刚性增长成为欧洲各国的不二之选。但是，长期以来的福利依赖使民众对政府有着相当高的期望，政府只有不断提高社会福利水平，满足民众日益增长的生活需求，才能取悦于民，获得民众的支持，政府也由此陷入两难的境地。福利水平越高，政府的负担越重，财政危机的程度也就越深。政府要通过福利制度改革扭转福利危机的境遇，就势必会造成人们既得利益的损失，因此又会引起民众的强烈不满和反抗，也容易导致社会危机的出现。当前，欧洲福利国家制度已是举步维艰，老龄化危机、失业危机、财政危机、债务危机、社会危机等各种危机相互交织，使欧洲各国逐步陷入进退两难的困境之中。

三、欧洲福利国家的发展实践对我国共享发展的启示

经过几十年的发展，欧洲福利国家制度并没有真正消除贫困，也没有真正实现收入分配的均等化，甚至在某种程度上，欧洲福利国家制度已经成为欧洲各国经济发展的束缚。欧洲福利国家之所以遭遇发展的困境，从根本上来说，还是由于资本主义的生产方式造成的。作为一种体现资本主义生产关系的分配方式，欧洲福利国家制度本质上体现的是资本对劳动的剥削关系。尽管这种福利制度在一定程度上改善了人们的生活状况、缓解了社会矛盾，但它不可能从根本上触动资本主义生产关系的实质，也不可能真正实现分配关系上的平等。因此，只要资本主义的生产方式依然存在，欧洲福利国家所面临的困境就不可能得到真正的解决。但是，抛开制度因素的限制，欧洲福利国家的发展实践对我国推进共享发展，尤其是推动社会福利保障事业的发展依然有着重要的启示。

1. 社会福利水平要与经济发展水平相适应

欧洲福利国家的发展实践充分证明，社会福利水平必须与现有的经济发展水平相适应。对国家而言，社会福利支出的最终来源是国家的经济总量，而一国经济总量的大小是与该国的经济发展水平相适应的。因此，经济发展水平决定着社会福利制度的内容及福利水平的高低，而社会福利制度一旦形成，也会对经济发展造成一定的影响，二者是相辅相成、相互制约的。如果福利水平与经济发展水平相适应，这不仅有助于维护社会稳定，而且有助于推动经济发展。相反，如果福利水平超过了经济发展水平的可承受范围，福利水平过高、内容过多、结构不合理，将会严重挫伤劳动者的积极性并阻碍经济发展，欧洲债务危机便是社会福利水平超越了经济发展水平的后果。由此可见，经济发展水平为社会福利的发展奠定了物质基础，社会福利的实施内容与水平必须与经济发

展水平相适应，绝不能超出它的可承受范围和限度。当前，我国仍然处于社会主义初级阶段，与西方发达国家相比较，我国的生产力发展水平依然相对较低，在福利制度的设计上，必须立足我国的现实国情，使福利制度与我国的生产力及经济发展水平相适应，不能超越或忽视我国的发展实际去片面地追求高福利。

2. 增进社会福利要正确处理好公平与效率的关系问题

所谓公平，就是要在地位和权利平等的基础上实现机会的均等。公平不等于绝对的平均主义，公平是相对的。所谓效率，就是产出与投入的比例，比例越大，效率也就越高。只有高效率才能带来高收益，也只有高效率才能推动社会不断向前发展。作为国民收入再分配的重要调节手段，社会福利在处理公平与效率的关系时，应该在保证效率的前提下尽可能地实现社会公平。长期以来，欧洲国家实行的高福利、高税收政策虽然在调节收入分配差距方面起到了一定的作用，但是沉重的税务负担也抑制了高收入群体的工作积极性以及低收入群体和失业人员的进取精神，从而使社会经济缺乏活力和竞争力，影响了经济发展效率。而经济效率的低下，又必然会影响到社会福利水平的提高，进而使整个社会陷入福利危机的僵局之中。当前，作为世界上最大的发展中国家，我国在发展社会福利事业的过程中一定要处理好公平与效率的关系问题。我们应该在坚持和完善社会主义市场经济体制的基础上，大力发展社会生产力，努力提高经济效率，从而为社会福利创造出更为丰厚的物质基础。此外，还要建立合理的收入分配格局，提高劳动报酬在初次分配中的比重，增加劳动者的收入，从而使全体人民更加公平地享有经济社会发展成果。

3. 明确政府责任，建立供给主体多元化的社会福利保障体系

在社会福利保障体系的建设过程中，要明确政府职责，充分发挥政府、市场、社会等多方面主体在福利供给中的作用，建立多渠道的福利投资融资机制，使社会福利保障筹资机制多元化。尽管政府在社会福利体系的建设过程中起着主导性作用，但是这并不等于政府要大包大揽。

我们应该坚持在政府主导的前提下，充分发挥市场机制的作用，鼓励和提倡企业、社会组织、家庭、个人等多种力量积极参与到社会保障体系的建设之中，共同构建基本保障、补充保障和商业保障相结合的多元化保障体系。在此过程中，政府要明确责任限度，既要使福利制度的设计与我国的经济发展水平相适应，避免像欧洲国家一样因为不断增加的财政赤字而陷入债务危机，又要把握好社会保障干预的力度和限度，避免使居民像欧洲国家的民众一样因为福利依赖而丧失独立精神和进取精神。另外，在社会保障制度的设计上，还要充分考虑不同时间、不同地区和不同群体的需求差异，做到统筹规划、因地制宜、分类实施，避免一刀切。最后，就是政府要科学规划社会福利保障事业，明确社会福利保障发展目标，制定与社会福利保障相关的政策法规并建立健全社会福利保障的监督评价体系，推动我国社会福利保障事业的健康发展。

总之，在构建我国社会福利保障体系的过程中，要立足我国基本国情，坚持以经济建设为中心，贯彻落实以人民为中心的发展思想，从欧洲福利国家的发展实践中总结经验和教训，科学规划和设计社会福利保障制度，在确保人民基本生活的基础上稳步提高人民的生活质量，使人民更好地享有经济社会发展成果。

第二节　美国经济社会发展的经验教训及启示

作为世界第一大经济体，美国是当今发达资本主义国家的典型代表。瑞士信贷最新发布的《2018 全球财富报告》显示，美国家庭财富已经连续 10 年处于上升的态势，稳居全球第一。截至 2018 年年中，美国财富总值达到 98.2 万亿美元。作为全球财富增长的最大贡献者，美国已为全球增加了 6.3 万亿美元的财富。[①] 但是，财富增长的背后，却

① 数据来源：瑞士信贷于 2018 年 10 月 18 日发布的《2018 全球财富报告》。

隐藏着愈演愈烈的社会收入和财富分配不平等的现象。前美国商品期货交易委员会主席詹姆斯·斯通（James M. Stone）在《美国经济社会五个基本问题》一书中指出，自2000年以来，70%以上美国人的收入基本上处于停滞不前的状态，相反的，收入位居前10%的人的财富却保持了两位数的增长速度。经济学家伍尔夫（Edward N. Woolf）在最新的联储消费者财务状况调查（Survey of Consumer Finances）中更是明确指出，美国财富不平等的问题正在日益恶化，当前美国最富有的1%的家庭掌控着全国40%的财富。为推动社会发展，扭转财富流向失衡以及由此产生的诸多社会问题，美国在调节收入分配、建立健全社会公共服务体系以及加强社会保障体系建设方面采取了一系列措施。尽管从美国的发展实践中并不能得到我们想要的所有信息，但资本主义国家在其发展过程中呈现的所有“典型性”几乎在美国的发展实践中暴露无遗。因此，选取美国这一极具代表性的资本主义国家进行分析具有重要意义。

一、美国经济社会发展的成就与问题

当前，在全球经济一体化的发展过程中，各国都期望通过发展经济来提高本国的国际竞争力。在各种经济数据之中，GDP通常会被看作衡量一国经济发展状况的重要指标。国际货币基金组织（IMF）公布的数据显示，2017年美国GDP总量约为19.36万亿美元，占世界经济份额的24.59%，稳居世界第一位，人均GDP约为5.95万美元。① 尽管美国是世界第一大经济体，但是美国的社会收入和财富分配不平等现象却是日趋严重。可以说，美国是欧美发达资本主义国家中收入差距最大的国家。

① 数据来源：国际货币基金组织（IMF）于2017年10月10日发布的《世界经济展望》。

世界不平均实验室（World Inequality Lab）发布的《2018 年世界不平均报告》（World Inequality Report 2018）指出，从 1980 年到 2016 年，美国收入排名后 50% 人口的收入份额逐年下降，而收入前 1% 人口的收入份额却呈现出逐年上升的趋势，这一对比鲜明的发展趋势充分体现了美国收入不平等的严峻程度。一份来自美国智库经济政策研究所（Economic Policy Institute）的名为《新镀金时代：美国按州、都会区和县划分的收入不平等》的报告指出，美国收入前 1% 人口的平均年收入是 132 万美元，而另外 99% 的人口的平均年收入仅是 50107 美元。该报告指出，2015 年，美国 1% 最高收入家庭的平均收入是剩余 99% 收入最低家庭平均收入的 26.3 倍。另外，有学者指出，“从 1990 年到 2015 年，美国的基尼系数呈现出稳步上升的态势，5% 最高收入户与 20% 低收入户的平均收入比例也从 19.4 倍上升至 28.2 倍”①。美国的收入差距不仅表现在最富裕群体和普通民众之间的收入差距越来越大，而且还表现在不同种族之间的收入差距也越来越大。据联合国报告显示，非洲裔美国人陷于贫困的概率是白人的 2.5 倍，失业率是白人的两倍，家庭收入水平更是低于白人的三分之二。美联储也有报告指出，2017 年美国白人家庭净资产中位数是 17.1 万美元，而非洲裔家庭净资产中位数是 1.76 万美元，拉美裔家庭净资产中位数是 2.07 万美元，分别是白人家庭的 10.29% 和 12.11%。对此，法国经济和社会科学研究所的社会经济学家索美勒尔（Estelle Sommeiller）指出不断上升的不平等现象在美国全国都存在，而且是一个长期存在的问题。

不断扩大的收入使低收入群体的处境日趋恶化。美联储发布的《2017 年美国家庭经济状况报告》指出，在全美成年人当中，有 9% 的人口完全没有医疗保险，约 42% 的人由于在生病时无力支付医院费用而放弃去医院就医。2017 年全年，有 27% 的美国成年人因无力支付医疗费用而放弃了必要的治疗。此外，悬殊的收入也导致低收入家庭子女

① 程实. 2017，美国经济有隐忧［EB/OL］. 第一财经，2017－01－16.

的受教育状况不容乐观，“在1985—2000年期间，来自高收入阶层（最富有的25%）的名牌大学大一新生比例从46%上升到55%，而来自中等收入家庭阶层（比其更贫穷和比其更富有家庭各占25%）的学生比例则从41%下降到33%”①。另外，纽约时报的一组调查数据显示，美国90%来自顶层1%家庭的子女就读于私立学校和公立学校，并且去向大多是US News排名前50的美国顶级名校。与之形成鲜明对比的是美国底层20%家庭的子女，他们中有超过一半的人没有读过大学，即使读过大学的也大多是社区大学或者是不知名大学。这种教育不公平的状况给美国的阶层流动套上了沉重的枷锁，从而使不平等现象日益固化。美国2012年的统计数据显示，美国收入最低的20%家庭的子女之中，绝大多数会继续停留在收入最底层，其中只有8%的人会进入收入最高的20%的行列。

不断扩大的贫富差距进一步激化了美国的社会矛盾。利益分配的不均衡以及社会财富日益向金字塔顶端的集中，使美国底层民众产生了强烈的被剥夺感以及对社会的不满情绪。与此同时，中产阶级的衰落在美国各大都市成为普遍现象。美国皮尤研究中心（Pew Research Center）在2016年的一份报告中明确提出，进入21世纪以来，美国城市中的中产阶层开始出现大幅度缩水的现象，在有些地方，中产阶层甚至已经消失不见。此外，日趋严重的阶层固化现象使绝大多数人通过努力实现“美国梦”的愿望化为泡影，而种族收入差距的持续扩大又使美国社会的阶层矛盾进一步加重，不断扩大的贫富差距正在不断加深美国的社会矛盾。2011年爆发的“占领华尔街”运动就是美国社会矛盾激化的表现之一。当前，对很多人而言，“美国梦”已经成为他们的噩梦。就像《时代周刊》评价的一样，在美国，愤怒和无时不在的恐惧已经成为主流。有美国媒体指出，日益扩大的贫富差距正在使美国社会变得日益分

① 约翰·奎金．僵尸经济学：借尸还魂的谬论思想及其原因［M］．苏丽文，译．上海：格致出版社，2010：208.

裂，而由于社会不平等的升级所造成的政治极化又让民众对前途感到迷茫。因此，如何调节收入分配差距、有效化解社会矛盾成为当前美国政府面临的紧迫任务。

二、美国调节收入差距、缓和社会矛盾的主要措施

在论述资本主义积累的一般规律时，马克思毫不客气地指出："在一极是财富的积累，同时在另一极，即在把自己的产品作为资本来生产的阶级方面，是贫困、劳动折磨、受奴役、无知、粗野和道德堕落的积累。"①

这一论述清晰地阐释了在资本主义世界中社会财富加速向金字塔顶端集中、而绝大多数普通群众却愈发贫困的事实。同时，这一论述也是对当今美国社会的真实写照。处于金字塔顶端的极少数人掌握了社会绝大多数的财富，普通民众却日益在贫困线上挣扎。这种社会财富分配的不公以及贫富分化的差距不仅日渐撕裂了美国社会，而且也使美国的社会矛盾进一步激化。为调节收入分配差距、有效缓和社会矛盾，美国政府采取了一系列措施。

1. 保护劳动者权益

为有效保护最低薪酬劳动者的权益，美国政府通过立法的形式对劳动者的劳动环境和劳工标准等内容进行了强制性的规定。美国在 1933 年通过的《全国产业复兴法》中就明确规定，联邦政府有权对工资和工时进行管制。但是，1935 年联邦最高法院宣布该法违宪。于是，在 1938 年，国会通过了《公平劳动标准法》（Fair Labor Standards Act, FLSA）。该法对工人的最低工资与工时标准进行了规定，希望以此改善劳资关系。1947 年通过实施的《国家劳资关系法》又对劳动者参加劳工组织、集体谈判等权益进行了规定。1959 年，国会又制定了《劳资

① 马克思恩格斯选集：第 2 卷［M］．北京：人民出版社，2012：289－290.

关系报告与揭露法》。该法又被称为《兰德勒姆 - 格里芬法》，其主要内容就是加强政府对工会内部事务的监督。在以上保护劳动者权益的措施中，最低工资制度通常被看作是先进社会福利制度的标志之一。随着美国经济的发展和物价水平的上升，美国的最低工资标准也呈现出稳定上升的趋势。1938 年《公平劳动标准法》规定的工人最低小时工资标准是0.25 美元，到2009 年，美国工人最低小时工资标准是 7.25 美元。而2018 年美国有 18 个州和将近 24 个市政府宣布提高最低工资标准，以华盛顿为例，投票者决定从 2018 年起将最低工资标准从 11 美元/小时提高到11.50 美元/小时。排除通货膨胀的因素，尽管最低工资的上涨实际上并没有使普通劳动者的实际购买力增加多少，但是最低工资制度的实施以及最低工资标准稳定上升的趋势体现了美国政府保护劳方权利的态度，对缓和劳资矛盾起到了一定的积极作用。

2. 建立和完善税收制度体系

所谓税收制度，指的就是在整个国民收入的分配过程中，国家或政府以法律、法规的形式确定的，对个人收入进行全面调节的各种课税方法的总称。税收调节一般可以划分为直接调节和间接调节两种形式。所得税和财产税属于直接调节的税种，而商品税则是属于间接调节的税种。

为缓解由于收入差距问题引发的社会矛盾，当前美国政府已经逐步建立起了以个人所得税为主，以遗产税、赠与税、个人财产税、个人消费税和社会保障税等为辅的税收调节体系。其中，个人所得税实行累进税率，在调节居民收入分配方面的效果最为明显。为确保税收调节体系的顺利实施，美国政府制定了完善的税收配套政策。例如，制定针对低收入群体的税收减免政策、公平原则指导下的动态税收调整政策以及纳税人自由选择申报缴税方式等政策。此外，美国还有严格的税收稽查制度，税务部门会通过公民的社会安全号码查证其财务收支状况和纳税情况，从而有效遏制和打击各种偷税漏税的不法行为。而对于守法纳税者，美国也制定了相应的缴税激励政策，在贷款、补助、福利等方面给其一定幅度的优惠待遇，以此确保税收的稳定。

3. 建立和完善社会保障体系

美国非常注重通过建立和完善社会保障体系帮助弱势群体，保障其基本生活。自20世纪30年代建立以来，经过几十年的不断修改和完善，美国的社会保障已经发展成为一个庞大的，包括社会保险、社会福利和社会救济在内的社会保障体系，涵盖了生育、教育、就业、养老、医疗、残疾、住房以及死亡等多方面内容。

美国的社会保险一般包括养老保险、失业保险、伤残保险和医疗保险等内容。其中，养老保险分为国家强制性保险、私营企业养老金计划和个人储蓄性保险三种类型。国家强制性保险是一种强制性的社会保险制度，覆盖了全国95%以上的人群，一般是由雇主和雇员通过税收的方式上交政府。私营企业养老金计划通常由各企业或保险公司及资产管理公司管理。个人储蓄性保险通常是由个人选择银行、保险公司或投资公司等进行管理。失业保险制度是美国职业保障体系中最早建立的一种保障制度，同时也是一种强制性的保险制度。失业保险一般由地方税务部门代征，目前已经涵盖了美国90%以上的劳动力。伤残保险同样属于强制性的保险，由统一的社会保险基金进行管理。跟养老保险一样，医疗保险除了有国家规定的强制性保险以外，还有商业医疗保险做补充。

美国的社会福利和社会救助制度主要是针对贫困线以下的低收入者、丧失劳动能力者及其未成年子女和父母，一般由联邦或州政府出资管理。社会福利和社会救助涵盖的内容非常广泛，例如：针对弱势、疾病、失业家庭的未成年儿童家庭补助，贫困家庭临时救助，针对真正无收入、低收入的65以上岁老人及盲人和永久性重残人士的收入保障补助，医疗补助，针对营养缺乏且家庭收入低于联邦贫困线185%的贫困家庭的妇女、婴儿和儿童的特别补充食品项目，对无家可归者的救助，针对穷人的食品券补助，对贫困学生的教育补助以及一般性援助等，都属于社会福利和社会救助的项目内容。美国的社会福利和社会救助制度旨在让穷人生活在一个更加公平、合理的社会之中，但是由于覆盖的范围广泛、开支巨大，尤其是近年来伴随着美国人口老龄化及经济全球化趋势的增强，福利和救助制度对美国的社会治理体系造成了一定的挑战。此外，由于美国的社会福利和社会救助制度强调市场化的运作方向，强调政府在社会保障体系建设中的保底作用，因此，总体来看，“美国社会保障总体水平相对较低，社会保障支出占 GDP 的比重在 16% 左右。”①

4. 建立和完善公共服务体系

美国政府非常重视公共教育、公共医疗卫生、公共科技服务、就业服务、环境保护和基础设施等公共服务体系的建设，并在长期发展过程中形成了独具特色的公共服务体系。

受自由市场经济和多元化价值观念的影响，美国的公共服务体系建设在发挥政府基础性作用的同时，更加注重强调发挥市场和社会的补充性作用，在具体运作过程中采取的是以市场运作为依托、以政府宏观管理为保障的模式。政府负责“掌舵”，制定公共服务政策规划，实行监管；市场主体与其他服务机构承担“划桨”的职责，通过引入市场竞争机制，提高公共服务的效率。为降低服务成本、提高服务质量，美国政府还成立了绩效审查委员会，通过建立严格的绩效评估体系，明确公共服务主体责任，并争取实现经济、效率、效益和社会公平等多种价值之间的平衡。

总体来看，美国这种公共服务市场化的运作模式减轻了政府的财政负担，提高了公共服务的供给质量和公众的满意度，有助于经济的持续增长和社会的总体稳定。但从根本上来说，美国的公共服务是一种最低保障与兼顾效率型的服务模式。这种公共服务强调通过自由竞争和经济增长的作用，按贡献程度保障劳动者的生活。因此，尽管美国的公共服

① 李军鹏．公共服务体系国际比较与建设［M］．北京：国家行政学院出版社，2015：83.

务覆盖范围较广，但总体均等化程度不高，公共服务的再分配效应相对较弱。

三、美国经济社会发展的教训及其对我国共享发展的启示

尽管美国在调节收入分配差距、缓解社会矛盾方面采取了一系列措施，但当前美国社会贫富差距和两极分化的现象仍在加剧，这突出表现在社会成员在收入、财富和机会的不平等上。对此，美国诺贝尔奖获得者、著名经济学家斯蒂格利茨在《不平等的代价》一书中就明确指出："那些属于1%群体的人们攫取了社会财富，留给那些属于99%群体的人们的只有焦虑和不安。换言之，绝大多数美国人根本就没有从国家的经济增长中获益。"① 从根源上来说，美国的财富分配不均以及不平等现象是由其生产资料私人占有的所有制形式所决定的，单纯从分配制度上入手是无法彻底解决不平等问题的。但排除制度因素的差异，美国在调节收入分配差距、缓解社会矛盾方面采取的措施在一定程度上为我国如何推进共享发展提供了可供借鉴的经验教训和启示。

1. 重视政府在分配中的作用

在分配过程中，政府要对生产要素所有制进入分配过程之前的状况进行调节，以此实现分配起点的公平。由于资源禀赋差异、经济发展状况、产业结构水平及历史文化因素等各方面因素的影响，生产要素所有者在进入分配过程之前的状况也会有所差异，而这种差异会对分配起点的公平性产生严重的影响。因此，强化政府在分配过程中的调节作用就显得尤为重要。但是，政府调节作用的发挥必须以不影响市场机制调节资源配置为前提。美国在分配过程中强调发挥市场的决定性作用，政府只是通过制度和法律手段为市场机制的有效运行扫清障碍。我国政府在

---

① 约瑟夫 E·斯蒂格利茨. 不平等的代价［M］. 张子源，译. 北京：机械工业出版社，2013：XII.

分配过程中，也应当通过制度和法律手段为经济的有效运行创设良好的环境，破除影响市场机制运行的障碍。例如，政府可以通过完善市场管理打破垄断和地方保护主义，从而实现资源的有效配置；可以通过科学立法和严格执法优化获得收入的制度环境；可以通过制定合理的产业政策和投资政策缩小产业和区域差距。

此外，政府还要运用多种手段对收入分配关系进行二次调整，从而实现分配结果的公平。政府对分配结果的调节主要是通过财政收入和财政支出这两个途径实现的，具体表现为财政预算、税收杠杆、价格杠杆、社会保障、金融政策以及其他经常转移支付。其中，财政预算是国民收入再分配的主要途径，税收杠杆、价格杠杆、社会保障、金融政策以及其他经常转移支付是国民收入再分配的重要途径，它们共同发挥作用从而实现对收入分配关系的二次调整。

2. 深化收入分配制度改革

收入分配制度是否公平合理，直接决定着社会成员各自获取物质利益的多少，进而影响到整个经济社会的正常运行。当前，我国在收入分配领域仍存在一些亟待解决的突出问题，城乡、区域和行业收入差距依然较大，收入分配格局不合理。只有通过收入分配制度改革调整国民收入分配格局，才能使社会发展成果更多更公平地惠及全体人民。

深化收入分配制度改革，关键是处理好效率与公平的关系问题。只有讲求效率，才能增添社会的发展活力；只有注重公平，才能促进社会的和谐发展。总体而言，在处理好效率与公平关系问题的基础上，可以从以下方面入手深化收入分配制度改革：

第一，完善初次分配机制。在初次分配领域，要把就业、工资作为切入点，不断完善初次分配机制。在就业方面，要不断完善就业政策，创设更加公平的就业环境，进一步提升就业质量。在工资方面，要深化薪酬制度改革。一方面要提高劳动报酬在初次分配中的比重，另一方面要在“提低”、“扩中”、“限高”的基础上建立公平合理的薪酬制度。此外，还要理顺薪酬分配关系，使薪酬增长与市场供求关系及经济社会发展的效益相适应。

第二，健全再分配调节机制。在再分配领域，要以税收、社会保障及社会公共服务事业等为切入点，不断健全再分配调节机制。在税收方面，要进一步完善税收制度。从美国的发展实践可以发现，税收在收入分配关系的二次调整中发挥着十分重要的作用。当前，由于我国的税收制度还不够完善，导致税收所应有的调节作用还没有得到充分展现。因此，要建立健全税收体系，根据纳税人的具体承担能力确定课税单位和费用扣除标准。同时，还要建立科学的收入监测机制，通过收入记录制度、财产申报制度等完善纳税信息，强化对纳税人的税收征管。在社会保障方面，要积极建立和完善覆盖面广、功能相对健全的社会保障体系，稳步提高社会保障水平，从而充分发挥社会保障在调节收入分配中的积极作用。在社会公共服务事业方面，要建立完善的公共服务体系。从美国的发展实践可以看出，完善的公共服务体系在维护社会稳定、促进经济平稳发展过程中发挥着重要作用。因此，我国要建立完善的公共服务体系，不断增强公共服务水平。在此过程中，要明确政府的公共服务职责，加强对公共服务部门的建设以及对公共服务部门绩效评估体系和问责机制的建设，不断完善公共服务监管体系。此外，要充分发挥政府、市场和社会各自在公共服务建设中的作用，努力建设公共服务市场化、社会化，供给主体多元化的公共服务体系，不断提高公共服务的质量和效率。

第三，整顿和规范收入分配秩序。要大力加强收入分配领域内相关法律法规和制度建设，使收入分配秩序步入公开透明、公正合理的轨道。为此，要加快收入分配相关领域的立法，研究出台相关法律法规，使收入分配真正做到有法可依。要建立健全工资支付保障机制并进一步加强监管执法力度，切实维护广大劳动者的合法权益。要建立健全现代支付和收入监测体系，建立社会信用体系和社会成员收入信息监测系统，形成整顿和规范收入分配秩序的长效机制。

第三节　拉美国家“中等收入陷阱”的教训及启示

拉美国家从20世纪30年代开启自主现代化的进程之后，经济曾经一度快速增长并取得了举世瞩目的成就，甚至被赞誉为“发展奇迹”。但自20世纪80年代以来，拉美各国却不同程度地跌入“有增长、无发展”的怪圈。虽然经济发展了，但是大多数人没有享受到现代化的成果，收入差距越来越大，贫富两极分化严重，社会撕裂，政权更迭动荡，人们把这种现象称为“拉美陷阱”或“中等收入陷阱”。“中等收入陷阱”的成因很多，其中很重要的一条就是拉美国家在快速发展的过程中，忽视了民众特别是社会底层民众的利益，把他们排除在发展之外，使他们无法共享经济发展成果，造成了严重的贫富分化，进而影响了经济社会的持续发展。尽管从20世纪90年代开始，拉美各国开始进行经济改革，但改革结果却不尽如人意，拉美各国经济依然在低水平上徘徊，各种社会问题也日益严峻。时至今日，“中等收入陷阱”依然困扰着拉美各国以及与拉美各国经历相似的广大发展中国家。研究拉美各国的发展实践，从其现代化进程中吸取教训及启示，对我国顺利跨越“中等收入陷阱”并更好地推进共享发展有着积极的意义。

一、拉美国家的发展困境

长期以来，拉美各国在经济高速发展过程中由于缺乏长远的经济发展规划，没有及时调整社会分配政策并建立公平合理的分配机制，导致出现收入差距拉大、贫富两极分化等各种社会问题，最终使拉美各国在现代化进程中迷失了方向，陷入了经济增长缓慢甚至是停滞不前的困境。早在20世纪六七十年代，很多拉美国家就已经进入了中等收入水平的发展阶段，但是几十年过去了，绝大多数拉美国家依然在中等收入阶段徘徊。经济持续衰退、社会分化严重、社会动荡不安等各种问题长期得不到解决，“中等收入陷阱”成为绝大多数拉美国家挥之不去的阴影。总体来看，拉美各国在发展过程中普遍面临以下问题：

1. 经济持续衰退

拉美各国自20世纪40年代开始实施进口替代工业化发展战略以来，经济开始迅速发展。“20世纪50年代中期到60年代，拉美国家工业年均增长8%以上，国民经济年均增长6.5%。”① 到20世纪70年代时，多数拉美国家的人均GDP已经达到了1000美元，开始跨入中等收入国家的行列。但到了20世纪80年代，拉美各国经济开始持续放缓，紧随其后的债务危机更是把拉美各国推到了“失去的十年”的悲惨境地。20世纪90年代以来拉美各国实行的新自由主义经济改革更是导致金融危机频发，墨西哥、巴西、乌拉圭、委内瑞拉、厄瓜多尔等国相继发生金融动荡，由此造成的“探戈效应”使整个拉美地区的经济和社会问题都变得异常突出。21世纪以来，随着新兴经济体对原材料进口需求的增加，拉美各国终于再次迎来经济增长的“黄金时期”。但是近年来，拉美各国的经济又开始持续衰退。2017年拉美和加勒比地区的GDP增长率仅为1.2%，阿根廷的GDP增长率为2.5%，而巴西的GDP增长率仅为0.7%。

2. 社会分化日趋严重

收入差距拉大是拉美国家社会分化的主要表现之一。由于拉美国家在发展过程中坚持“先发展、后分配”的发展理念，因此在经济高速发展时没有及时调整社会政策并建立公平合理的收入分配机制，结果导致社会成员的收入差距越来越悬殊，少数富起来的人占有了绝大多数的社会财富，而绝大多数民众却陷入了极度贫困的境地。美洲开发银行在其研究报告《经济发展与社会公正》中指出，20世纪90年代拉美各国

① 曾祥炎．宏观产权理论 源起、架构与应用［M］．北京：经济管理出版社，2014：156.

占人口总数30%的穷人的收入占比仅仅是国民收入的7.5%，而占人口总数5%的富人却拥有国民收入25%的份额，占人口总数10%的富人拥有国民收入40%的份额。当前，拉美地区仍然是世界上收入分配两极分化最严重的地区。“巴西最富裕的20%的群体的收入比最贫困的群体收入要高出25倍，最富裕的10%比最贫困的10%要高出60倍。类似的收入差距出现在整个拉丁美洲。”①

贫困人口的不断增加是拉美国家社会分化的又一重要表现。“中等收入陷阱”导致了大量贫困人口的存在，而拉美国家的每一次危机又会使穷人的生活状况进一步恶化。20世纪80年代的经济危机使贫困人口占到了人口总数的48.3%，虽然到了90年代情况有所好转，但贫困人口的比重仍然占到了43%。1998年到2002年经济衰退期间，贫困人口总数上升到2.21亿人，占总人口的44.2%。尽管近年来拉美各国采取了很多措施，但贫困人口的数量依然庞大。根据联合国拉丁美洲和加勒比经济委员会的报告，2017年拉美地区贫困人口数量是1.86亿人，比2016年增长了100万人，占拉美地区人口总数的30.7%。其中，有6100万人处于极端贫困状态，占该地区人口总数的10%。

3. 国家秩序混乱

“中等收入陷阱”所导致的失业、贫穷、民众生活状况恶化等各种问题交织在一起，极易产生不和谐的音符，甚至会导致整个国家秩序的混乱。在拉美各国，关于发展和分配的争议由来已久。在社会福利保障体系不健全的情况下，尽管近年来拉美各国经济有所发展，但底层人民的生活状况却没有得到改善，甚至是进一步恶化。收入分配不公、贫富差距拉大等各种问题使人们对政府越来越不满意。就像诺贝尔经济学奖得主约瑟夫·施蒂格利茨所说的一样，不平等会使民众对政府丧失信心，甚至会使人们对法治失去信任。严重的两极分化已经威胁到拉美各

① 庞永红. 分配正义与转型期弱势群体研究［M］. 北京：中央编译出版社，2016：192.

国的内部稳定。街头政治、保护主义、反精英情绪等在拉美各国屡见不鲜，各种反政府示威游行更是层出不穷。在委内瑞拉，人们对动辄上百万人的大游行已经习以为常。在秘鲁，社会中下层的罢工和游行近年来也是时有发生。在智利，近年来连续发生全国性的大罢工。在阿根廷，总统府、国会和银行前的中小型抗议几乎每天都在上演。由于国家秩序混乱，盗窃、抢劫等各种犯罪和暴力活动在拉美地区层出不穷，对社会及政局稳定造成了严重的影响。

二、拉美各国的困境成因分析

使拉美各国深陷困境的原因是多方面的，既有内部因素的影响也有外部因素的制约，各种因素相互作用使拉美各国的矛盾逐步累积，结果导致了“有增长无发展”状况的出现。广大民众不但没有分享到经济发展的成果，反而逐步陷入到“发展的痛苦”之中，最终造成了国家秩序的混乱以及社会的动荡不安。总体来看，拉美各国的困境成因主要包括以下几个方面：

1. 发展战略及经济政策调整失误

在工业化初期，拉美各国推行的是进口替代发展战略。这种发展战略在一段时间内促进了拉美地区的经济增长，但是经历过发展的“黄金期”之后，拉美地区的经济开始逐步失去活力，拉美各国对此并没有采取相应的调整措施。20 世纪 70 年代初的石油危机之后，拉美各国依然没有调整发展策略，而是通过举债增长的方式继续推进进口替代工业化的进程并使之维持了近半个世纪。这种发展模式的直接后果就是拉美各国政府债台高筑、通货膨胀、国际收支不平衡、经济危机频发。为应对严重的债务危机，从 20 世纪 80 年代开始，拉美各国在西方新自由主义思潮的影响下，重新走向“初级产品出口导向型”发展模式，陆续出台了许多以自由化和私有化为核心特征的经济社会政策，主张国有企业私有化、金融贸易自由化，放松政府对经济的管制、削减政府的社会福利支出等内容。在新自由主义政策影响下，拉美各国经济秩序混乱、失业率常年居高不下、贫富差距悬殊、资金严重外流、国家债务负担沉重，经济社会各个方面都受到了严重影响。

2. 社会公平缺失

首先，拉美各国由于发展理念不当而导致社会公平缺失。受重积累、轻分配发展理念的影响，拉美各国在发展过程中单纯追求经济增长，强调“先发展，后分配”，设想当经济发展到一定程度时，收入分配差距会自然缩小，结果导致经济增长过程中收入差距越拉越大。通俗来讲就是蛋糕做大了，普通民众却连蛋糕屑也没有分到。许多拉美国家由于贫富分化严重而引起激烈的社会动荡，对经济发展造成了严重影响。其次，拉美各国由于体制变革滞后而导致社会公平缺失。受各种利益集团的制约，拉美各国的体制变革普遍滞后于经济发展。为维护自身利益，各利益集团反对在社会结构、价值观念及权力分配等领域进行变革，这不仅导致了财富的过度集中以及市场对资源配置作用的严重扭曲，而且导致了社会阶层的严重固化，平民阶层通过自身努力实现阶层跃迁的希望破灭，进而产生各种焦虑、不满、甚至是愤恨的情绪，社会也由此变得动荡不安。再次，超速发展的城市化也造成了一系列社会问题。城市化可以说是工业化和现代化的必然产物之一。但拉美各国在城市化的过程中采取自由放任的政策，从而导致了城市化的畸形发展。城市化的速度远远超过了工业化的速度，各种贫困问题日益显现。此外，由于过度城市化而导致的城市边缘化问题也日益严重，贫困人口数量不断增加，治安管理混乱，犯罪率不断上升。先进与落后、富裕与贫穷同时并存，城市化的畸形发展最终成为社会发展的障碍。

3. 新自由主义政策的影响

新自由主义政策的实施在拉美各国造成了各种严重的社会问题，使拉美地区的社会矛盾日益严重。20 世纪 80 年代，深陷经济危机和债务危机的拉美各国为摆脱窘境，在美国的各种压力和诱导下，开始进行“结构性调整”改革。从 80 年代中期开始，拉美国家开始陆续推行新自由主义政策，在经济上倡导国有企业的私有化和金融贸易的自由化，在政治上倡导欧美式的民主化，在文化上鼓吹欧美化和一体化。实施新自由主义政策后，拉美各国丧失了对经济社会发展的主导权，而“进口替代”工业模式向“出口导向型”发展模式的转变，又使拉美各国对国际垄断资本的依附性增强，拉美各国的经济严重衰退，两极分化严重，政局不稳，社会动荡不安，最后终于陷入经济长期停滞的“中等收入陷阱”。可以说，新自由主义政策给拉美各国造成的影响是毁灭性的，它直接阻断了拉美各国由中等收入国家向高收入国家迈进的进程，在拉美大部分地区造成了极端的贫困和不平等。就这个意义而言，新自由主义改革可谓是“中等收入陷阱”的幕后推手。

当然，拉美各国所面临的困境是多方面因素共同作用的结果。除上述原因外，自主创新能力不足、政府职能弱化以及过度的“福利赶超”等问题，都是导致拉美各国陷入困境的重要因素。

三、拉美国家的发展教训对我国共享发展的启示

就世界范围而言，经济持续衰退、社会分化日趋严重、创新能力不足等各种问题并不是拉美国家所独有的，但拉美国家却是陷入到“中等收入陷阱”的典型代表。当前我国正处于从中等收入国家向高收入国家迈进的发展阶段，尽管近年来我国经济呈现出稳中有进的良好发展态势，但是也出现了拉美国家经历过的收入差距拉大、经济发展不平衡不协调等类似问题。因此，我们可以从拉美国家的发展实践中汲取教训与启示，探索共建共享、跨越“中等收入陷阱”的新路径。总体来看，拉美国家的发展教训带给我们很多启示，其中最重要的有四点：

1. 积极构建合理的收入分配格局

从拉美国家的发展实践中可以发现，单纯依靠经济增长是不可能顺利实现现代化的。在迈向现代化的过程中，拉美各国把经济增长等同于发展，在发展理念上坚持“先发展，后分配”，忽视了收入分配不公的

问题，甚至认为收入分配不平等是实现经济增长的必然代价，结果导致拉美地区两极分化严重，贫困人口不断增加。加之拉美各国在发展过程中缺乏发展成果要惠及民众的理念，缺乏对人和人的基本权利的关注和尊重，从而进一步加剧了各种社会问题。为避免陷入“中等收入陷阱”，我国必须进行收入分配制度改革，构建合理的收入分配格局，在做大“蛋糕”的基础上不断把“蛋糕”分好，妥善协调和处理好各方面的利益关系，使发展成果更多更公平地惠及全体人民。

2. 逐步建立和完善社会服务体系

由于很多拉美国家在发展过程中对公平性重视不够，导致居民收入差距迅速拉大。尤其是当这些国家进入到中等收入阶段以后，居民收入更是出现了极度的两极分化。广大中低收入者消费能力严重不足，消费需求对经济增长的拉动作用被严重削弱。此外，社会弱势群体长期在生活、教育、医疗等方面得不到基本保障，社会矛盾激化，引发了激烈的社会动荡，严重影响了经济发展，从而出现了“有增长，无发展”的现象。由此可见，公平的、惠及全民的社会保障是推动经济发展、维护社会稳定的基础和前提。在推进社会主义现代化建设的过程中，我们应当进一步加强社会建设，创新社会管理，把市场改革、经济增长和社会公正三者有机结合起来，在政府引导下逐步建立和完善社会服务体系，通过一系列措施促进均衡分配、切实保障人民群众的基本生活并随着经济发展不断提高人民的福利水平，确保社会公平。

3. 推动经济结构和社会结构转型升级

受多种因素的制约，拉美各国在发展过程中制度建设落后，没有随着国内外经济形势的变化及时调整自身的经济结构和社会结构，从而错失发展模式转换的时机，对经济结构和社会结构的转型升级产生了非常不利的影响，进而导致社会分化、矛盾频发。当前，我国正处于经济结构和社会结构大变迁的时代，收入差距拉大、城乡二元结构等各种问题无不表明我国正面临着制度性障碍的挑战。为顺利跨越“中等收入陷阱”，我们要加强制度建设，从根本上解决制约我国经济社会发展的各种问题，推动经济结构和社会结构转型升级，为经济发展增添新动力。

4. 充分发挥政府职能

拉美各国在发展过程中推行新自由主义政策，使各国政府丧失了经济社会发展的主导权，结果导致经济发展的各项配套制度以及相关改革措施严重滞后，进而对市场发展、产业升级和技术创新等都造成了严重影响。由此可见，在现代化进程中，务必要强化政府职能，充分发挥政府的组织和引导作用，克服经济社会发展的各种瓶颈和障碍，为经济社会发展创造良好的环境。当前，随着我国现代化和市场化程度的进一步加深，我们已经处于从中等收入阶段向高收入阶段迈进的关键时期。在此过程中，我们应立足本国实际，充分发挥政府职能，明确政府在参与国际竞争、推动经济发展和维护社会公平等方面的主导作用，在政府和市场“两只手”的共同作用下推进产业结构优化升级，鼓励技术创新并妥善协调各方面的利益关系，使全民共享改革发展成果。

第四节　苏联民生建设的经验教训与启示

苏联在20世纪人类发展史上可谓影响巨大。作为世界上以马克思主义理论为指导建立起来的第一个社会主义国家，苏联在社会主义建设过程中开展了一系列伟大实践并取得了辉煌的成就。苏联的成立不仅打破了资本主义一统天下的格局，而且使社会主义制度由理想变为现实，极大地推动和鼓舞了世界无产阶级革命运动及被压迫民族的解放运动。但是，经过近七十年的发展后，苏联却以解体告终。苏联的解体，不仅使国际共产主义运动遭受了巨大挫折，而且再次改变了世界地缘政治和国际关系格局。尽管如此，苏联依然为国际共产主义运动留下了宝贵的财富。在新的历史条件下，基于共享发展的视角探索和汲取苏联民生建设兴衰成败的经验教训，对我国更好地推进共享发展具有重要的参考和警示意义。

一、苏联民生建设的成就和问题

（一）苏联民生建设的成就

十月革命胜利后，苏联加快了民生建设步伐，在实践探索中取得了显著的成就，具体表现如下。

1. 经济快速发展，人民生活状况明显改善

作为世界上第一个社会主义国家，苏联面临着资本主义国家的重重包围和战争威胁，加上当时国内落后的经济文化发展状况，新生的苏维埃政权选择了一条高速发展社会主义的道路。在联共（布）的领导以及全体苏联人民的共同努力下，苏联经济得到了快速发展，人民生活状况也得到了明显改善。

从 1929 年到 1937 年，苏联工业的年均增长率达到了 20%，而同期资本主义国家的工业年均增长率只有 0.3%。第二个五年计划之后，苏联的工业总产值已经跃居欧洲第二位，成为仅次于美国的世界第二经济大国。经济的快速发展极大地增强了苏联的综合国力，为苏联经受第二次世界大战的考验奠定了雄厚的物质基础。战后，苏联经济得到了快速恢复和发展。从 1951 年到 1980 年，苏联的经济增长速度高于除日本之外的所有资本主义发达国家，逐步缩小了与美国之间的差距。

苏联经济的快速发展，不仅提高了苏联的综合国力以及苏联在整个世界经济中的比重，而且帮助苏联人民摆脱了贫穷落后的发展状况，使苏联人民充分感受到了社会主义制度的优越性。具体情况如下。

第一，人民收入明显提高。在二五计划期间，苏联工人的实际工资增加了 1 倍多，集体农庄的货币收入增加了 2 倍多。从 20 世纪 50 年代开始，人民收入开始明显提高。例如，苏联职工的月平均工资由 1965 年的 96.5 卢布提高到 1988 年的 217 卢布，集体农庄庄员来自公有经济的月平均收入由 1965 年的 51.5 卢布增加到 1988 年的 178 卢布。此外，从 20 世纪 80 年代中期开始，苏联的个体劳动得到快速发展，个体劳动

者的货币收入也得到明显提高。

第二，人民的消费水平明显提高。从食品消费来看，尽管苏联的一些主要食品供应短缺现象严重，但总体来看，苏联人民主要食品的消费水平还是呈现出上升的趋势。例如，肉和肉制品的人均消费量由1960年的39.5千克上升到了1987年的64.1千克，奶制品的人均消费量由1960年的240千克上升到了1987年的341千克，蛋类的人均消费量由1960年的118个上升到了1987年的272个，鱼和鱼制品的人均消费量由1960年的9.9千克上升到了1987年的18千克。从非食品消费来看，苏联人民在日用品、文化用品等方面的支出日益增加。例如，工人家庭在日用品、文化用品等方面的支出比重由1960的21.8%上升到1985年的23.1%，集体农庄庄员家庭在日用品、文化用品等方面的支出比重由1960的17.8%上升到1985年的22.8%。此外，诸如电视机、电冰箱、缝纫机等耐用消费品也逐步在居民家中普及。

第三，人民的劳动就业状况明显改善。从20世纪20年代后期开始，苏联就已经采取各种措施改善人民的劳动就业状况并充分扩大就业。到20世纪30年代初，苏联已基本上消除了失业现象。从20世纪30年代到80年代初期，苏联每年新增就业人口约200万人。苏联人民不仅享有劳动权，而且1977年苏联宪法明确规定人民享有根据社会需要自由选择职业的权利。此外，苏联还缩短了工作日，延长了工人的休假时间，而且工人在休假期间可以照发工资，极大地改善了工人的劳动条件。

第四，人民的居住和交通运输状况明显改善。在社会主义建设过程中，苏联不仅注重增加住房面积，而且注重提高住房质量。1929年到1941年期间，苏联投资建设并投入使用的住宅面积高达1.2亿平方米以上。1956年到1985年，累计有3.2亿民众改善了居住条件。截至1989年，苏联城市居民人均住房面积为15.3平方米，农村居民人均住房面积高达16.8平方米。从20世纪80年代开始，苏联有一半以上的住房都安装了自来水、下水道、煤气、暖气等设施，大大提高了房屋的舒适程度。此外，经过几十年的发展，苏联建立起了比较发达的水、陆、空交叉运输体系，为苏联居民生活提供了极大便利。

第五，人民的教育文化生活有了很大改善。苏联在全国普及了7年制义务教育，消灭了文盲，高等教育也得到了很大发展，全国约有五分之一的居民在各级学校学习，极大地提高了人民的受教育水平。此外，苏联还大力发展文化体育事业，建设了大量的博物馆、剧院、音乐厅、体育场等，丰富了人民的物质文化生活。

2. 建立了较为完善的社会福利和社会保障制度体系

苏联非常注重社会福利和社会保障工作，认为建立社会福利和社会保障制度既是发挥劳动者积极性和创造性的有效途径，也是提高人民物质文化水平的重要手段。十月革命胜利后苏联成立了国家救济人民委员会，以此领导苏联的社会保障工作。此后，苏联先后通过了许多有关劳动者社会福利和社会保障的法令，逐步建立了较为完善的社会福利和社会保障制度体系。

苏联专门建立了社会消费基金，以此为社会成员提供各种福利，满足他们的物质和精神需要。为提高居民的实际生活水平，苏联的社会消费基金逐年递增。从1960年到1985年，苏联的消费基金总额由273亿卢布上升到1470亿卢布，为提高人民的福利水平提供了重要保障。苏联的社会福利体系主要包括免费教育、免费医疗、免费疗养、休养和度假、基本生活必需品价格补贴以及住房补贴等内容。苏联对各级各类教育都实行免费政策，给高等学校的学生发放助学金。对全体公民实行免费医疗，人民的医疗费用全部由国家负担。苏联每年还免费给劳动者发放疗养证、休养证，每个职工每年可享受20天的休假时间，休假期间工资照付。对于居民的基本生活必需品，苏联国家财政给予补贴。此外，苏联还给居民住房提供补贴，居民个人缴纳的房租仅占房屋维修费用的三分之一，剩余部分全部由国家财政补贴。

在苏联的社会保障制度体系中，社会保险是最主要的组成部分，包括了养老保险、伤残保险、生育保险、失业保险以及医疗保险等方面的内容。养老保险是苏联社会保险的重要组成部分，以国家退休金的形式保障退休者的基本生活水平。苏联国家退休金法规定，男性满 60 周岁、25 年工龄，女性满 55 周岁、20 年工龄即可享受年老退休金。除基本退休金外，需要赡养无劳动能力家庭成员的退休者还可以获得附加补贴。苏联把退休分为一般职工年老退休、科学工作者退休、功勋退休和集体农庄庄员退休等类型，不同类型的退休所得的退休金也有所差别。伤残保险主要用于保障因工伤、职业病等丧失永久劳动能力者的生活水平，致残原因不同，伤残保险金的数额也会有所差别。生育保险是对妊娠和生育妇女给予一定的假期和补助。失业保险是对因失业而丧失生活来源的劳动者提供一定的物质保障。医疗保险不仅用于门诊免费治疗，而且对需要住院治疗者住院期间的医疗费、手术费、床位费、药费以及伙食费全免。

社会救济是苏联社会保障制度体系的重要组成部分，主要包括对生活困难农民的物质与劳动帮助、对困难家庭子女的补助、对定期服役军人子女的补助、照顾病孩假期补助以及丧葬补助等内容，以此保障社会弱势群体的基本生活。

（二）苏联民生建设存在的问题

苏联在民生建设中的成就是显著的，但不可否认的是，苏联在民生建设中也存在着许多问题和矛盾。这些问题和矛盾长期得不到重视并加以正确引导，最终引发了苏联的全面危机。具体表现如下。

1. 经济状况恶化，人民生活水平持续下降

作为冷战时期唯一能与美国抗衡的超级大国，苏联在经济建设方面曾经取得了辉煌的成就，但是从 20 世纪 60 年代开始，苏联的经济增长速度逐步放缓并呈现出逐年降低的趋势。据统计，在 20 世纪 50 年代，苏联的国民收入年平均增长率一直保持在 10% 以上，1966 到 1970 年，苏联的国民收入年平均增长率降到了 7. 1%，1971 到 1975 年，降到了 5. 1%，1976 到 1980 年，又降到了 3. 9%。从 20 世纪 80 年代后期开始，苏联经济基本上处于停滞状态。1990 年开始，苏联经济出现二战后第

一次负增长。1990 年至 1991 年，苏联经济年均下降近 9.5%，仅在 1991 年就达到 -15%。

经济状况的恶化，使苏联国家市场长期处于短缺状态，苏联的粮食、肉类等不能自足，消费品生产的增长速度更是缓慢，人民起码的衣食住行等问题都无法得到满足。勃列日涅夫时期，由于各种生活必需品和食品极度匮乏，其他消费品更是严重不足，人民生活水平不仅远远落后于发达资本主义国家，甚至是落后于某些发展中国家。1989 年，苏联居民的实际生活水平下降 7%，有 4100 万人生活在贫困线以下，占人口总数的七分之一。1990 年，约占人口总数的三分之一的民众生活在贫困线以下，成百万的贫困者流落街头。消费品市场供应恶化，从 1991 年开始，消费品供应从严重失衡发展到全面短缺，95% 以上的基本消费品处于短缺状态，居民未满足购买力高达 2000 亿卢布。越来越多的企业开始发不出工资，职工生活丧失了基本保障。

2. 特权阶层与人民大众两极分化

在苏联高度集权的政治经济体制下，苏共党内逐步形成了特权阶层。这些特权阶层可以按照官职级别享受到普通百姓无法享受的各种福利特权，从而出现了特权阶层与人民大众两极分化的现象。

早在斯大林时期，苏联的特权阶层就已经形成。赫鲁晓夫时期，特权阶层的特权有所削弱。而到了勃列日涅夫时期，特权阶层开始扩大化和稳定化。特权阶层与普通民众之间的差距，单就工资收入差距而言，20 世纪 30 年代后期，苏联最高工资收入与最低工资收入的差距高达 20 至 30 倍，到了 20 世纪 70 年代，这一差距更是高达 100 多倍。但是，工资收入还仅仅是苏联特权阶层全部收入的一部分。当多数苏联民众收入低微、因生活陷入困境而在苦苦挣扎时，特权阶层却享受着各种津贴、免费疗养和特殊医疗服务，住着宽敞的住宅和豪华的别墅，以低于成本的价格买到各种商品而不用排队，甚至是腐败堕落。特权阶层的存在，拉大了社会贫富差距，严重影响了苏共的形象和声誉，破坏了党群关系，使人民逐渐丧失对苏共的信任。

3. 畸形的经济结构模式使苏联陷入“国强民穷”的困境

在经济结构上，苏联是典型的“超重型”模式，采取的是超工业化和优先发展重工业的方针，农业和轻工业长期处于落后状态，结果导致消费品长期短缺，无法满足人民的基本生活需求。此外，为了与以美国为首的西方发达资本主义国家开展军备竞赛，苏联大规模扩充军备，使经济朝着高度军事化的方向畸形发展，进一步激化了战备与民生之间的矛盾，使苏联陷入了“国强民穷、强而不富”的困境。尽管苏联一跃成为能够与美国抗衡的超级大国，但是人民却长期处于物质文化生活贫困、生活必需品匮乏的状态。这不仅降低了人民的劳动积极性，而且使人民日益对苏共失去信心。“这是苏联领导人犯下的最严重的错误，因为国家巨大的物质财富、科技、人力和智力资源不是用来发展经济和改善人民生活水平，而是用于生产军事技术。苏联没有经受住疯狂的军备竞赛并最终败下阵来。”①

二、苏联民生建设失误的成因分析

苏联在民生建设过程中的失误，是苏联经济社会发展进程中各种问题和矛盾逐步积累的必然结果。从推动社会发展、实现社会主义价值目标的视角来看，苏联民生建设的失误主要由于以下原因。

(一) 忽视人民生活需求，引发了民众对社会现实的不满

尽管苏联号称“最发达的社会主义国家”，但是赶超型的发展战略使苏联片面强调国家的强大，一方面盲目追求经济发展的规模和速度，另一方面把资源过度投入国防和重工业领域，罔顾民生、忽视民众的个体需求，连人民最起码的物质文化生活需要都无法满足，从而引发了民众对社会现实的强烈不满。

---

① 罗伊·麦德维杰夫．苏联的最后一年［M］．王晓玉，等译．北京：社会科学文献出版社，2005：287.

总体来看，苏联在改善和提高人民物质文化生活方面曾进行了积极的努力并一度取得了显著的成效。但是由于苏联选择了一条优先发展重工业和国防工业的发展道路，结果导致重工业和农业、轻工业发展比例失调，与人民生活密切相关的农业和轻工业发展落后，各类消费品市场供应短缺，人民排队购物现象日益严重，甚至人们用于排队购物的时间要多于生产食品的时间。对此，苏联没有及时调整发展战略，继续把重工业和国防工业的生产置于首位，进而使苏联的经济形势进一步恶化。苏联可以制造出先进的核武器和宇宙飞船，但是其他工业品尤其是日用消费品的质量却极其低劣。农业生产效率低下，粮食供应严重不足，即使大量依靠进口依然无法解决供应不足的问题。短缺经济严重抑制了人们的消费，引发了民众对社会现实的强烈不满并逐渐对苏共失去信心。面对苏联国民经济的痼疾，苏共没有从经济内部因素上寻找根源，反而试图通过政治改革寻求解决问题的途径，最终导致苏联土崩瓦解。对此，英国学者霍布斯鲍姆指出："促使苏联瓦解的真正关键，应该是它所面临的经济困境。"①

（二）平均主义的分配方式，束缚了民众的劳动积极性

在社会产品的分配上，苏共一方面反对平均主义，主张采取按劳分配的分配原则，另一方面却又脱离社会发展实际，人为地缩减和拉平收入差距，导致平均主义盛行，严重束缚了民众的劳动积极性。

以工资收入为例，从20世纪60年代起，由于急于消灭工农、城乡以及体力劳动和脑力劳动之间的收入差别，苏联多次提高最低工资标准，提高职工的劳动报酬水平，甚至出现了严重的体力劳动和脑力劳动报酬倒挂的现象。"刚大学毕业的工程师，月工资一般是115～120卢布，而新工人却达到160～180卢布，工作五六年业绩突出的工程师月工资至多160～170卢布，而同样工龄的工人却可达到200～250卢布；

① 霍布斯鲍姆．民族与民族主义［M］．李金梅，译．上海：上海人民出版社，2006：163.

文化领域职业的工资仅为工业部门的56%。"① 此外，苏联的养老保险制度也存在严重的平均主义倾向。由于养老金的计算与工龄挂钩，只讲资历，不考虑劳动者的实际贡献，劳动者的劳动贡献与退休金相脱节。这种做法看似公平，实际上却损害了退休者的养老金权益。总之，苏联这种人为拉平差距的分配方式违背了按照劳动者贡献大小进行分配的客观准则，造成一部分人对另一部分人劳动成果的无偿占有，从而导致了实质上的不平等，引发了人民的不满，严重束缚了人民的劳动积极性。人民在生产中普遍缺少活力，劳动效率低下，从而使苏联的经济形势进一步恶化。

（三）特殊利益阶层或特权集团的存在，使人民对苏共失去信任

在苏联高度集权的政治经济体制下，当时苏共领导集团中一些领导成员自身的社会主义信仰日趋淡薄并逐渐背离马克思列宁主义和人民群众，甚至形成了一些特殊利益阶层或特权集团。他们表面上宣扬社会公平，实际上却利用手中的权力享受各种特殊待遇，甚至是贪污腐败。在苏联进行经济社会改革的过程中，这些特殊利益阶层或特权集团为了维护他们的既得利益，阻挠或者操纵改革，使苏联的改革被迟滞和扭曲。可以说，特殊利益阶层或特权集团的存在不仅造成了苏联经济的恶化，而且使人民对苏共产生了严重的信任危机。"经常遇到磨难的大多数人对那些不仅享受福利照顾而且享有种种特权、任意攫取不义之财而又'逍遥法外'的上流人物的憎恨之情与日俱增，埋下了社会冲突的地雷，党、政府、整个领导层的威信下降。"②

总之，苏联在民生建设过程中忽视了人民的基本生活需求，平均主义的分配方式又导致了社会财富的分配不公。这不仅引发了人民的强烈不满，挫伤了人民的劳动积极性，而且降低了苏联的劳动生产率，加剧了苏联经济状况的恶化。加之特权集团的存在，使苏联的改革逐步背离

① 王来法．思想政治理论教育新探索［M］．杭州：浙江工商大学出版，2011：66.
② 格·阿·阿尔巴托夫．苏联政治内幕：知情者的见证［M］．徐葵，等译．北京：新华出版社，1998：178.

了社会主义的发展方向、误入歧途。正如加拿大渥太华惠灵顿大学政治学教授雷莎·拉科夫斯卡·哈姆斯通所评价的一样，苏联的改革偏离了社会主义的发展方向，不仅失去了共产党的核心领导作用，而且抛弃了社会主义理想，加上刹不住的经济滑坡，苏联的改革就像打开了的“潘多拉魔盒”一样，必然会造成苏联的分崩离析。

三、苏联民生建设的经验教训对我国共享发展的启示

苏联在民生建设过程中曾经取得了巨大的成就，给国际共产主义运动带来了无限的生机。经过几十年的发展，苏联却最终走向了解体。其中的经验教训，值得我们深思。

（一）必须始终注重民生，改善人民生活

社会发展的根本目的是让人们过上美好的幸福生活，而不是盲目地追求经济发展的速度和规模。在发展中如果脱离民生，忽视人民的基本生活需求，那不仅会失去民心，而且会影响发展进程，甚至使发展陷入困境。

苏联在社会主义建设的初期基本上是能注重民生，把改善人民生活、实现和维护人民利益作为社会建设的一项重要任务来抓的。但在后来的发展过程中，苏联对提高人民生活水平的认识不足，不仅没有将改善民生、满足民众需求贯彻到底，而且还通过牺牲民生的办法积累资金，严重抑制了民众的积极性和主动性，社会生产效率低下，人民生活长期在低水平徘徊。从 20 世纪 70 年代开始，苏联经济开始出现严重困难。1982 年，人民的实际收入增长率为零，人民的基本生活需求都难以得到满足。面对困境，戈尔巴乔夫开始进行改革，但改革的效果却并不理想，经济危机越来越严重，人民的经济生活也越来越混乱。人们的不满和绝望情绪不断积累，民众日益对苏共和苏联社会主义产生怀疑，苏联的凝聚力日渐消失，最后终于走向瓦解。苏联解体之后，戈尔巴乔夫在谈到国家发展问题时就特别强调：“政权应为人民的利益服务，而

不是为官僚集团和寡头集团利益服务。另外是所有制和私有化问题，解决这个问题也要以人民利益为重。”①

我国在推进社会主义现代化建设的历史进程中，必须始终把广大人民群众作为目标利益群体，高度关注和重视民生，在推动社会发展的基础上不断提高人民的生活水平。要把国家的繁荣富强与人民的富裕幸福有机结合起来，从保障和改善民众最关心的基本问题入手，满足人们日益增长的多样化需求。

（二）必须始终坚持把经济建设放在首位，持续发展生产力

判断一种社会制度是否具有生命力，关键要看这种制度是否能够推动生产力的发展以及提高人民的生活水平。对社会主义制度的判断亦是如此。社会主义要战胜资本主义，必须通过经济建设创造出比资本主义更高的劳动生产率，因此，必须始终坚持把经济建设放在首位，持续发展生产力。

苏联经济在经历过一段辉煌的高速增长之后，僵化的经济体制越来越不适应生产力进一步发展的需求。粗放、赶超型的发展方式使苏联一味地追求经济发展的规模和速度，结果导致了资源的高消耗以及经济效益的低下。从 20 世纪 60 年代中后期开始，苏联经济发展就逐步趋于缓慢，到 80 年代后期，苏联经济基本处于停滞甚至是负增长状态，国民经济也因此陷入崩溃的边缘。经济的停滞与混乱不仅不能体现出苏联社会主义制度的优越性，而且进一步激化了各种社会矛盾，最终导致了政局的动荡和国家的解体。

由此可见，经济问题事关国家的生死存亡，是决定国家历史命运的关键之所在。在决胜全面小康、实现中华民族伟大复兴中国梦的历史进程中，我们必须始终坚持以经济建设为中心，持续发展生产力。只有这样，才能为社会主义制度的巩固和发展奠定坚实的基础，为全体人民共

---

① 戈尔巴乔夫，斯拉文．尚未结束的历史：戈尔巴乔夫访谈录［M］．孙凌齐，李京洲，译．北京：中央编译出版社，2003：93.

享发展成果创造丰厚的物质前提。

（三）必须始终坚持社会公平以及国民经济的均衡协调发展

在社会产品的分配上，苏共把社会主义条件下的按劳分配误认为社会产品的平均分配，采取了平均主义的分配方式。这种奖懒罚勤的分配方式看似公平，实际上却忽视了个体劳动能力的差异，造成了实质上的不公平。这不仅严重挫伤了民众的劳动积极性，而且削弱了经济活动的生机和活力。因此，在发展过程中要始终坚持社会公平，在社会产品的分配上要打破平均主义思想的藩篱，使分配方式与社会经济条件以及生产资料所有制关系相适应。此外，在经济结构上，苏联超工业化以及优先发展重工业的发展战略使得农、轻、重比例严重失调，农业和轻工业发展落后，个人消费品匮乏，人民的基本生活需求长期得不到满足，从而导致了各种社会矛盾的激化。因此，在国民经济发展过程中，要正确处理好农、轻、重之间的比例关系，实现农业、轻工业和重工业的均衡协调发展，为满足人民的物质文化生活需要创造良好的经济社会条件。

（四）必须加强执政党自身的建设

加强党的建设是加强和改善党的领导的重要前提和保证，执政党只有不断加强自身建设，才能不断自我完善和发展，从而赢得人民的支持并进一步巩固执政地位。

列宁之所以能够带领布尔什维克党取得无产阶级革命的胜利并建立起世界上第一个社会主义国家，与列宁注重加强党的建设有着密切的联系。在革命过程中，列宁不仅注重从思想上、组织上和作风上加强党的先进性建设，而且注重把党的先进性与具体的革命实践相结合，从而取得了十月社会主义革命的伟大胜利。革命胜利后，苏联共产党对执政条件下党的建设问题也进行了积极的探索。但是，随着时间的推移，苏联共产党逐步放松了自身建设，摒弃了马克思主义的指导原则，丢弃了社会主义和共产主义的理想信念，党内思想混乱，官僚主义作风和腐败现象严重，尤其是特殊利益阶层或特权集团的形成，使苏共日渐成为一个严重脱离群众和脱离实际的党，最终积重难返，直至丧失政权。苏联共产党的失败使我们深刻地认识到，在长期执政的历史条件下，中国共产党只有不断加强自身建设并提升党的建设的科学化水平，才能永葆马克思主义政党的本色，才能带领全体人民创造出更加辉煌的业绩。

总之，苏联在民生建设过程中既积累了有益的经验，也有着惨痛的教训。苏联在发展中一味追求经济增长的规模和速度，忽视了经济效益的提升以及民生的改善；在改革中逐步背离了社会主义的发展方向，没有将改善民生、满足人民群众需求、维护人民群众利益这一无产阶级政党的宗旨贯彻到底，使民众对苏联社会主义的认同度越来越低、对苏联社会主义的信念越来越动摇，最后终于在人民的失望中走向瓦解。可见，只有在坚持推动社会发展的基础上，不断满足人民群众需求、实现和维护好人民群众的根本利益，才能得到人民群众的支持和拥护，社会主义建设事业才能兴旺发达、长盛不衰。贯彻落实共享发展理念，使全体人民共享经济社会发展成果，正是实现和维护人民利益的重要体现，也是社会主义的本质要求。对苏联民生建设的经验教训进行反思和总结，可以让我们避免失误，在警醒中更好地推进和贯彻落实共享发展新理念。

第五章

实现共享发展的现实路径

共享发展指明了发展的价值取向，揭示了人类社会发展的客观规律，是新时代引领亿万人民阔步向前的一面旗帜。积极探索共享发展的实现路径，把共享发展理念落实到社会主义现代化建设的改革发展行动上，使之体现在发展的各个环节之中，是新的历史条件下我们党和国家的一项重要奋斗目标。针对当前我国推进共享发展过程中面临的现实困境和问题，在借鉴和吸取其他国家发展经验与教训的基础上，可以从以下方面展开对共享发展实现路径的探索。

第一节　夯实共享发展的基础

共享发展的关键问题还是发展问题，如果脱离了发展这一根本前提，共享就只能沦为空谈。也就是说，要使全体人民共享改革发展成果，必须以一定的经济基础以及社会生产力发展水平为前提。当前，我国取得了举世瞩目的发展成就，但是我国经济大而不强的问题依然突出。与发达国家相比较，我国的人均收入和人民生活水平还有相当大的差距。可以说，大而不强、臃肿虚胖是我国这个经济大块头的“阿喀琉斯之踵”。因此，要切实提高共享的层次和水平、不断满足人民日益增长的美好生活需要，必须进一步在提升经济基础和社会生产力发展水平上下功夫。针对我国的发展现状，必须在坚持发展是解决一切问题的基础和关键这一前提下，把转变发展方式、走低代价发展之路以及在整体推进中实现我国的整体性发展作为主攻方向，以此提升发展的整体效能，夯实共享发展的基础。

一、发展是解决一切问题的基础和关键

发展是人类社会永恒的主题，在整个人类文明进化史中起着极为重要的作用。如果发展问题处理不好，一切都将无从谈起。在新的历史条件下，我们只有在继续推动发展的基础上，才能筑牢全体人民共享发展成果的物质基础，满足人民日益增长的美好生活需要。

一方面，发展是国家繁荣富强、人民幸福安康的重要保障。国家富强、人民幸福，是亿万中国人民的美好夙愿，也是中国共产党人始终坚持的价值追求和奋斗目标。要实现这一美好愿望，就必须始终坚持把发展作为第一要务，始终坚持经济建设这一中心任务，在经济发展的基础上推动经济、政治、文化、社会、生态等各方面的全面进步。只有这样，才能不断夯实全体人民共享发展成果的物质文化基础，才能为国家繁荣富强、人民幸福安康提供坚实的保障。改革开放四十年来，我国发生了翻天覆地的历史性变化。我国的综合国力显著提升，国际竞争力和国际影响力日益增强，社会主义中国在国际舞台上日益展示出蓬勃的生机和活力。之所以取得如此瞩目的成就，是因为我们始终紧扣科学发展这一主题，为实现全体人民的共同富裕而不懈努力。由此可见，发展是党执政兴国的第一要务，是解决我国一切问题的基础和关键。

另一方面，发展是化解当前我国社会主要矛盾、维护社会和谐稳定的内在要求。当前，我国社会的主要矛盾已经转化为人民日益增长的美好生活需要和不平衡不充分的发展之间的矛盾。其中，发展不平衡不充分的问题已经成为满足人民美好生活需要的主要制约因素。要化解这一矛盾，就必须坚持经济建设这一中心任务，在经济增长的基础上着力解决好发展不平衡不充分的问题，通过提升发展的质量和效益推动我国的

整体性发展，从而更好地满足人民日益增长的美好生活需要。从我国的现实国情来看，我国虽然是世界第二经济大国，但我们的人均国内生产总值还相对较低；我国虽然是世界制造大国和出口大国，但是主要集中在低端产品和技术上，产品的供给质量和水平还有待进一步提高；我国虽然已经总体上实现小康，但是城乡、区域和群体间的差别依然较大，尤其是农村贫困人口的脱贫问题，依然是最突出的短板。总体而言，这些发展不平衡不充分的问题主要还是结构性的问题，从根本上来说还是由于生产力发展水平不高造成的。因此，要化解矛盾，维护社会的和谐稳定，就必须适应新时代中国特色社会主义的发展要求，始终把发展作为第一要务，集中力量解放和发展生产力，“坚持以提高发展质量和效益为中心，实现更高质量、更有效率、更加公平、更可持续的发展”①。

二、转变发展方式，走低代价发展之路

经过短短几十年的改革发展，我国取得了骄人的成绩。但是，这些成绩的取得是与传统粗放高代价的发展方式密不可分的。随着发展的推进，这种高代价发展方式的破坏性和损害性日益显现，甚至在某些程度上已经严重抵消了发展的成就。如果现在仍然坚持传统粗放高代价的发展方式，势必会造成各种矛盾和问题的积累以及对未来增长的透支。因此，要夯实共享发展的基础，发挥我国经济的潜能和优势，就必须彻底抛弃旧的思维逻辑，转变发展方式，走低代价发展之路。

低代价发展是与高代价发展相对应而言的，指的是“人们在发展实践中，以最优质态、最佳量度、最良序化，在最佳目标范导和最优模式驱动下，沿着合理的发展道路，以最少的投入和付出，最小的风险和危害，适宜的发展速度，获得最大发展收益的一种发展”②。低代价发

① 中共中央文献研究室．十八大以来重要文献选编：中［M］．北京：中央文献出版社，2016：828.

② 邱耕田．哲学视阈中的科学发展［M］．北京：新华出版社，2014：209.

展反对传统发展方式下为实现经济增长而采取的粗放型发展方式以及极端功利的思维方式，注重在发展过程中实现发展收益与发展代价的良性逆向互动，即在发展代价“最小化”的基础上争取实现发展效益的最大化，是一种全面协调可持续的科学发展方式。低代价发展符合当今世界发展的潮流和趋势，有助于推动经济的持续高水平发展，是提高我国经济发展的质量和效益，推进共享发展的必由之路。

（一）低代价发展方式的主要内容

低代价发展方式是对传统粗放高代价发展方式的否定和超越，就范畴而言，低代价发展方式包括三个方面的基本内容。

1. 在发展的价值关系上，实现由“物本”向“人本”的转变

创造价值向来是人类社会发展的内在原则和精神支柱，但在发展的价值关系中，到底谁才是发展的中心和目的，是人还是物？亚当·斯密曾经说过，无论任何国家，其经济学的最大目的都是为了增加国家的财富和力量。斯密的这一思想一直被西方经济学所推崇并将其作为发展的核心目标。改革开放以来，这种单纯追求财富增加的“物本”发展方式对我国经济发展造成了一定的影响。在很长一段时间内，我们走的都是一条“以物为本”的高代价发展道路，简单地把经济增长等同于社会发展。在这一思想的影响下，我们更多关注的是经济增长的高速度、物质财富的高积累以及物质生活的高消费，对经济发展的质量和效益重视不够，最终给经济社会的发展造成了很多负面的影响。

与“见物不见人”的传统粗放高代价的发展方式不同，低代价发展方式把人作为发展的中心和目的，在推动经济社会发展的同时，更加关注人的社会属性及其多样化的价值需求，真正实现了由“物本”向“人本”的转变。低代价的发展方式打破了传统发展模式下以GDP论英雄的错误观念，把发展置于人本精神视阈之下，实际上体现的是以人民为中心的发展思想，分别从根本立场、方法论、价值观和检验论的视角倡导发展应该是为了人民、依靠人民、成果由人民共享、效果由人民检验的过程，充分体现了发展的包容性与普遍受益性的特征。

2. 在发展的具体实践中，坚持效率与公平的统一

效率与公平的关系问题是人类社会发展过程中一个永恒的问题，同时也是任何一个国家在发展过程中都必须要处理好的一个问题。受物质利益原则的影响，人们在发展过程中往往都会把效率作为发展的基本价值追求，通过谋求较高的效率来创造更多的社会财富。但是，正如阿瑟·奥肯所指出的："这种对效率的追求必然会带来不平等。因而，摆在社会面前的便是在平等与效率之间做出平衡。"① 从人类社会的发展历程来看，效率与公平在本质上是统一的。如果没有效率，就无法实现更高层次的公平；如果没有公平，也不可能实现真正的效率。但受生产力发展状况及社会不同发展阶段的影响，处于不同时期的人们在对效率与公平的关系问题上会做出不同的价值判断和价值选择。改革开放之初，面对生产力落后、国家经济发展极不平衡以及计划经济体制下以公平牺牲效率等一系列问题，以邓小平为代表的党中央提出了"效率优先、兼顾公平"的价值方针，旨在优先提高效率的前提和基础上更好地解决好社会公平问题。然而，在具体发展过程中，受传统粗放高代价发展方式的影响，很多人把"效率优先"当成了"效率唯一"，公平被置于可有可无的位置，进而导致了发展的受益主体和受损主体的背离。例如，人类的发展进步造成了对资源生态环境的破坏，一部分人的受益导致了另一部分人的利益受损，当代人的受益导致了子孙后代利益的受损。当前，这种只求效率、不顾公平的高代价发展方式已经把我们逼进了发展的困境，只有切实提高公平的实现程度，使全体社会成员的美好需求都能得到比较充分的满足，才能保持发展的生机和活力。

低代价发展不反对效率，更不反对发展，相反地，低代价发展坚持把社会生产力的提高和物质财富的增加看作社会正常运行的物质前提和基础。不同于传统粗放高代价发展方式下急于求成、粗放冒进和贪大求

---

① 阿瑟·奥肯．平等与效率［M］．王忠民，黄清，译．成都：四川人民出版社，1988：4.

全的错误做法，低代价发展注重在对发展目标、发展手段、发展步骤等内容精确规定的基础上，争取以最低的代价获得最大的发展收益。在低代价发展方式下，人们追求发展收益的过程不是极端追逐功利、满足人的本能欲望的纯功利化发展过程，而是强调人们在追求利益的过程中必须要遵循普遍受益的原则，要使全体社会成员共同享有发展成果，充分体现了公平与效率的统一。

3. 在发展的可持续向度上，坚持自律性与创新性的统一

人类社会的发展离不开对资源环境的依赖，但传统粗放高代价的发展方式正在使有限的资源环境面临越来越大的冲击与压力，人类社会发展的无限性与资源环境可承受能力的有限性之间的矛盾越来越成为制约我国发展的瓶颈。要化解这一矛盾，实现经济社会的可持续发展，就必须在发展实践中坚持自律性与创新性相统一的原则。

所谓自律性原则，指的是在发展过程中发展主体要对自身的发展行为（包括发展实践和发展意识）进行必要的规范和约束的原则。在高代价发展方式下，人们进行了许多不合理的、极端功利化的发展实践，对人类的可持续发展造成了严重的威胁。面对日趋疲软、恶化的生态资源环境，人类只有坚持规范和约束自己的发展行为，才能摆脱资源环境枯竭的“极限困境”。正如法国学者阿尔贝·雅卡尔所指出的：“在很长一段时间里，人类在进行推理的时候，好像可以不存在任何限制。今天，人类不得不正视这样一个现实：存在—并且在很多情况下都存在—限制。”①

坚持自律性原则是实现可持续发展的重要前提，但仅仅依靠自律性原则，还不能真正解决经济社会发展过程中面临的各种问题。要想突破发展过程中的瓶颈和制约，还必须坚持创新性的原则，在创新精神的指导下通过创新性的发展实践去迎接挑战、克服危机。高代价的发展方式

① 阿尔贝·雅卡尔．“有限世界”时代的来临［M］．刘伟，译．桂林：广西师范大学出版社，2004：111.

导致了人类社会发展与资源环境之间日益紧张的矛盾，面对这一矛盾，我们既不可能停止或减缓已有的发展，也不可能忽视日益严峻的资源环境问题，对此，只能通过创新的方式破解发展中的难题。抓住了创新，就等于抓住了牵动经济社会发展全局的“牛鼻子”。

（二）推进共享发展必须走低代价发展之路

就现实针对性而言，共享发展理念就是要在发展代价最小化的基础上实现发展收益的最大化。从发展与代价的关系来看，共享发展实质上就是一种低代价的发展。因此，要推进共享发展，必须转变发展方式，走低代价发展之路。

1. 要坚持以提高发展质量和效益为中心

推进共享发展，走低代价发展之路，首先要有正确的价值导向。发展不是简单的数量上的增加，如果我们在发展中仍然一味地追求发展的速度和数量，那就会进一步激化发展中的各种问题和矛盾。因此，在发展过程中要摒弃以国内生产总值增长率论英雄的错误观点。经济增长速度高，并不等于经济发展形势就很好；经济增长速度低一点，也不等于经济发展形势就很糟。判断经济发展的好坏，关键要看发展有没有质量和效益，要看是否以最小的成本换取了受益的最大化。在传统粗放高代价的发展方式下，人们习惯于强调国民生产总值增长率的重要性。但是这种把 GDP 作为衡量经济发展指标的方式既不能反映经济增长的成本和代价之间的关系，又不能反映经济增长的质量、效益和结构，同时还容易造成对社会公平正义的忽视，客观上给我国的经济发展造成了很多不利的影响。

要提高发展的质量和效益，必须遵循规律，按照经济、自然和社会发展的客观规律办事。只有从实际出发，按照客观经济规律办事，才能充分体现社会主义市场经济的特色和优势，进而实现更高质量和更有效率的科学发展。只有遵循自然规律，坚持尊重自然、顺应自然和保护自然，坚持走绿色、低碳和循环发展之路，才能保证发展的可持续性。只有尊重社会发展规律，注重发展的包容性，在发展过程中坚持全面保障和改善民生，才能使发展成果更多更公平地惠及全体人民。

要提高发展的质量和效益，还必须加快推进供给侧结构性改革。在传统高代价发展方式下，我国经济在发展过程中积累了一些结构性和体制性的矛盾和问题，如实体企业盈利下降、经济风险发生的概率上升等。要解决这些深层次问题，就必须在结构性调整上下功夫，通过供给体系的变革来满足需求结构的变化。当前我国经济发展的问题在供给侧表现尤为突出，部分行业和产业产能严重过剩，同时供给没能很好地适应需求变化，导致有效供给不足，消费能力严重外流。这些问题不仅大大增加了发展的代价，而且极大地影响了经济增长。因此，只有加快提升和改善供给结构，才能推动我国由低水平供需平衡向高水平供需平衡跃升。

2. 要加快实施创新驱动发展战略

“实施创新驱动发展战略，是加快转变经济发展方式、提高我国综合国力和国际竞争力的必然要求和战略举措。”① 受传统高代价发展方式的影响，我国经济发展存在创新能力不足以及对资源环境的破坏性掠夺等问题，这些问题削弱了共享发展的动力，消解了共享发展的后劲，严重影响了共享发展的推进进程。只有加快实施创新驱动发展战略，催生出新的经济增长的动力源泉，才能为进一步推进共享发展奠定坚实的物质基础。

加快实施创新驱动发展战略，要有自主创新精神，提高自主创新能力。当今科学技术发展日新月异，技术更新换代的周期越来越短，但受传统发展方式的影响，我国在发展过程中依然存在重引进、轻消化的现象，从而使我国陷入“引进—落后—再引进”的恶性高代价循环。这不仅极大地增加了我国经济发展的成本，而且使我们在技术上永远是“跟跑者”，只能处处受制于人。当前，科技已经越来越成为推动一国

---

① 中共中央宣传部．习近平总书记系列重要讲话读本［M］．北京：学习出版社，2016：151.

经济发展的主要力量，国际竞争也越来越依赖于创新能力的竞争。如果我们依然满足于在产业链条的低端打拼、满足于在“微笑曲线”的底部求生存，那将难以摆脱受制于人的局面，只能做其他国家的技术附庸。因此，我们必须充分发扬自主创新的精神，不断加大科技投入力度，提高自主创新的能力；培养一批强大的科技工作者队伍，在中国特色社会主义自主创新道路的指引下加快推动创新型国家的建设，通过创造能够引领世界潮流的科技成果来进一步夯实共享发展的基础。

加快实施创新驱动发展战略，要有鲜明的问题意识和问题导向。既要全面把握全球科技创新和产业变革的大势，紧跟世界发展的潮流，又要坚持从我国的具体国情出发，确定我国科技创新的方向和策略。要紧密结合我国必须要解决的战略科技问题，以此明确我国科技创新和产业变革的方向和重点。要围绕国家发展的重大战略需求，做好规划布局，加大投入力度，重点突破关键核心技术，努力推动我国由“跟跑者”向“并行者”和“领跑者”转变。

加快实施创新驱动发展战略，要全方位夯实科技创新的基础。一要通过改革建立健全创新发展的体制机制，推动产学研的深度融合，共同形成推动科技创新的强大合力。二要建立健全科技创新的激励机制，创设良好的政策环境，大力聚集科技创新人才，激发他们参与科技创新的积极性与主动性。三要破除科技创新中的“孤岛”现象，破除科技成果有效转化的各种障碍，真正把科技创新与国家和市场的需求有机结合，提升科技创新的整体效能。

三、推进我国的整体性发展

我们要实现的共享是全面的共享，即让全体人民共同享有国家在经济、政治、文化、社会、生态等各方面的建设成果，这就决定了我们要建设的中国特色社会主义必须是全面发展的社会主义。因此，我们必须着眼于我国社会主义建设事业的总体布局，统筹兼顾，在整体推进中实现我国的整体性发展，提升发展的整体效能。

（一）整体性发展的基本特征

人类社会是一个由若干要素组成的有机整体，整体性是其根本特性。人类社会的这种整体性特征，决定了人类社会的发展在其应然意义上也应该是一种整体性的发展。作为发展哲学的重要组成部分，整体性发展是对人类社会存在状态及其发展样态的本质规定和描述。总体而言，整体性发展具有以下三个方面的基本特征。

1. 整体性发展是以人民为中心的发展

人是社会发展的核心要素，因此整体性发展的核心问题就是人的发展问题，整体性发展的目标就是实现人的自由全面发展。这里所说的人，不是片面抽象的人，而是现实的处于一定社会关系之中并且拥有各种发展需求的人。这客观上要求我们必须从整体性视角出发，全面整体地看待人以及人的多样化的价值追求，坚持实现“整体人”的自由全面发展。结合我国发展现状，坚持实现我国的整体性发展实质上就是坚持以人民为中心的发展思想，着眼于人民对美好生活的期盼，通过发展不仅使全体社会成员享有富足的和一天比一天充裕的物质生活，而且使他们的体力、智力等各方面的能力都得到充分的运用和发展。

2. 整体性发展是各方面均衡协调的发展

整体性发展是社会各要素均衡协调、全面进步的发展。作为一个有机体，社会系统的发展依赖于系统内部各要素的协同联动发展，任何一部分的发展缺失或者是滞后，社会系统都无法得到整体的推进。就我国发展现状而言，我们要实现的整体性发展就是经济、政治、文化、社会、生态等各方面均衡协调的发展。经济方面，要努力提高发展的质量和效益，创造更加丰富的物质财富；政治方面，要加快推进政治体制改革，有效保障人民当家作主的权利和各项合法权益；文化方面，要加快推进社会主义文化建设，用先进的社会主义文化为人们提供精神力量和道德滋养；社会方面，要促进社会公平正义，增进民生福祉，在维护和实现社会和谐稳定的同时确保人民安居乐业；生态方面，要加大生态环境保护力度，用优美的生态环境和优质的生态产品满足人民日益增长的美好生态需要。

3. 整体性发展是社会由低级向高级不断演进的过程

从社会的整体发展方向来看，社会系统及其发展变化的各个要素和阶段都处于由简单向复杂、由低级向高级不断演进的过程。社会发展某一历史阶段的整体推进状况如何，要受整个社会系统发展变化状况的制约。社会系统越发展，社会系统内部各要素的整体推进水平就越高。在制定社会发展政策的过程中，不仅要考虑社会发展特定阶段的发展状况，而且要把发展政策放到整个社会系统的发展中来考量。当前，我国依然处于社会主义初级阶段，受旧式分工的影响，人还没有从物质生产的束缚中完全解放出来，个人完整生命活动的不同层面分属于不同的个体和阶层。具体而言，就是工农差别、城乡差别、脑力劳动和体力劳动的差别依然存在，发展不平衡、不协调、不可持续的问题依然突出。在这种情况下，要推进社会的整体性发展需要一个漫长的蓄力过程。在这一过程中，我们必须立足于我国经济社会发展的实际，总体上做好统筹规划，不断推动经济社会向更高层次发展。

（二）在整体性视野下推进我国的整体性发展

当前，我国在发展过程中面临的各种风险和挑战不断增加，各种矛盾和问题也日益突显。这些问题的出现，在很大程度上是由于没有重视和实施整体性发展而导致的。所以，当前我们的重点不是要不要整体性发展的问题，而是如何推进整体性发展的问题。针对我国的发展现状，我们应确立整体性的发展视野，在整体性发展视野下做好顶层设计与统筹规划，集中力量推进经济社会各个领域和环节的整体性发展，为全体人民共享发展成果奠定坚实的物质条件和社会基础。

1. 发挥党总揽全局的领导核心作用，做好顶层设计

改革开放以来，我国之所以能够取得巨大的发展成就，与我们始终坚持党的领导、充分发挥党的领导核心作用有着直接关系。在推进我国整体性发展的过程中，我们依然要坚持和发挥我们党的这一政治优势，

通过党的政治优势来统筹规划、组织和协调好各方的关系，从整体上推动社会主义各项事业的发展。作为一个人口众多、幅员辽阔的大国，我国各地的实际发展情况差异较大，生产力发展水平的层次也比较多。在这种情况下，必须由中国共产党这个坚强有力的领导核心来统筹各方的发展，为社会主义现代化建设做好定向、定标、定则的"总设计师"，这是实现我国整体性发展的必然要求。

要推进我国的整体性发展，必须在党的领导下做好顶层设计。顶层设计，指的是在发展过程中要统筹考虑社会发展的各个领域和环节，追根溯源、总揽全局、协调各方，在最高层次上寻求发展之道。社会发展是一项复杂的系统工程，具体往什么方向走、怎么走，是一个带有根本性的问题，需要有一套成熟、完备、稳定、管用的总体规划做指导，不能零打碎敲单兵突进或者是"头疼医头，脚疼医脚"。只有在总体规划的指导下，才能形成各个领域和环节的联动和集成，进而形成发展的整体效应，取得整体效果。

2. 把整体性思维贯穿到社会主义现代化建设"五位一体"总体布局之中

要推进我国的整体性发展，必须要树立整体性思维并将其贯穿到社会主义现代化建设"五位一体"总体布局之中，以整体性思维引领我国的整体发展实践。政治建设方面，要健全人民当家作主的制度体系，大力发展社会主义民主政治，把人民当家作主充分落实到国家的政治和社会生活之中，满足人民对民主执政的需求。经济建设方面，要在坚持解放和发展生产力的基础上凝聚全体人民的智慧和力量，实现更高质量、更有效率、更加公平和更可持续的发展。文化建设方面，要坚定文化自信，发展中国特色社会主义文化，为全体人民提供更加丰富的精神食粮。社会建设方面，要保障和改善民生，加强和创新社会治理，不断促进社会公平正义，使改革发展成果惠及全体人民，让人民有更多的获得感、安全感和幸福感。生态建设方面，要加快生态文明体制改革，推动人与自然的和谐共生，不断生产出更多的优质生态产品，满足人民对优美生态环境的需要。

3. 重点突破，补齐短板，解决好发展不平衡不协调问题

在推进我国整体发展的过程中，不能眉毛胡子一把抓，要注意坚持“两点论”和“重点论”的统一。对于经济社会发展的各个领域和环节，我们既不能只关注某个领域和环节而忽视了其他方面，也不能在各个领域和环节平均用力，追求形而上学的“均衡发展”。在此过程中，我们应该坚持“两点论”和“重点论”的统一，统筹兼顾各个领域和环节的发展，不能长的很长、短的很短。

要统筹协调好各方面的关系和发展，就必须做到重点突破，补齐短板，着力解决好发展不平衡不协调的问题。就发展基础而言，当前我国各地区的发展差异相对较大，呈现出极度不平衡的发展态势，这突出表现在东中西部地区以及城市和农村之间的发展差距上。可以说，这种发展的差距直接制约了我国共享发展的推进进程。就发展的领域而言，我国各个领域的发展也并不协调。当前我国已经成为世界第二大经济体，经济发展取得了举世瞩目的成就，但是我国在社会建设、文化建设以及生态环境保护等方面依然相对滞后，民生问题、生态环境问题等一系列问题已经成为满足人民日益增长的美好生活需求的主要制约因素。这些问题的存在，不仅影响了我国现代化建设的推进进程，而且降低了人民对经济社会发展成果的获得感、幸福感和满足感。因此，要实现我国的整体性发展，就必须抓住重点，在补齐短板上做文章。我们要从经济社会发展的全局出发做好统筹规划，明确我国各个领域和环节的短板；要从不同领域和环节发展的具体实际出发因地制宜、精准施策；要抓住薄弱环节和滞后领域，重点突破，以此解决好发展不平衡不协调的问题，为经济社会持续健康发展、全体人民共享改革发展成果奠定前提和基础。

第二节 健全共享发展的体制机制

帕森斯指出:“价值通过合法与社会系统结构连系的主要参照基点是制度化。”①制度问题是带有根本性和全局性的问题,要顺利推进共享发展,必须要有坚强完善的制度体系作保障。这是因为作为一种价值理念,共享发展注重的是解决社会的公平正义问题,而公平正义问题实现的关键就在于要有相关的制度体系为依托,制度是维护社会公平正义、推进共享发展的重要前提和保障。针对我国发展现状,我们应通过健全经济制度激发全社会的发展活力,为全体人民共享发展成果提供物质保证;通过健全政治制度维护社会公平正义,使全体人民平等地享有各项民主权利;通过健全分配制度和社会公平保障体系实现社会成员间利益的均衡;通过健全文化制度培育人民对共享发展的价值认同;通过健全生态制度使人民享有更加美好的生态产品和生态环境。

一、坚持和完善社会主义基本经济制度

经济制度是共享发展制度体系的重要组成部分,也是实现共享发展的制度根基。目前,我国仍处于社会主义初级阶段,要实现共享发展,提升共享发展的质量、层次和水平,必须坚持和完善以公有制为主体多种所有制经济共同发展的基本经济制度。

(一)巩固和发展公有制经济

公有制不仅为人们平等地占有生产资料提供了前提和基础,而且彻底杜绝了少数人对生产资料和发展成果的无偿占有,是维护社会公平、

① 帕森斯.现代社会的结构与过程[M].梁向阳,译.北京:光明日报出版社,1988:144.

使全体人民共享经济社会发展成果的根本制度保证。巩固和发展公有制经济，必须从以下方面入手。

1. 坚持公有制的主体地位

以公有制为主体是确保我国社会主义性质并保证人民共享发展成果的基础。首先，公有制可以有效解决贫富差距过大的问题。从根本上来说，社会的分配关系是由生产资料所有制状况决定的。坚持公有制的主体地位，有助于扭转贫富差距拉大的趋势，从而有效避免两极分化。其次，公有制有助于提高社会主义市场经济的效率。坚持以公有制为主体，可以有效弥补市场缺陷，避免市场经济条件下商品生产的自发性和无序性，进而创造出更高的劳动生产率。再次，公有制是全体人民共享发展成果的重要保障。公有制为全体人民平等地占有生产资料和发展成果创造了前提，有助于形成全体人民的共同利益和共同理想信念，为全体人民共建共享提供了可靠保证。

2. 发展壮大国有经济

国有经济是提升我国综合实力及民族凝聚力、维护和实现人民共同利益的重要保障。要实现共享发展，必须发展壮大国有经济，通过深化国企国资改革做强做优做大国有资本，提升国有经济的整体质量和竞争力。首先，要坚持党的领导。党的领导是确保国企国资改革坚持社会主义方向、做强做优做大国有资本的组织保障，要着眼于发展壮大国有经济的大局，把党的领导融入国有企业治理的各个环节之中。其次，进一步完善现代企业制度。要通过建立健全公司法人治理结构、国有企业领导人员分层分类管理制度以及企业受益分配制度来进一步完善现代企业制度，以此提升国有经济的质量和效益。再次，建立健全科学合理的激励机制。企业职工是国资国企改革中最基本的力量，他们的参与事关改革发展的成效。在国资国企的改革过程中，要注重建立健全科学合理的激励机制，为激励企业职工积极参与国资国企改革创造有利的制度环境。

3. 实现所有制有效实现形式的多样化

在社会主义市场经济条件下，要坚持公有制的主体地位，必须顺应时代和经济发展的潮流，积极探索所有制的多种有效实现形式。在传统计划经济体制下，公有制经济在具体组织形式和经营方式上是千篇一律的单一模式，严重制约了经济发展的生机和活力，进而削弱了共享发展的物质基础。当前，要推进国民经济的健康稳定发展、夯实全体人民共享发展的物质基础，必须大胆探索并积极采用多种所有制的有效实现形式，积极发展国有资本、集体资本、非公有资本等交叉持股、相互融合的混合所有制经济，以此放大国有资本功能，实现国有资产的保值增值。

（二）引导和支持非公有制经济的发展

非公有制经济在促进就业、增加收入、调动社会各方面的积极性并加快发展生产力方面发挥着重要作用。改革开放四十年来，我国经济之所以能够取得巨大成就，非公有制经济可谓功不可没。有人形象地把非公有制经济的作用和贡献概括为“五六七八九现象”，指出非公有制经济“贡献了全国50%以上的税收、60%以上的GDP、70%以上的创新、80%以上的城镇就业和90%以上的新增就业和企业数量”①。保护、鼓励并支持非公有制经济的发展，有助于增强我国经济实力以及国民经济的发展动力，从而不断为全体人民共享发展成果提供丰厚的物质条件。

1. 保护非公有制经济财产权和各项合法利益

引导和支持非公有制经济的发展，不能只有立场和态度，还必须通过实实在在的举措，解决当前我国非公有制经济发展中面临的各种问题。要解放思想，以积极主动的精神保护非公有制经济财产权；要实行统一的市场准入制度，在坚持权利、机会和规则平等的基础上，废除各种针对非公有制经济的不合理规定和隐形壁垒，确保非公有制经济同公

① 光明日报评论员．重视和支持非公经济发展不会改变——三论深入贯彻落实习近平总书记广东考察重要讲话精神［EB/OL］．人民网，2018－10－29.

有制经济一样依法享有使用各种生产要素以及平等参与市场竞争的权利，以此推动非公有制经济的健康有序运行。

2. 选准路径，促进非公有制经济的全面提升

引导和支持非公有制经济的发展，必须要选准路径，实现非公有制经济的全面提升。一方面，要为非公有制经济的发展创设良好的环境。就政策层面而言，当前我国绝大多数行业中已经不存在所有制歧视的现象，但受多种因素的影响，非公有制经济在实际发展中还经常面临“三门三山”（即“玻璃门”“弹簧门”“旋转门”和“市场的冰山”“融资的高山”“转型的火山”）的阻碍。因此，要积极采取为非公有制经济“破门搬山”的有效措施，为非公经济的发展创设良好的政策环境和社会氛围。另一方面，要加快引导非公有制经济在体制、管理、技术和产业结构方面的创新，提高非公经济的核心竞争力，努力把非公企业做优做强。要通过体制创新推动非公企业加快建立现代企业制度，通过管理创新推动非公企业的规范化和科学化，通过技术创新提升非公企业的核心竞争力，通过产业结构的创新提升非公有制企业的整体质量和效益。

二、坚持和完善社会主义民主政治制度

要推进共享发展，使人们平等地享有发展机会和成果，必须要有健全的民主政治制度作保障。改革开放四十年来，我国已经形成了一套独具特色的民主政治制度，在维护社会稳定、实现利益表达和协调、推动社会整合以及促进政策优化等方面发挥了极为重要的作用。当前，要实现共享发展，健全的民主政治制度是不可缺少的基本条件。我们必须坚持和完善人民代表大会制度，以此实现人民当家作主；必须健全协商民主制度，确保人民平等地享有各项民主权利；必须完善基层民主制度，让民众在广泛参与中有更多的获得感和成就感。

（一）坚持和完善人民代表大会制度

人民代表大会制度是我国人民当家作主、行使各项民主权利的重要途径和组织形式，符合我国的基本国情，体现了我国社会主义的国家性质。人民代表大会制度与人民群众的命运密切相关，是人民当家作主的可靠制度保障。实现共享发展，使人民享有平等的政治地位和权利，必须坚持和完善人民代表大会制度。

1. 完善选举制度

选举制度是保证人民有序参与政治生活、实现人民当家作主的基本制度。完善选举制度，是发扬社会主义民主、保障人民各项民主权利的重要举措。随着社会的发展进步，我国的选举制度也日益健全和完善，但仍存在提升的空间。例如，在选举过程中，有相当一部分人的主人翁意识不强，参与管理的方式不够科学；选举人话语表达机制不健全，选举的民主程度有待进一步提高；选举程序存在理论与实践相脱节的现象，选举程序的可操作性有待进一步增强。对此，要进一步完善选举制度，通过改革解决我国现行选举制度在实施过程中存在的各种问题。要不断增强民众的参与意识和主人翁意识，引导他们正确行使自己的合法权利；科学制定并有效规范选举机构和选举原则，确保选举的公平公正；不断改进选民登记方式，努力提高选举工作效率；建立健全候选人提名制度，确保人民代表的先进性和广泛性；进一步完善选举工作程序，从根本上保证民众平等地参与政治生活，提升选举工作的透明度和可信度。

2. 建立健全人大代表监督机制

建立健全人大代表监督机制，加强对人大代表的监督和约束，是提升代表履职能力、完善人民代表大会制度的客观要求。作为人民意志和利益的代表，人大代表在实际工作中应切实担负起代表人民行使权力的职责，而不仅仅是在会上“张张口、举举手、拍拍手”。对此，应建立一套科学规范的监督机制，在提升选民监督意识的同时，使代表自觉接受监督进而更好地履行代表职责。要建立代表联系选民制度，使代表真正了解民意、反映民情、为民发声；要建立代表述职评议制度，人大代表定期向选民和选举单位述职，自觉接受群众的评议和监督；要建立公开公示制度，推进代表联络室的规范化建设，使代表联络室成为人大代表与民众沟通的主渠道，使代表与群众的联系沟通常态化；要建立代表约束激励制度，定期对代表履职情况进行考核并建立代表履职档案，以此促进人大代表的工作效能。

3. 坚持党的领导、依法治国和人民当家作主的有机统一

党的领导是实现人民当家作主以及依法治国的根本保证，必须把党的领导贯穿到社会主义现代化建设的全过程。坚持和完善人民代表大会制度，同样要坚持党的领导。要按照党总揽全局协调各方的原则，切实从政治、思想和组织方面加强党对各级人民代表大会及其常务委员的领导。依法治国是我们党执政兴国和人民幸福安康的重要保证。坚持和完善人民代表大会制度，同样需要发挥社会主义法治的引领和规范作用。要通过加强相关法律制度的建设，为人民代表大会制度的发展完善提供和谐稳定的政治法律环境。人民当家作主体现了中国共产党执政合法性的政治承诺，是中国共产党执政的本质要求。坚持和完善人民代表大会制度，必须充分发扬民主，保证人民依法通过各种形式参与和管理国家事务，切实保障人民当家作主的各项民主权利。

（二）健全协商民主制度

我们党历来重视协商民主，这是由我国的国家性质所决定的。正如毛泽东所言，我们的国家制度是人民民主专政，民主是商量办事，不是独裁。推进协商民主，有利于完善人民有序政治参与、密切党同人民群众的血肉联系、促进决策科学化民主化。

作为中国特色社会主义制度和我国基本政治制度体系的重要组成部分，社会主义协商民主制度实质上是符合我国国情并反映时代需求的权利配置制度体系，具有极为重要的功能。第一，政治参与功能。社会主义协商民主有利于扩大人民的有序政治参与，从而更好地实现人民当家作主的权利。第二，信息公开功能。作为交流沟通的重要渠道和平台，

社会主义协商民主有助于向人民公开信息，从而保障人民的知情权。第三，决策咨询功能。在涉及国家改革发展稳定以及人民切身利益的重大问题上，协商民主可以畅通民意表达的渠道，推进执政党重大决策的民主化和科学化。第四，利益表达功能。社会主义协商民主可以为人民提供畅通的利益表达渠道和平台，使群众有机会充分表达利益诉求，进而凝聚共识、化解冲突、调解纠纷并实现公共利益的最大化。第五，民主监督功能。社会主义协商民主有助于把政府行使权力的单向封闭过程转化为双向公开的过程，使政府权力运行暴露在人民面前，进而实现人民对政府权力行使过程的监督。第六，社会整合功能。社会转型时期，多元利益分化的趋势日益明显，需要我们对各种利益需求做出取舍和协调。通过社会主义协商民主，可以建立起有效的利益协调机制，统筹各方面的利益诉求和主张，凝聚共识，形成对我国现代化建设的政治认同。第七，矛盾化解功能。社会主义协商民主赋予了广大人民群众平等的话语权，有助于民众在心理和情感上达成共识，从而有效提升社会的自治机能和内部矛盾消融能力。

要健全协商民主，必须实现协商民主广泛多层制度化的发展。要在坚持和完善现有民主渠道的基础上综合运用多种方式和手段，推进协商制度的进一步体系化和科学化。民主协商既要做到横向的区分，也要实现纵向的联系，使各种协商机制相互配合，在中央、地方等不同层次展开民主协商。此外，在推进民主协商的过程中，还要注意“使协商民主制度化、协商方式规范化和协商过程程序化，使协商民主的运行有法可依、有章可循”①。

协商民主不是一句空洞的口号，而是要将之贯穿于决策之前和决策之中，根据广大人民的意见和建议调整决策部署，从而使党的各项决策和工作合乎实际、顺应民意。对事关人民群众切身利益的重大问题，要通过各种渠道、途径和方式进行广泛协商，在尊重多数人意愿的基础上

① 张裔炯．社会主义民主政治建设［M］．北京：人民出版社，2015：135－136.

注意照顾少数人的合理要求，以此增进共识、增强合力，不断提高我国协商民主的科学性和实效性。

（三）完善基层民主制度

作为人民群众参与政治生活的基础层次，基层是人民群众行使民主权利的最基本单位，人民群众的利益得失也与基层息息相关。因此，要发挥社会主义政治制度的优越性、充分保障人民群众享有更多切实的民主权利，就必须完善以农村村民自治、城市居民自治和企事业单位职工代表大会为主要内容的基层群众自治制度。

作为非国家形态层面的自治，基层群众自治制度有效弥补了我国政治制度内容的缺失。基础群众自治是人民当家作主最有效和最广泛的途径，有助于实现人民群众的自我管理、自我教育、自我服务和自我监督。

健全基层党组织领导的基层群众自治制度，必须完善村民有序参与的村民自治制度。村民自治制度是农村村民直接行使民主权利的保障。当前，我国在村民自治方面还存在形式化、表面化甚至是异化的问题。要通过完善村民委员会民主选举制度、村级重大事务的民主决策程序、村级民主管理制度和村民民主监督制度，深入推进村民自治的健康有序发展。

健全基层党组织领导的基层群众自治制度，必须完善居民参与的城市社区自治制度。近年来，我国城市居民自治实践不断发展并取得了显著的成绩，居民参与社区治理的能力和积极性都不断得到提升。但是，受各种因素的影响，当前我国城市社区自治还存在着诸如社区治理主体单一化、社区治理体制行政化、社区服务功能不健全等各方面的问题。这些问题不仅阻碍了社区自治功能的有效发挥，而且影响了广大居民合理利益的实现。因此，“要进一步推进城市社区治理体系的创新，扩大居民制度化参与社区治理的途径和渠道，兼顾不同利益相关者的利益需求，建立健全社区利益的沟通渠道和协调机制，以促进社区利益的表达和整合需求，解决利益矛盾和冲突，切实维护和发展居民的合理诉求和正当权益。”①

健全基层党组织领导的基层群众自治制度，还要健全以职工代表大会为基本形式的企事业单位民主管理制度。该制度是职工行使参与管理和监督权利以及维护和实现自身利益的根本保障。当前，劳资矛盾已成为我国社会发展过程中的一个客观现象。要化解矛盾、维护职工的合法权益并确保企事业单位的健康有序发展，必须健全企事业单位民主管理制度，强化职工在本单位的管理和监督作用，切实保障职工在各方面的合法权益。

三、健全收入分配制度和社会公平保障体系

在社会主义市场经济条件下，健全收入分配制度和社会公平保障体系是维护社会公平、实现发展成果由人民共享的重要保证。当前，我国在实现共享发展方面还面临着不少亟待解决的困难和问题，尤其是社会分配不公以及收入差距拉大等问题，使我们在推进共享发展的过程中面临着巨大的挑战。对此，我们应立足于我国发展的现实国情，通过健全收入分配制度和社会公平保障体系打破阻碍实现社会公平的藩篱，使全体社会成员都能够公平合理地享有改革发展成果。

（一）健全收入分配制度

“收入分配是民生之源，是改善民生、实现发展成果由人民共享最重要最直接的方式。”② 随着我国经济的快速发展，我国社会财富总量的“蛋糕”越来越大，但社会利益格局不合理的现象也日益明显并逐渐成为实现社会公平正义的主要障碍。在这一背景下，如何把“蛋糕”分得更好，成为人民群众反映最强烈、最关心的问题之一。要破除当前我国发展过程中“富人越富、穷人越穷、中等收入群体偏少”的不合

① 王庆五．共享发展［M］．南京：江苏人民出版社，2016：257.

② 中共中央宣传部．习近平总书记系列重要讲话读本［M］．北京：学习出版社，2014：114.

理现象，实现发展成果由人民共享，必须健全收入分配制度，通过收入分配制度改革建立公开透明、公正合理的收入分配秩序。

1. 完善初次分配机制

在国民收入初次分配领域，鼓励劳动、资本等要素按贡献参与收入分配，允许合理拉开收入差距，这有利于调动社会成员的积极性，从而将社会财富的“蛋糕”做大。但如果收入差距持续扩大，就违背了社会主义公平正义的原则，不利于共享发展的推进。因此，就当前我国初次分配领域而言，迫切需要解决的问题是通过一系列制度安排，在进一步提高发展效率的同时，更加注重社会的公平正义问题，寻求效率与公平的最佳统一。

第一，建立获取收入机会均等机制。在社会主义市场经济条件下，收入分配的理想状态应该是收入分配公平，也就是分配主体在获取收入的机会上是平等的。当前受各方面因素的影响，我国居民在收入分配上还存在机会不平等的现象。在这一背景下，应着重建立促进机会公平和社会纵向流动的体制机制，使社会成员平等地享有参与和获取社会资源及成果的权利。首先，要推动社会阶层的合理流动。一个缺乏依靠自身努力实现纵向流动的、固化的社会是难以实现社会成员的共享发展的。因此，要进行户籍制度改革并推进社会成员教育机会的公平，以此促进社会阶层的合理流动，确保社会成员的机会均等，维护社会的公平正义。其次，要特别关注弱势群体获取社会资源和利益的机会问题。罗尔斯明确指出：“社会必须更多地注意那些天赋较低和出生于较不利的社会地位的人民。”① 要通过向弱势群体提供平等的就业机会、利益表达机会等手段，切实维护弱势群体的合法利益。再次，要对特权进行有效的规制。受传统封建等级思想和习惯势力的影响，当前在我国社会发展中仍存在着一些特权思想和特权现象。要维护社会公平正义，更好地实

① 约翰·罗尔斯. 正义论［M］. 何怀宏，等译. 北京：中国社会科学出版社，1998：101.

现共享发展，就必须从根本上清除不合理的特权思想和特权现象。在清除特权思想和特权现象的过程中，要强化思想教育的引领作用，筑牢思想蜕化变质的防线；要通过制度建设把权力关进制度的笼子里；通过加大对特权现象的惩处力度形成一个公平正义的良好氛围。总之，保障社会成员平等地享有获取社会资源和利益的机会，是实现共享发展的重要前提。

第二，要完善最低工资和工资支付保障制度。最低工资制度是保障社会成员特别是低收入社会成员取得合理劳动报酬的重要手段，也是有效保障社会成员基本生活的根本途径。当前，我国一些行业和地区还存在违反最低工资制度的不合理现象。对此，要通过加大调整最低工资标准的力度、规范用人单位的工资支付行为以及加强对最低工资制度执行情况的监督检查等手段，切实维护劳动者的合法权益。

第三，要提高劳动报酬在初次分配中的比重。劳动报酬在初次分配中的比重是衡量初次分配是否公平的重要标志，劳动报酬在初次分配中的比重越高，说明社会分配越公平。反之，则说明社会分配越不公平。因此，要通过提高最低工资标准、建立职工工资正常增长机制以及实行同工同酬等手段，努力提高劳动报酬在初次分配中的比重，切实提高低收入者的收入水平。

第四，健全资本、知识、技术、管理等由要素市场决定的报酬机制。要通过建立规范的要素市场发挥市场在要素价格形成中的基础性作用，保护资本、知识、技术、管理等要素在收入分配中的应得份额。此外，要建立健全相关制度和措施，防止要素超额分配以及非市场因素参与分配；要确立以实际贡献为评价标准的科技创新人才薪酬制度，积极探索建立多种分配办法，保障科技、技术成果等在分配中的应得份额，有效激发各种生产要素的活力。

2. 完善再分配调节机制

再分配是有效调节社会收入分配不公平、缩小收入差距的重要方式和手段。相较于初次分配而言，再分配更加注重的是社会的公平问题。

一般来讲，完善再分配调节机制主要包括以下方面的内容。

第一，加大税收调节力度。税收调节是政府宏观调控的重要经济杠杆，也是再分配调节的重要手段。我国现行的税收制度还不够完善，限制了税收在国民收入分配中作用的发挥。因此，要通过完善个人所得税制度、财产税制度以及增强税收征管力度等方式加大对税收的调节力度，充分发挥税收的再分配调节功能。

第二，进一步规范和完善转移支付制度。“财政转移支付是财政资金在中央与地方、上级与下级政府之间的再分配。”① 财政转移支付在调节地区间财力差距、实现公共服务均等化方面发挥着重要的作用。当前，我国的财政转移支付制度仍存在一些不足之处，如财政转移支付的范围过宽、制度不规范、转移支付结构不合理、财政统筹能力较弱等问题。对此，要从制度层面规范和完善财政转移支付活动，优化财政转移支付结构并建立健全财政转移支付的监督评价机制，充分发挥财政转移支付在调节收入分配差距中的作用。

第三，完善社会保障制度。社会保障制度是保证社会成员基本生活需要、调节收入分配、推进社会公平正义的一项重要举措。当前，我国的社会保障制度主要包括社会保险、社会救助、社会福利、优抚安置、住房保障和社会慈善事业等主要内容。近年来，我国社会保障制度发展迅速，在推进社会公平、调节收入分配方面发挥了重要的作用。但是，目前我国的社会保障制度依然存在覆盖面不足、城乡发展不平衡、管理体制不健全等问题。为推进我国社会保障制度朝着更加公平、更可持续的方向发展，应该拓展社会保障的覆盖范围，实现制度和人群的全覆盖；要建立统一的社会保障职能体系，实现对社会保障制度的衔接与整合；要积极推进最低生活保障制度以及社会救助制度，有效保障弱势群体的基本生活。此外，还应充分发挥慈善事业在社会保障体系中的作用，要通过提高群众的慈善意识、完善慈善事业相关法律制度以及加强

---

① 于昆．共享发展研究［M］．北京：高等教育出版社，2017：213.

对慈善组织的监管等方式和手段，推进我国慈善事业的长足发展。

3. 规范收入分配秩序

规范收入分配秩序是促进合理有序收入分配格局形成的重要手段，也是维护社会公平正义、实现共享发展的重要途径。要规范收入分配格局，必须加快收入分配相关领域的立法，通过完善收入分配领域相关法律法规、完善收入分配调控体制和相关政策体系，保护公民的合法财产权益。要建立收入分配统筹协调机制，在此基础上统筹协调党政机关和国有企事业单位的收入分配。要清理规范工资外收入以及非货币性福利，加强领导干部收入管理，坚决打击和取缔非法收入。要顺应信息化发展的潮流，健全现代支付和收入监测体系，建立城乡住户收支调查一体化制度。

（二）健全社会公平保障体系

习近平指出："公平正义是中国特色社会主义的内在要求，所以必须在全体人民共同奋斗、经济社会发展的基础上加紧建设对保障社会公平正义具有重大作用的制度，逐步建立社会公平保障体系。"① 实现共享发展，维护社会公平正义，必须努力构建以权利公平、机会公平和规则公平为主要内容的社会公平保障体系。

1. 完善社会公平保障制度

当前在我国的社会公平保障制度中，社会保险居于核心地位，在推动社会公平方面发挥着极为重要的作用。针对我国发展现状，要整合城乡居民的基本养老保险制度和基本医疗保险制度，使全体社会成员享受合理、无差别的社会保障待遇。要进一步完善社会救助制度，落实城乡弱势群体的基本生活保障问题。要完善社会福利制度，加大推进各种福利事业的发展，满足困难家庭的基本生活需求。要建立健全合理的利益补偿机制，对非个人因素造成的利益损失，要及时向利益受损主体提供

① 习近平总书记在十八届中共中央政治局第一次集体学习时的重要讲话［EB/OL］. 新华网，2012-11-19.

合理的补偿。此外，还要完善社会优抚安置制度，维护军人在国家社会生活中的重要地位，增强社会成员献身国防事业的责任使命感。

2. 健全资金筹措机制

社会保障事业的顺利发展需要健全、稳定的资金来源作支撑。当前，我国社会保障的范围日益拓展，财政支出不断扩大。在这种情况下，需要进一步健全资金筹措机制，稳定社会保障的资金来源。一方面，可以通过提高社会保障支出在财政支出中的比重补充社会保障资金，通过科学合理的运营缩小资金缺口。另一方面，要提高社会保险基金征缴率以及社会保险征缴的覆盖范围，确保各企事业单位及其职工都按时依规缴纳社保。此外，还应该加强政府监管力度，规范社会保障基金的投资及使用，确保社会保障基金的安全和完整。

3. 健全社会公平保障体系相关法律法规

要实现社会公平保障制度的规范化发展，首先要做到社会公平保障制度的法制化。应从我国的现实国情出发，尽快建立社会保障相关法律法规，确保社会保障制度的推进和实施有法可依。另外，要通过相关立法加强对社会保障资金的使用监管，坚决杜绝各种腐败现象的出现。

在社会主义市场经济条件下，完善的社会公平保障体系能够有效弥补市场分配的不足，对于缓解社会矛盾、协调各方面的利益关系以及维护我国的和谐稳定发展具有极为重要的意义。在新的历史条件下，我们必须在全国人民共同奋斗、经济社会充分发展的基础上加快构建社会公平保障体系，维护社会公平正义，使全体人民更加公平地享有改革发展成果。

四、坚持和完善社会主义文化制度

文化是实现共享发展的精神支撑，能够为全体人民共享改革发展成果提供坚强的思想保证、强大的精神引领以及丰润的道德滋养。实现共享发展，必须坚持和完善社会主义文化制度，深化文化体制改革，创新文化体制机制，满足人民对精神文化的美好需要。

（一）坚持走中国特色社会主义文化发展道路

“文化是一个国家、一个民族的灵魂。文化兴国运兴，文化强民族强。没有高度的文化自信，没有文化的繁荣兴盛，就没有中华民族伟大复兴。”① 如果没有文化的繁荣发展，失去了文化的支撑和保障，共享发展的目标就不可能彻底实现。当前，我国人民生活正在从总体小康向全面小康迈进，人民的文化消费也日益增长，我们只有坚持走中国特色社会主义文化发展道路，不断增强我国的文化软实力，才能满足人民群众日益增长的精神文化需求。

1. 牢牢掌握意识形态工作领导权

意识形态问题是关系到党的前途命运和国家长治久安的重大政治方向问题，必须通过推进社会主义意识形态来团结和统一全国人民的理想信念、价值理念和道德观念，使共享发展的理念深入人心。牢牢掌握意识形态工作领导权，必须巩固马克思主义在意识形态领域的领导地位，坚持把马克思主义的基本立场、观点和方法贯穿于社会主义意识形态的全过程；要坚持党性和人民性的统一，在意识形态工作中既要坚持正确的方向，又要把实现好、维护好、发展好最广大人民群众的根本利益作为社会主义文化建设的根本出发点和落脚点；要坚持正确的舆论导向，坚持正面宣传为主，激发全社会共建共享的强大力量；要顺应信息化发展的要求，加强对网络舆论的引导和管理；要加强思想文化战线领导管理队伍建设，不断开创思想文化工作的新局面。

2. 培育和践行社会主义核心价值观

社会主义核心价值观凝聚着全体中国人民共同的价值追求，必须通过培育和践行社会主义核心价值观来引领思潮，凝聚全社会对共享发展的价值共识。要结合全体人民共同发展的价值需求以及当代中国的现实

① 习近平．决胜全面建成小康社会 夺取新时代中国特色社会主义伟大胜利——在中国共产党第十九次全国代表大会上的报告［M］．北京：人民出版社，2017：41.

发展需求，运用人民群众喜闻乐见的表达形式，使社会主义核心价值观融入经济社会发展的各个方面和领域，真正转化为广大人民群众的情感认同和行为习惯。要充分发挥家庭教育、学校教育以及社会教育的作用，把社会主义核心价值观融入国民教育的全过程。要抓好“关键少数”的引领示范作用，使党员领导干部成为践行社会主义核心价值观的表率。要推进相关领域的科学立法、公正司法、文明执法，充分发挥法律的规范和引领作用，推动社会主义核心价值观建设。

3. 加强思想道德建设

社会成员的思想道德素质直接决定着社会文明程度的高低，要推进共享发展，实现国家的长治久安，必须把提高社会成员的思想道德素质作为思想道德建设的根本任务。随着社会主义市场经济的进一步发展，当前我国在思想道德领域出现了许多亟待解决的突出问题，如拜金主义、享乐主义、极端个人主义等，这些问题不仅会扰乱正常的社会秩序，而且不利于共享发展的推进。因此，必须在全社会开展理想信念教育并深入实施公民道德建设工程，不断提高全体社会成员的思想道德素质，强化全社会的责任意识、规则意识和奉献意识。

4. 发展社会主义文艺

文艺最能反映出一个民族的精神风貌，也最能引领社会发展的风气。因此，文艺可谓时代前进的号角，文艺事业是中国特色社会主义现代化建设事业的重要组成部分。要推进共享发展，实现中华民族的伟大复兴，离不开文艺事业的繁荣和发展。要坚持以人民为中心的创作导向，“要始终把人民的冷暖、人民的幸福放在心中，把人民的喜怒哀乐倾注在自己的笔端，讴歌奋斗人生，刻画最美人物，坚定人们对美好生活的憧憬和信心”①。

---

① 中共中央文献研究室．习近平总书记重要讲话文章选编［M］．北京：中央文献出版社，2016：194.

5. 推动文化事业和文化产业的发展

实现共享发展，顺应人民对美好生活的向往，必须为人民提供丰富的精神食粮。作为文化建设的重要组成部分，文化产业在满足人民文化需求、传播主流价值取向和引领社会风尚方面发挥着极为重要的作用。要构筑思想文化建设和道德风尚建设的高地，必须积极推动文化事业和文化产业的发展。要深化文化体制改革，加快构建社会效益优先、社会效益和经济效益相统一的体制机制。作为价值传播的有效载体，文化产业要秉承以文化人的社会责任，通过不断创作优秀的文化产品来影响人们的思想观念、价值判断和道德情操，引导人们在共建共享中共同推进社会主义现代化建设事业。

（二）弘扬中华传统文化的独特魅力

中华传统文化包含了我国几千年来的知识智慧和理性思辨，蕴含着激励中华民族锐意进取的强大精神力量。不管是中国古代的“民本”思想、“大同世界”理想，还是中国近代以来对平等共享社会的理论构建与实践，都充分体现了中华儿女对未来社会的美好追求与夙愿，为共享发展理念提供了强大的精神滋养。

中华传统文化是中华民族的“根”和“魂”，是我们必须始终坚守的精神命脉。我们要认真汲取中华传统思想文化的精华，通过各种方式大力宣传中华传统文化。要对中华传统文化进行创造性的转化和创新性的发展，按照时代发展的要求和特点，赋予中华传统文化新的时代内涵，增强中华传统文化的生命力、影响力和号召力。要积极借鉴其他国家的优秀文化成果，在比较、对照和批判吸收的基础上，使当代中国社会主义文化更加符合当代中国和世界的发展要求，有更强的能力去解决当代中国和世界面临的发展问题。

总之，文化集中体现了一个国家的凝聚力、生命力和影响力。我们要把中华传统文化作为我们凝魂聚气的根基，努力继承和发展中华民族优秀传统文化，在展示中华传统文化独特魅力的过程中积极引导人们的思想观念和价值取向，为进一步推进共享发展夯实思想基础。

五、坚持和完善社会主义生态制度

良好的生态环境是最普惠的民生福祉。在推进共享发展、全面建成小康社会的历史进程中，要把生态环境问题作为全社会关注的焦点问题之一，本着生态惠民、生态利民、生态为民的原则，努力坚持和完善社会主义生态制度，不断满足人民群众对优美生态环境的需要。

（一）坚持绿色发展

改革开放以来，我国取得了巨大的发展成就，但是在传统高代价发展方式的影响下也累积了大量的生态环境问题。当前，这些问题不仅成为我国发展中的短板，而且成为广大人民群众反映最突出的问题之一。要解决这些问题，必须坚持绿色发展，推动形成绿色发展方式和生活方式。要像保护眼睛一样保护生态环境，像对待生命一样对待生态环境。通过发展方式和生活方式的转变，让中华大地天更蓝、山更绿、水更清，环境更优美。

坚持绿色发展，必须加快转变经济发展方式，由过度依赖资源消耗和规模扩张的传统高代价发展方式转到资源消耗少、科技含量高的低代价发展方式上来。要加大对环境污染的综合治理力度，着力解决突出环境问题。要加大对生态环境的保护力度，加快推进生态保护修复并建立市场化、多元化的生态补偿机制。要推广绿色消费，引导民众树立节约、集约、循环利用的绿色消费观。要通过多方面努力，既保证当代人过上幸福的生活，也给子孙后代留下生存的根基。

（二）完善生态文明制度体系

推动绿色发展，建设社会主义生态文明，必须依靠制度。制度是行动得以成功的重要保障，生态环境的改善和生态文明的建设同样离不开制度的保障。正如习近平总书记所言，只有实行最严格的制度、最严密的法治，才能为生态文明建设提供可靠保障。因此，要加快建立和完善生态文明制度体系，推进生态文明法治化、制度化建设，为美丽中国构建“制度屏障”。

1. 把生态文明建设指标纳入经济社会发展评价体系

生态环境是我们的生存之本、发展之基，生态环境如果保护不好，人类也就失去了可持续发展的重要基础。因此，在社会主义现代化建设过程中，要坚决杜绝“吃了子孙饭、断了子孙路”的不良行为，严格生态考核的“指挥棒”，把资源消耗、环境损害以及生态效益等能够反映生态文明建设状况的指标纳入经济社会发展考核评价体系，使之成为生态文明建设的导向和约束。要转变以国民生产总值论英雄的错误发展观念，明确生态指标在经济社会发展中的重要作用，把生态文明建设放在经济社会发展的突出位置。要建立严格的领导干部任期生态文明建设责任追究制度，明确各级领导干部的责任追究形式，确保各级领导干部切实把生态文明建设落在实处。

2. 完善生态环境保护管理制度

推进生态文明建设，要从法律法规、体制机制方面做出总体部署，建立和完善生态环境保护管理制度。一方面，要建立和完善生态环境保护的相关法律法规，使其与生态文明建设实践相衔接；另一方面，要把生态文明建设中成功的制度创新实践纳入法治轨道，进一步巩固生态文明建设成果。此外，还要严格实施生态环境保护的法律法规，既要通过加强执法机关和执法队伍的建设来强化司法力量的保障作用，又要用法律法规来畅通和拓宽公众参与生态文明建设的渠道，保障公众的知情权和参与权。

总之，坚持和完善社会主义生态制度，推进生态文明建设，既是全面建成小康社会，实现中华民族伟大复兴中国梦的重要内容，也是推进共享发展的必要前提。生态兴则文明兴，生态衰则文明衰，生态文明建设是事关人民福祉和我国永续发展的根本大计。只有坚持和完善社会主义生态制度，努力开创生态文明建设的新格局，才能使全面建成小康社会得到人民认可，经得起历史检验，也才能使共享发展真正得以实现。

第三节 建立共享发展的考核评价体系

当前，我国对共享发展给予了高度关注和各方面的政策措施支持，但是这些政策措施究竟是否起到了推进共享发展的效果，或者说在多大程度上实现了共享发展的目标？理论的研究和政策措施的出台始终离不开对客观实际的把握，对共享发展的实际效果做出准确客观的评价是我国在大政方针政策方面持续推进共享发展的重要参考依据。相较于理论层面的关注和政策措施层面的支持，当前我国更为欠缺的是一套能够科学准确地反映共享发展效果的评估体系。因此，要持续推进共享发展，必须建立一套科学、系统、全面的共享发展考核评价体系。

一、建立共享发展考核评价体系的意义

对共享发展的研究，不仅要从学理层面入手进行定性分析，而且要从实证层面入手进行定量分析。通过建立共享发展的考核评价体系，可以有效反映出当前我国在推进共享发展过程中取得的实际效果、存在并亟待解决的各种问题，对于进一步推进共享发展、提升共享发展的层次和水平具有重要的理论和现实意义。

（一）有助于纠正单纯以 GDP 论英雄的偏向

作为反映一个国家（或地区）在一定时期内总体经济状况的指标，GDP 既是衡量一国（或地区）经济发展状况的重要工具，也是制定国家（或地区）经济发展战略和宏观经济政策的重要依据。作为国民经济核算体系的核心指标，GDP 对经济社会发展有着极为重要的意义。但 GDP 并不是无所不能的，"它无法将生态环境和自然资源的变化纳入考量范围，无法全面地反映经济发展和社会进步，更不能体现对人民群

众福祉的关照”①。GDP 通常指的是一定时期内生产的全部最终产品和服务价值的总和，体现的只是生产活动的最终成果。因此，GDP 无法反映经济发展过程中对自然资源的消耗状况以及对生态环境的破坏情况，无法体现经济发展的质量和效益，更无法反映民生福利、收入分配等具体情况。

作为国民经济核算体系的核心指标，自改革开放以来，GDP 便在我国经济社会发展过程中扮演着极为重要的角色。但随着时间的推移，人们逐渐形成了一种“GDP 至上”“以 GDP 论英雄”的惯性思维，把发展等同于经济总量的增加，一味追求 GDP 的排名，甚至把 GDP 的增长作为一切工作的出发点和落脚点。这种“GDP 至上”的单一经济增长模式在短期内对拉动经济增长效果显著，但长期来看却产生了严重的经济发展不平衡、不协调、不可持续等问题，对我国经济社会的全面发展造成了非常不利的影响。

共享发展考核评价体系坚持以人民为中心的发展思想，坚持把维护社会的公平正义和实现广大人民群众的根本利益作为核心指标，是真正体现社会公平正义和人本价值取向的综合评价指标体系。共享发展考核评价体系的建立，有助于纠正以往单纯以 GDP 论英雄的偏向，有助于加快转变经济发展方式，有助于在经济发展的基础上实现社会的公平正义、人民的幸福安康以及人与自然的和谐相处，从而有效弥补了传统发展方式的局限与不足。

（二）使共享发展有了可量化的“标尺”

共享发展该怎么衡量？我国推进共享发展的效果究竟如何？或者说当前我们在多大程度上实现了共享发展？如果没有一套可定义、可量化、可操作的指标体系标准，将很难清晰地描述我们究竟在何种程度上实现了共享发展。共享发展考核评价体系的构建是在充分把握共享发展

① 李韬. 坚决破除“以 GDP 论英雄”的迷思［J］. 红旗文稿，2013（23）：20－22，1.

内涵要求的基础上，结合我国的发展实际而进行的。共享发展考核评价体系包括了一系列具有代表性的评价指标，通过对共享发展进行指标设定和评价考核，不仅能够反映出我国在发展过程中是否以及在多大程度上实现了共享，而且能有效反映出我国发展的平衡性、协调性、可持续性等方面的问题，为推进更高层次的共享发展提供了行动指南。

总之，共享发展考核评价体系的建立，使共享发展有了可量化、可操作的“标尺”，为回答“什么是共享发展”以及“如何推进共享发展”提供了完整科学的指标体系标准，这不仅有助于人们加深对共享发展的认知以及对我国共享发展实现程度的了解，而且有助于形成推进和落实共享发展的统计、监测和评估机制，从而进一步提高各地推进共享发展的执行力。

二、共享发展考核评价体系的构建思路和原则

（一）共享发展考核评价体系的构建思路

对共享发展状况作出客观评价是我们进一步推进共享发展的重要依据，而要对共享发展状况作出客观评价，就必须建立一套系统、科学的评价体系。当前学界专门针对共享发展考核评价体系的研究还非常少，总体上还处于起步阶段，比较有代表性的相关研究有：王蕾等人从基础设施、发展机会、公共服务和发展成果四个层面入手，对城乡共享发展评价体系进行了构建①；易昌良从共享环境、共享绩效和知识共享三个领域入手来构建我国共享发展评价体系的基本框架②；张琦等从共享发展理念的基本内容出发提出了“双层次、五维度、十领域”的共享发

① 王蕾，等．城乡共享发展评价体系的构建与评价［J］．经济纵横，2013（7）：56－59，33.

② 易昌良．2015 中国发展指数报告——“创新 协调 绿色 开放 共享”新理念、新发展［M］．北京：经济科学出版社，2016：101－116.

展指数指标体系①；褚福灵从收入分配均衡和社会保障健全两个层面入手构建了共享发展的评价指标体系②；孙明慧从推进社会公平正义，加强扶贫脱困、缩小收入差距，推动公共基本服务均等化和实现共享发展四个层面制定了共享发展的衡量标准③；李晖等则从经济普惠、社会公平、政治清明、生态和谐、文化繁荣五个层面构建了省际共享发展的评价体系④。

早在共享发展理念提出之前，王蕾等人就对城乡共享发展评价体系展开了开创性的研究，为后续研究提供了有益的借鉴。但是，王蕾等人的研究主要聚焦于城乡统筹发展，不能全面反映我国共享发展的整体状况。尽管易昌良对共享发展评价体系的设计着眼于我国共享发展的全局，但在评价指标的选取上与经济社会发展评价的常见指标重合度较高，对共享发展的特征表达不够突出。张琦等人的研究对基础指标的选取也存在与经济社会发展指标相重合的现象，而且对各项指标的权重问题没有给出详细解释。孙明慧只对共享发展的衡量标准做了简单论述，没有展开进一步的详细研究。李晖等人从共享发展的内涵出发构建了省际共享发展的评价体系并对各项发展指标的权重进行了设置，在对共享发展考核评价体系的已有研究成果中是相对健全完善的。

依据共享发展的内涵和本质要求，借鉴当前共享发展评价体系的已有研究成果，本文尝试从物质财富、民主政治、精神文化、社会保障与服务、生态文明五个层面入手来构建共享发展的考核评价体系。从实质上来看，共享发展就是使全体社会成员平等地享有改革发展成果，而改革发展成果必然地要涉及经济、政治、文化、社会、生态等方面的内

---

① 张琦，等．中国共享发展研究报告（2016）［M］．北京：经济科学出版社，2017：24－43.

② 褚福灵．共享发展的内涵及衡量标准研究［J］．中国社会保障，2016（6）：30－32.

③ 孙明慧．共享发展的思想源流、科学内涵与衡量标准［J］．江西社会科学，2017（11）：239－244.

④ 李晖，等．省际共享发展评价体系研究［J］．求索，2017（12）：87－95.

容。所以，共享的内容应该体现在社会成员物质财富的增加和生活水平的提升上，体现在社会成员民主权利的不断满足上，体现在社会成员的思想道德素质和科学文化素质的不断提升上，体现在完善的社会公共服务和健全的社会保障上，体现在优美的生态环境和生态产品中。只有这样，每个社会成员才能随着经济社会的发展不断激发自身的潜能并使之得到最大程度的发挥，最终实现每个人自由而全面的发展。

可以说，物质财富、民主政治、精神文化、社会保障与服务以及生态文明这五个基本要素相互联系，缺一不可，它们共同构成了能够反映共享发展的实现程度以及如何进一步推进共享发展的一级指标评价体系。在这五个一级指标评价体系的基础上，构建具有相对独立性、代表性和完整性的子系统评价指标体系，以此反映共享发展的实现程度和水平并进一步引领共享发展实践。

（二）共享发展考核评价体系的构建原则

建立一套可定义、可量化、可操作的考核评价体系，是科学客观地评估共享发展的效果并进一步推进共享发展的重要前提。在设计共享发展考核评价体系的过程中，应遵循以下基本原则。

1. 全面性与代表性相统一

共享发展的涉及面非常广，包含的内容也非常多。因此，在共享发展考核评价体系的总体指标设计上，既要全面反映我国经济社会发展状况以及社会公平正义的实现状况，又要注重选取有代表性的、能够体现共享发展特质的特色指标，使之能够较好地反映我国共享发展的推进状况及未来发展趋势。

2. 科学性与可行性相统一

共享发展不仅是一个重要的理论问题，而且是一个重要的实践问题。对共享发展指标体系的设计既要建立在对共享发展本质内涵和基本特征准确把握的基础上，又要建立在对共享发展实际状况客观反映的基础上。因此，共享发展指标的选取必须要有明确的内涵，能够准确反映共享发展的实现程度，并且要做到数据来源准确可靠，具体计算方法一定要科学规范。在遵循科学性原则的基础上，还要充分考虑共享发展指标的可行性。所选取的共享发展指标只有在稳定可靠并且可定义、可量化、可操作的前提下，才具有实际意义。因此，在选取指标时可以尽量选取有统计基础的相关指标并将指标数量控制在一定范围之内，从而优化指标结构体系并增加其可行性。

3. 稳定性与动态性相统一

为便于对指标体系进行横向（空间维度）和纵向（时间维度）的比较，以准确反映特定空间和时间内的共享发展状况，在构建共享发展指标体系的过程中，一定要注意选取具有相对稳定性的指标，确保其在短期内不会失效。但是，随着经济社会的发展以及共享发展的不断推进，不同时期内的重点工作和目标任务可能会有所差异，因此，共享发展的指标体系也不是一成不变的，必须随着经济社会的发展进行动态的调整和完善，以此满足新的发展实践需求。

三、共享发展考核评价体系的基本框架

在参考已有研究成果的基础上，依据共享发展考核评价体系的构建思路和原则，本文试图把共享发展的评价指标体系分为三个层次。第一层，把物质财富、民主政治、精神文化、社会保障与服务、生态文明这5个共享发展所涉及的基本领域作为一级指标；第二层，在5个一级指标下总共设置17个评价指标作为二级指标；第三层，在17个二级指标下总共设置53个评价指标作为三级指标，分别从不同角度反映我国共享发展的推进和实现情况。具体考核评价体系参见表1。

表1 共享发展考核评价指标体系

	一级指标	权重	二级指标	权重	三级指标	单位	权重	备注
共享发展总指标	物质财富	1/5	经济增长	1/4	城镇居民人均可支配收入	元	1/5	正指标
					农村居民家庭人均纯收入	元	1/5	正指标
					城镇居民人均消费支出	元	1/5	正指标
					农村居民家庭人均消费支出	元	1/5	正指标
					城乡恩格尔系数之比	%	1/5	逆指标
			分配结构	1/4	劳动报酬占 GDP 比重	%	1/3	正指标
					全国平均薪酬	元	1/3	正指标
					人均 GDP	元	1/3	正指标
			收入差距	1/4	基尼系数	%	1/3	区间指标
					城镇居民收入泰尔指数	%	1/3	区间指标
					农村居民收入泰尔指数	%	1/3	区间指标
			减贫脱贫	1/4	贫困发生率	%	1/2	逆指标
					脱贫率	%	1/2	正指标
	民主政治	1/5	基层民主	1/2	基层选举参与率	%	1/2	正指标
					公共决策公众参与率	%	1/2	正指标
			政府公信力	1/2	政府民主决策率	%	1/4	正指标
					政府工作透明度	%	1/4	正指标
					民众对政府满意度	%	1/4	正指标
					廉政指数	%	1/4	逆指标

续表

	一级指标	权重	二级指标	权重	三级指标	单位	权重	备注
共享发展总指标	精神文化	1/5	文化发展水平	1/3	文化产业占 GDP 比重	%	1/2	正指标
					人均文化事业费	元	1/2	正指标
			文化供给水平	1/3	公共文化设施覆盖率	%	1/3	正指标
					文化共享工程资源建设总量	TB	1/3	正指标
					文化共享工程基层服务点覆盖率	%	1/3	正指标
			文化消费水平	1/3	居民文化消费占总支出比重	%	1/2	正指标
					居民人均文化消费	元	1/2	正指标
	社会保障与服务	1/5	教育	1/6	人均公共财政教育支出	元	1/2	正指标
					平均受教育年限	年	1/2	正指标
			就业	1/6	城镇登记失业率	%	1/3	逆指标
					CIER（中国就业市场景气）指数	%	1/3	正指标
					最低工资标准	元	1/3	正指标
			养老	1/6	养老保险覆盖率	%	1/3	正指标
					社会养老服务体系建设投入总额	元	1/3	正指标
					养老服务机构数	个	1/3	正指标
			医疗卫生	1/6	城镇基本医疗保险覆盖率	%	1/4	正指标
					新型农村合作医疗参合率	%	1/4	正指标
					城镇居民政策范围内住院费用支付比例	%	1/4	正指标
					新农合政策范围内住院费用补偿比例	%	1/4	正指标

续表

	一级指标	权重	二级指标	权重	三级指标	单位	权重	备注
共享发展总指标	社会保障与服务	1/5	住房	1/6	城乡居民住房达标率	%	1/3	正指标
					公共租赁住房制度建设比重	%	1/3	正指标
					农村危房改造覆盖率	%	1/3	正指标
			交通	1/6	城市公交站点 300 米覆盖率	%	1/3	正指标
					村镇公交化率	%	1/3	正指标
					交通服务无障碍化率	%	1/3	正指标
	生态文明	1/5	资源	1/2	单位 GDP 能耗	吨标准煤	1/4	逆指标
					单位 GDP 水耗	吨	1/4	逆指标
					非化石能源占能源消费比重	%	1/4	正指标
					耕地保有量	%	1/4	正指标
			环境	1/2	全年空气优良天数	天	1/5	正指标
					PM2.5 浓度变化	%	1/5	逆指标
					生活垃圾、危险废物及医疗废物安全处置率	%	1/5	正指标
					饮用水源地水质达标率	%	1/5	正指标
					森林覆盖率	%	1/5	正指标

备注：正指标、逆指标和区间指标都是用来表示强度的相对指标。其中，正指标指的是实际值越大就表示结果越好的指标，逆指标指的是实际值越小就表示结果越好的指标，区间指标指的是实际值在某个区间范围内表示最好的指标。

四、共享发展考核评价体系的实施和运用

建立共享发展考核评价体系的目的就在于有效评估共享发展的推进状况及实现程度，而只有科学合理地运用共享发展考核评价体系，才能真正发挥体系本身对共享发展的评估和引导作用。因此，在推进共享发展的实践中，要明确共享发展的考核评价主体，规范考核程序，在保证考核方式完整性和系统性的基础上强化对共享发展考核结果的运用，把考核结果作为判断共享发展的实现程度及进一步推进共享发展的重要依据，进而实现更高层次的共享发展并朝着共同富裕的方向稳步前进。

1. 明确共享发展的考核评价主体

对共享发展进行考核评价，是一项环节众多、涉及多个部门和领域并且需要全方位数据支持的系统性工作。其中，明确共享发展的考核评价主体是顺利实施共享发展考核的前提。进行共享发展考核的首要环节就是科学合理地确定共享发展考核评价主体的范围，也就是要由谁来评价共享发展的推进状况及实现程度。在人员和经费许可的前提条件下，要加强对共享发展考核评价机构的建设并成立专门的共享发展考核评价工作小组，从与共享发展考核评价指标相关联的部门中抽调相关人员作为考核评价工作小组成员，在明确小组成员职责与分工的基础上，严格按照考核程序开展对共享发展的考核评价工作。

2. 严格规范共享发展的考核程序

科学设计并严格规范共享发展的考核程序，是展开共享发展考核评价的关键，也是共享发展考核评价机制有效运行的关键。因此，建立科学、规范的共享发展考核评价程序，严格按照程序进行考核，对于了解共享发展的真实推进状况及实现程度具有极为重要的意义。考核程序确立以后，要本着公开透明的原则，严格按照考核程序进行考核评价，同时还要充分听取广大专家学者和人民群众的意见和建议，尽可能使考核结果准确、客观和公正。此外，在进行考核评价的过程中，还要注意优

化考核评价的方式方法，要建立共享发展的考评资料库，充分运用现代信息化手段对共享发展的考评信息进行管理，切实提高共享发展考核工作的效率。

3. 强化对共享发展考核结果的运用

对共享发展进行考核评价的目的不在于考核本身，而在于对共享发展考核结果的运用。因此，在对共享发展进行考核评价的基础上要强化考核结果的运用，把考核结果作为判断共享发展推进状况和实现程度的重要依据，作为对政府政绩进行考核的重要依据，作为推进更高层次、更高水平共享发展的重要依据。一方面，考核结果要与完善共享发展的体制机制相结合。要转变传统终结性、奖惩性的考核理念，把共享发展的考核评价看作一种诊断性、发展性的考评。不能把考评结果只作为评定共享发展等级的依据来进行“一次性消费”，而要认真分析梳理考评结果，在肯定共享发展成绩的同时点明问题，指出进一步努力的方向并在此基础上完善共享发展的体制机制，从而充分发挥考评结果在引导和推进更高层次共享发展中的作用。另一方面，考核结果要与完善政府的绩效考核机制相结合。作为评判共享发展推进状况及实现程度的重要手段，共享发展考核评价体系自然也应该与政府的绩效考核机制相结合，成为政府绩效考核的重要依据。既要把共享发展考核结果作为奖励或惩处各级领导干部的重要依据，也要把考核结果作为引导和监督政府工作的重要依据，促进各级政府转变经济发展方式，树立共享发展理念，真正把共享发展落到实处。

第四节　高扬共享发展的精神

共享发展理念的提出，旨在解决我国发展过程中出现的收入分配差距拉大以及由此导致的各种社会问题与矛盾。可以说，共享发展理念承载了全体中国人民对美好生活的向往与追求。在新的历史条件下，我们应坚持在共享发展理念的指导下塑造和构建共享发展精神，以共享发展精神引领新时代的共享发展实践。

共享发展精神是在我国现代化建设的伟大实践中形成和发展的，被绝大多数中国人民普遍接受和认可的价值取向和行为准则，是新时代支撑和推动社会发展的强大精神力量。共享发展精神具有丰富的内涵，其中，尊重人民主体地位的人本精神和坚持普遍受益的平等精神是共享发展精神的应有之义。此外，共享发展精神还包括开拓创新的改革精神、顽强不屈的奋斗精神以及开放包容的合作共赢精神。

一、尊重人民主体地位的人本精神

尊重人民主体地位的人本精神是共享发展理念的重要精神特质之一。人本精神就是坚持以人为中心的精神，它把人作为发展的目的，强调人的尊严和价值，追求人的解放与自由全面发展。共享发展理念实质上坚持的就是以人民为中心的发展思想，这不仅是对人民是推动发展的根本力量这一唯物史观的遵循，而且是对中国共产党全心全意为人民服务这一根本宗旨的体现。因此，在主要内容上，尊重人民主体地位的人本精神就是始终坚持把人民利益放在首位，带领全体人民在共建共享中不断朝着共同富裕的奋斗目标前进的精神。

尊重人民主体地位的人本精神体现了中国共产党的价值取向和行为准则，那就是强调和尊重人民群众在社会历史发展进程中的主体地位和作用。在整个人类社会发展的历史进程中，人民群众始终是社会变革的决定力量，是推动社会历史发展的主体，这是历史唯物主义的应有之义。中国共产党从成立之日起，就坚持把马克思主义作为自己的行动指南，坚持用历史唯物主义的基本原理指导社会主义革命和建设实践，坚持牢牢把握人民群众是历史的创造者这一马克思主义的基本观点。在中国革命、建设和改革的历史过程中，我们始终坚信党的根基在人民、力量在人民，始终坚持一切为了人民、一切依靠人民，始终坚持充分调动和发挥广大人民群众的积极性、主动性和创造性，这充分体现了我们党对尊重人民主体地位的高度自觉。

尊重人民群众在社会历史发展进程中的主体地位和作用，就要让人民当家作主、保障人民群众的各项民主权利。让人民当家作主，这不仅是社会主义的本质要求，而且是人民主体地位的根本体现。历史和现实一再证明，尊重人民主体地位是我们党在革命、建设和改革各个时期无往不胜的法宝，是我们党永葆生机和活力的源泉。要全面建成小康社会，实现“两个一百年”奋斗目标，必须充分尊重和发挥人民的主体地位和作用，切实保障人民当家作主的各项民主权利，以此激发他们参与现代化建设的热情与活力。

尊重人民群众在社会历史发展进程中的主体地位和作用，就要充分调动一切积极因素，通过体制机制等各方面的建设来促进各类人才的培养和使用，真正做到聚天下英才而用之。在推动中国特色社会主义现代化建设的历史进程中，要努力开创人人渴望成才、人人努力成才、人人皆可成才、人人尽展其才的良好局面。

尊重人民群众在社会历史发展进程中的主体地位和作用，还要做到密切联系群众，始终保持党同人民群众的血肉联系。在任何时候任何情况下，都必须坚定与人民同呼吸共命运的立场，牢记全心全意为人民服务的宗旨，坚持人民是真正英雄的历史唯物主义观点。在任何时候任何情况下，都要牢记人民群众的拥护和支持才是党执政最牢固的根基，都要坚持与人民心连心、同呼吸、共命运，始终做到问政于民、问需于民、问计于民。只有这样，才能真正把尊重人民的主体地位落到实处；只有这样，才能真正摸到人民的脉搏、贴近人民的心窝；也只有这样，才能为社会主义现代化建设提供重要的保障。

二、坚持普遍受益的平等精神

坚持普遍受益的平等精神也是共享发展理念的重要精神特质之一。

人人共享、普遍受益是我国社会发展的首要价值目标。但是，受传统发展观念的影响，当前我国在经济、社会发展过程中依然存在许多不平等和不确定性的因素，从而导致在整个社会发展过程中出现了许多不公正的现象，对经济社会的健康有序运行造成了非常不利的影响。如果放任这些不平等和不确定性因素自由发展，不仅会减弱我国社会发展的动力，而且也会背离我国社会发展的基本宗旨。可以说，“不平等及其加剧的趋势成为对发展的限制与障碍的复合体”①。因此，坚持普遍受益的平等精神，目的就在于营造公平的社会环境，在尊重个体差异的基础上为个体的生存和发展提供基本的保障，使全体社会成员普遍享有经济社会发展成果。

坚持普遍受益的平等精神不仅是社会主义实质和精髓的体现，而且是社会主义优越性的最大体现。如果缺失了普遍受益的平等精神，那么经济社会将无法持续稳定地发展，人民也将无法更多更公平地享有改革发展成果。因此，要贯彻落实共享发展理念，必须坚持普遍受益的平等精神，在社会发展过程中充分保证人民平等参与和平等发展的权利。

坚持普遍受益的平等精神倡导的是兼顾公平与效率的平等，而不是要求每个人财富和利益的绝对均等。由于先天条件和后天因素的影响，每个社会成员在个性、特征、能力以及个人需求等方面是存在差异的，如果无视这种个体差异而一味追求社会财富的平均分配，那就会阻碍科学技术的进步以及社会生产力的发展，共享也会因此成为一种无法实现的幻想。因此，坚持普遍受益的平等精神强调的是人与人之间社会地位的平等以及权利和机会的平等。这种平等反映在收入分配领域，那就是坚持“各尽所能、按劳分配”的原则，承认不同劳动者之间劳动能力的差别，不同劳动者按照劳动能力的大小以及劳动效果的高低获取相应的报酬。可见，普遍受益不是无原则的平均主义，而是在坚持权利、机

① 缪尔达尔．世界贫困的挑战——世界反贫困大纲［M］．顾朝阳，等译．北京：北京经济学院出版，1991：44.

会和规则平等的基础上，承认人们在收入分配方面的合理差距。这种差距是由我国社会主义初级阶段的生产力发展水平决定的，是符合当前我国现实国情的客观存在。平等作为一种权利，是由一定社会的经济条件所决定的，如果超出我国现有的生产力发展水平去追求绝对的均等，那结果只会造成事实上的不平等。

除了倡导兼顾公平与效率的平等，坚持普遍受益的平等精神还倡导社会成员在人格尊严、生存与发展要求以及权利与义务上的平等。现阶段，尽管不同社会成员间存在身份、地位、处境等各方面的差异，但不能因此否定每个社会成员在人格尊严上的平等。马克思指出："自由的有意识的活动恰恰就是人的类特性。"① 既然自由是人类区别于动物的本质属性，那么作为自由主体的人在人格尊严上自然也就是平等的。如果否定他们之间的人格尊严平等，那就会同以往的阶级社会一样，造成人与人之间关系的异化。所以，社会成员间人格尊严的平等不能因为身份、性别、能力、地位等方面的差异而受到损害。在人格尊严平等的基础上，每个社会成员都能被平等地对待，每个人生存和发展的需求都能同等程度地得到尊重和满足。此外，社会主义的平等应该是权利与义务相统一的平等。每个社会成员都有平等地参与社会发展过程以及平等地享有社会发展成果的权利，同时也有平等地承担社会发展责任的义务。任何人都不可能只尽义务而不享受权利，任何人也不可能只享受权利而不尽义务。只有每个社会成员在享受权利的同时积极履行自己的义务，才能推动社会主义现代化建设各项事业的顺利进行，也才能为全体人民共享改革发展成果奠定坚实的社会基础。

三、开拓创新的改革精神

社会主义事业是需要不断改革创新的事业，要落实和推进共享发

① 马克思恩格斯文集：第1卷［M］. 北京：人民出版社，2009：162.

展，必须高扬开拓创新的改革精神，自觉运用改革思维去谋划和推进各项工作，不断提高落实改革的能力和水平，通过改革给人民带来更多的实惠。

当前，我国社会全面进步，综合国力显著增强，国际地位日益提升。所有这些成就的取得，归根结底就在于我们凭借开拓创新的改革精神，进行了伟大的改革开放实践。近年来，国内外环境发生了深刻而复杂的变化，我们在推进共享发展的过程中可谓机遇与挑战并存。在这一背景下，只有在改革精神的指引下大力推进和全面深化改革，通过改革精神与改革实践的有机结合，从根本上为进一步推进共享发展提供保障。

问题不仅是时代的声音，而且是改革的指南。在全面深化改革的过程中，必须要有鲜明的问题意识和问题导向，必须要着力解决当前我国发展中面临的一系列突出矛盾和问题。四十年来，我们用改革的办法创造了中华民族富起来、强起来的“中国奇迹”。站在新的历史起点上，要贯彻落实共享发展理念，实现“两个一百年”奋斗目标和中华民族伟大复兴的中国梦，更要抓住当前我国发展中的突出问题和关键环节，找出症结，以开拓创新的改革精神真刀真枪地推进改革。在改革中我们要突出重点，对准焦距，找准穴位，击中要害，“把改革方案的含金量充分展示出来，让人民群众有更多获得感”①。

高扬开拓创新的改革精神，必须要解放思想，搞好探索创新。中国特色社会主义现代化建设事业是一项创造性的复杂活动，我们所做的每一项工作都没有现成的经验可以学习借鉴，只能在实践中不断探索创新。当前，我国正处于转型发展的关键时期，各种矛盾和问题相互交织，给我国带来许多新的考验和挑战。只有不断解放思想、探索创新并把开拓创新的改革精神贯穿到社会主义现代化建设的全过程，才能妥善应对发展中的各种问题和挑战。

---

① 习近平谈治国理政：第2卷［M］．北京：外文出版社，2017：102.

高扬开拓创新的改革精神，必须要做到“四个坚持”。一是要做到坚持正确的改革方向。方向问题至关重要，事关社会主义现代化建设的成败，因此在这一问题上要始终保持清醒的头脑，确保我国在改革过程中始终沿着中国特色社会主义道路的方向前进。二是要坚持运用正确的改革方法。改革必须坚持正确的方法，要从中国的具体国情出发做好顶层设计和整体谋划，注重提升改革的系统性、整体性和协同性。三要坚持改革的整体性。改革是一项复杂的系统工程，各项改革相互影响而又相互促进，在改革过程中必须坚持从经济、政治、文化、社会、生态等方面进行全方位的整体推进，从而形成社会主义现代化建设的强大合力。四要坚持改革的人民性。改革是亿万中国人民自己的事业，在改革过程中一方面要尊重人民的主体地位和首创精神，另一方面要把以人民为中心的发展思想贯穿到改革的全过程，通过改革满足人民群众在各方面的美好生活需要。

总之，推进共享发展，提升共享发展的质量、层次和水平，必须高扬开拓创新的改革精神，坚持不懈地推进改革，在改革中凝聚中国力量、彰显中国智慧、解决中国问题，在改革中推进全体人民的共享发展，在改革中不断创造中国奇迹。

四、顽强不屈的奋斗精神

历经磨难的中华民族之所以能够从站起来、富起来到强起来，从创立、发展到完善，从温饱不足到小康富裕，靠的不是任何人的施舍和恩赐，而是全体中华儿女的勤劳、勇敢、智慧和不懈奋斗。正如习近平总书记多次强调的一样，幸福都是奋斗出来的，奋斗是我们决胜全面小康、夺取新时代中国特色社会主义伟大胜利的强大精神动力。站在新的历史起点上，要贯彻和落实共享发展理念，使全体人民共享改革发展成果，必须牢牢把握顽强不屈的奋斗精神，切实把这一精神贯穿到进行伟大斗争、建设伟大工程、推进伟大事业的全过程，通过奋斗来实现伟大梦想。

顽强不屈的奋斗精神突出了新时代我们应该用什么样的精神姿态和方式来建设中国特色社会主义的问题，为进一步更好地推进共享发展指明了方向。历史和现实一再证明，只有充分发挥顽强不屈的奋斗精神，我们才能自立自强；也只有充分发挥顽强不屈的奋斗精神，我们才能发展进步。中国共产党之所以能够带领中国人民取得社会主义革命、建设和改革事业的伟大成功，靠的就是顽强不屈的奋斗精神和全体中国人民的努力奋斗。通过奋斗，我们攻克了一个又一个看似不可攻克的难关，创造了一个又一个彪炳史册的人间奇迹。虽然我们已走过万水千山，但仍需要不断跋山涉水。实现“两个一百”奋斗目标和中华民族的伟大复兴，仍然需要我们付出更为艰巨和艰苦的努力。要实现社会主义现代化，为全体人民创造更加美好的生活，就必须用顽强不屈的奋斗精神来激励全体中华儿女，必须通过党的坚强领导和全体中国人民的顽强奋斗，共同凝聚起实现中华民族伟大复兴中国梦的磅礴力量。

坚持和发扬顽强不屈的奋斗精神，需要全体中国人民的持续奋斗。社会主义现代化建设是一项光荣而艰巨的事业，这不是靠一代人两代人就能实现的，需要经过长时间的努力奋斗。当前，我们同世界先进国家的差距依然很大，只有通过长期的接力奋斗，才能赶上发达国家的水平，才能使我们的经济实力、科技实力、国防实力以及综合国力得到进一步的提升，也才能使人民的生活更加幸福美满。正因为如此，习近平总书记在2018年春节团拜会的讲话中明确指出：“奋斗是长期的，前人栽树、后人乘凉，伟大事业需要几代人、十几代人、几十代人持续奋斗。”①

坚持和发扬顽强不屈的奋斗精神，需要全体中国人民艰苦奋斗。毛泽东同志曾经告诫全党：“中国的革命是伟大的，但革命以后的路程更

① 习近平．在2018年春节团拜会上的讲话［EB/OL］．新华网，2018－2－14.

长，工作更伟大，更艰苦……务必使同志们继续地保持艰苦奋斗的作风。”① 艰苦奋斗，不仅是中华民族的优良传统，而且是激励全国各族人民为实现国家富强、民族振兴而共同努力的强大精神力量。不管是我们党还是我们国家，都是依靠艰苦奋斗一步步发展壮大起来的。可以说，我们一路从艰苦奋斗中走来，同样要依靠艰苦奋斗一步步走向未来。当前，中国特色社会主义进入新时代，我们面临着十分光明的发展前景。在实现中国梦的生动实践中，全国各族人民应继续保持艰苦奋斗的作风，在攻坚克难中实现人民对美好生活的向往。

坚持和发扬顽强不屈的奋斗精神，需要全体中国人民真抓实干。邓小平同志曾经说过，世界上的事都是干出来的，不干，半点马克思主义都没有。习近平总书记也多次强调，空谈误国，实干兴邦。只有真抓才能一路攻坚克难，只有实干才能不断梦想成真。要真抓实干，必须依靠全体中国人民脚踏实地、辛勤劳动。因为劳动是幸福的源泉，是推动人类社会进步的根本力量。在未来的征程中，我们只有通过劳动才能实现一个又一个的美好梦想，只有通过劳动才能破解一个又一个的难题，只有通过劳动才能铸就一个又一个的辉煌。在推进共享发展的过程中，必须激发全体中国人民的劳动热情和创造潜能，通过全体人民的共同劳动创造更加美好的生活。要真抓实干，还要各级领导干部带头，把各项工作落到实处。各级领导干部要树立正确的政绩观，求真务实，勇于担当，充分发挥钉钉子的精神，真正把好的蓝图一干到底，切实干出有益于党和人民事业的实事，切实干出能够经得起历史和人民检验的实绩。

五、开放包容的合作共赢精神

“天下大同”向来是中华传统文化的美好理想追求。坚持共享发展，不单是要造福中国人民，而且是要世界发展更美好、让全世界人民

① 毛泽东选集：第4卷［M］. 北京：人民出版社，1991：1438－1439.

生活更幸福，这是继承和弘扬中华民族传统文化的内在要求。当前中国取得了举世瞩目的发展成就，不仅为中国，而且为世界的发展注入了强大的活力和动力。在这一过程中，我们应该秉承开放包容的合作共赢精神，在开放中谋求世界各国共同发展的道路，让各国之间的发展更加平衡、机会更加均等，让各国人民在互学互鉴中实现共赢共享。

秉承开放包容的合作共赢精神，必须树立和坚持正确的义利观。在国际关系中，我们应妥善处理好义和利的相互关系。义和利，不仅体现了我们处理国际关系的理念，而且体现了我们在国际关系中应恪守的原则。习近平总书记说过，这个世界上一部分人过得很好，而另一部分人则过得很不好，这不是个好现象。因此，我们在处理国际关系时，应该秉持共同幸福的理念，遵循互利共赢的原则，在谋求自身发展的同时，更要注意考虑和照顾到世界其他国家的利益。我们应统筹处理好我国同世界各国的共同利益以及具有差异性的利益关切，以义为先、义利并举，努力争取世界各国并肩前行，“走出一条相遇相知、共同发展之路，走向幸福安宁和谐美好的远方。”①

秉承开放包容的合作共赢精神，必须通过构建互惠互助的伙伴关系谋求包容互惠的发展前景。当今世界是一个开放的世界，任何国家都不可能在封闭中求生存。面对日益严峻的全球性挑战，各国间只有本着开放包容、互学互鉴的态度，加强彼此间的交流对话与合作，才能够取长补短，实现共同发展。在这一过程中，各国应该加强彼此间发展战略的对接。尽管各国的国情不同，在具体发展阶段上也各有差异，但是大家都有着相同的发展目标。因此，各国应该从大局上做好谋划，争取在关键处落子，在共商、共建、共享原则的基础上努力寻找彼此间发展的契合点，在联动包容发展的过程中谋求经济、社会、生态等各方面效益的协调统一。

秉承开放包容的合作共赢精神，必须构建公正合理的国际秩序。公

---

① 习近平谈治国理政：第 2 卷［M］. 北京：外文出版社，2017：508.

正合理的国际秩序是世界各国共同发展的重要前提，只有在公正合理的国际秩序以及和平稳定的国际环境中，才能够实现各国的共赢共享。其中，坚持主权平等是构建公正合理国际秩序的首要准则，也是世界各国要共同遵循的首要原则。在国际关系中，世界各国不论贫富、强弱和大小，在国际社会上都应该拥有平等的国际地位，其主权和尊严都应该被尊重，任何国家都有权自主选择适合自身的社会制度和发展道路，任何国家不得加以干涉。我们应坚持主权平等，坚持世界各国在权利平等、机会平等和规则平等的基础上共同参与国际事务、维护共同利益，在平等互信的基础上携手迈向合作共赢、共同发展的新时代。

总之，讲求开放合作、注重公平公正，让不同国家、不同阶层、不同人群共享经济社会发展成果，是世界各国人民的共同期待；在开放中充分利用一切机遇，在合作中共同应对一切挑战，是世界各国实现互利共赢的正确抉择。世界各国只有秉承开放包容的合作共赢精神，携手努力、共同担当，才能让世界更美好、人民更幸福。

结　语

共享发展理念既是对人类社会发展历史经验的深刻反思，也是对改革开放以来我国发展经验教训的系统总结，更是对马克思主义社会发展思想的继承和发展，具有鲜明的中国特色和时代气息。共享发展理念是中国共产党在认真总结国内外发展经验教训并深刻分析当今世界发展大势的基础上提出的，体现了我们党对共产党执政规律、社会主义建设规律和人类社会发展规律认识的深化。能否贯彻落实共享发展理念，事关我国社会主义现代化建设的全局、根本、方向和长远。可以说，共享发展是引领“十三五”时期甚至更长时期我国发展思路、方向和着力点的重要指南，是我们决胜全面小康、实现中华民族伟大复兴中国梦的强大思想武器。

作为发展的根本出发点和落脚点，共享是对“均享”与“私享”的超越。它既不是对社会产品简单粗暴的平均分配，也不是用一部分人的“失落感”或“被剥夺感”来换取另一部分人的“获得感”。共享发展是在坚持经济社会全面协调发展以及人的全面发展的基础上，维护和实现社会公平正义，使全体社会成员平等地享有改革发展成果。当然，社会成员对改革发展成果的共享不能简单地局限在物质层面上，还应拓展到更深层的领域，保证社会成员在政治上也要享有同等的权利。因此，在价值目标上，共享发展不仅仅局限于全体社会成员间发展成果的合理分配，还包括了个体发展机会的均等拥有。在权利与机会均等的条件下，实现一切人和每个人自由而全面的发展是共享发展的终极伦理关怀。可以说，共享发展实际上就是一种较之于传统发展而言的更具普惠性和公平性的发展。

受各方面因素的制约，当前我国在推进共享发展的过程中还面临着一些现实的困境：一是由于传统发展方式的制约而导致的发展方式之困，二是由于社会结构分化和利益博弈而导致的利益分化之困，三是由于共享发展相关制度体系的缺陷与不足而导致的体制机制之困，四是受以往财富分配中固定思维的影响而导致的对共享发展的认知偏差之困。如何突破困境，使全体人民共享改革发展成果，是当前我国推进共享发展过程中面临的一个重要课题。

积极探索共享发展的实现路径，使改革发展成果更多更公平地惠及全体人民，是新时代我们党和国家的重要奋斗目标之一。针对当前我国在推进共享发展过程中所面临的现实困境和问题，我们要在坚持发展是解决一切问题的基础和关键的前提下，积极转变发展方式，走低代价发展之路，通过推进我国的整体性发展来夯实共享发展的基础；要通过健全共享发展的体制机制为社会主义公平正义的实现提供制度依托；要建立共享发展的考核评价体系，以此科学准确地反映共享发展的实际效果并为推进更高层次的共享发展提供行动指南；要在共享发展理念的指导下塑造和构建共享发展精神，以共享发展精神引领新时代的共享发展实践。

总之，共享发展既是中国特色社会主义的本质要求，也是社会主义制度优越性的集中体现。在实现中华民族伟大复兴中国梦的历史进程中，我们必须牢牢把握共享发展的科学内涵及其精神实质，切实把共享发展理念落实到各项改革发展行动之中。尽管当前我们在推进共享发展的过程中还面临着许多困难和挑战，但只要我们坚持在中国共产党的领导下，高举中国特色社会主义伟大旗帜，坚定不移地沿着中国特色社会主义道路前进，就一定能够聚合起十三亿多中国人民的磅礴之力，在共建共享中为中国人民和中华民族赢得更加幸福美好的未来。

需要指出的是，共享发展是一个涉及多学科、多领域的复杂问题，对这一问题的研究需要丰富的知识储备作支撑。受作者自身条件的限制，本文仍有一些不足之处，在今后研究过程中需要进一步完善。例如，本文对共享发展的科学内涵及实现路径进行了梳理，但主要还是侧重于宏观层面的理论阐释，对共享发展实践层面的具体实现路径没有进行深入的研究。另外，本文虽然提出了共享发展的考核评价体系，但对共享发展考核评价指标权重的设置尚未进行深入研究。最后就是关于共享发展的共享性问题，应该不仅仅体现在物质利益方面，更应该体现在精神情感方面。如何从情感的角度深入挖掘共享发展的内涵与外延，如何在实践层面进一步探索共享发展的实现路径，如何通过更加科学的方法设置共享发展基础指标的权重，是今后需要进一步研究的内容和方向。

参考文献

1. 中文著作（含译著）:

[1] 马克思恩格斯选集：第1—4卷［M］．北京：人民出版社，2012.

[2] 马克思恩格斯文集：第1卷［M］．北京：人民出版社，2009.

[3] 马克思恩格斯文集：第10卷［M］．北京：人民出版社，2009.

[4] 马克思恩格斯全集：第1卷［M］．北京：人民出版社，1956.

[5] 马克思恩格斯全集：第2卷［M］．北京：人民出版社，1957.

[6] 马克思恩格斯全集：第5卷［M］．北京：人民出版社，1958.

[7] 马克思恩格斯全集：第20卷［M］．北京：人民出版社，1971.

[8] 马克思恩格斯全集：第21卷［M］．北京：人民出版社，1965.

[9] 马克思恩格斯全集：第23卷［M］．北京：人民出版社，1972.

[10] 马克思恩格斯全集：第46卷上［M］．北京：人民出版

社，1979.

［11］马克思恩格斯全集：第46卷下［M］．北京：人民出版社，1980.

［12］恩格斯．自然辩证法［M］．于光远，等译，北京：人民出版社，1984.

［13］列宁选集：第4卷［M］．北京：人民出版社，1992.

［14］列宁全集：第7卷［M］．北京：人民出版社，1986.

［15］列宁专题文集·论社会主义［M］．北京：人民出版社，2009.

［16］列宁专题文集·论辩证唯物主义和历史唯物主义［M］．北京：人民出版社，2009.

［17］毛泽东选集：第1卷［M］．北京：人民出版社，1991.

［18］毛泽东选集：第3卷［M］．北京：人民出版社，1991.

［19］毛泽东选集：第4卷［M］．北京：人民出版社，1991.

［20］毛泽东文集：第6—8卷［M］．北京：人民出版社，1999.

［21］邓小平文选：第2卷［M］．北京：人民出版社，1994.

［22］邓小平文选：第3卷［M］．北京：人民出版社，1993.

［23］邓小平年谱（1975—1997）：上［M］．北京：中央文献出版社，2004.

［24］邓小平年谱（1975—1997）：下［M］．北京：中央文献出版社，2004.

［25］江泽民文选：第1卷［M］．北京：人民出版社，2006.

［26］江泽民文选：第3卷［M］．北京：人民出版社，2006.

［27］江泽民论有中国特色社会主义（专题摘编）［M］．北京：中央文献出版社，2002.

［28］习近平谈治国理政［M］．北京：外文出版社，2014.

［29］习近平谈治国理政：第2卷［M］．北京：外文出版社，2017.

[30] 建国以来毛泽东文稿：第4册 [M]. 北京：中央文献出版社，1990.

[31] 建国以来重要文献选编：第7册 [M]. 北京：中央文献出版社，1993.

[32] 农业集体化重要文件汇编：上集 [M]. 北京：中共中央党校出版社，1981.

[33] 十六大以来重要文献选编：中 [M]. 北京：中央文献出版社，2006.

[34] 十六大以来重要文献选编：下 [M]. 北京：中央文献出版社，2008.

[35] 十八大以来重要文献选编：上 [M]. 北京：中央文献出版社，2014.

[36] 十八大以来重要文献选编：中 [M]. 北京：中央文献出版社，2016.

[37] 习近平关于全面建成小康社会论述摘编 [M]. 北京：中央文献出版社，2016.

[38] 习近平总书记重要讲话文章选编 [M]. 北京：中央文献出版社，2016.

[39] 习近平总书记系列重要讲话读本 [M]. 北京：人民出版社，2016.

[40] 习近平关于实现中华民族伟大复兴的中国梦论述摘编 [M]. 北京：中央文献出版社，2013.

[41] 习近平关于协调推进“四个全面”战略布局论述摘编 [M]. 北京：中央文献出版社，2015.

[42] 习近平关于社会主义经济建设论述摘编 [M]. 北京：中央文献出版社，2017.

[43]《中共中央关于制定国民经济和社会发展第十三个五年规划的建议》辅导读本 [M]. 北京：人民出版社，2015.

[44] 决胜全面建成小康社会 夺取新时代中国特色社会主义伟大胜利——在中国共产党第十九次全国代表大会上的报告 [M]. 北京：人民出版社，2017.

[45] 人民政协重要文献选编 [M]. 北京：中央文献出版社，2009.

[46] 孙中山全集：第2卷 [M]. 北京：中华书局，1982.

[47] 孙中山全集：第5卷 [M]. 北京：中华书局，1985.

[48] 孙中山全集：第6卷 [M]. 北京：中华书局，1985.

[49] 杨文伟. 透视阶层固化 当前社会"拼爹"现象和"二代"问题探析 [M]. 武汉：湖北人民出版社，2015.

[50] 张英胜，陆继锋. 新型城镇化进程中的农民价值观重塑与创新研究——以青岛市为例 [M]. 北京：人民日报出版社，2017.

[51] 王小锡. 中国经济伦理学年鉴（2012）[M]. 南京：南京师范大学出版社，2013.

[52] 任保平. 低成本经济发展的制度阐释 [M]. 北京：中国社会科学出版社，2001.

[53] 李军鹏. 公共服务体系国际比较与建设 [M]. 北京：国家行政学院出版社，2015.

[54] 叶响裙. 公共服务多元主体供给理论与实践 [M]. 北京：社会科学文献出版社，2014.

[55] 陈冬梅. 保障利益论 [M]. 东营：石油大学出版社，2004.

[56] 曾祥炎. 宏观产权理论源起、架构与应用 [M]. 北京：经济管理出版社，2014.

[57] 庞永红. 分配正义与转型期弱势群体研究 [M]. 北京：中央编译出版社，2016.

[58] 李兴耕，等. 前车之鉴 俄罗斯关于苏联剧变问题的各种观点综述 [M]. 北京：人民出版社，2003.

[59] 邱耕田. 哲学视域中的科学发展 [M]. 北京：新华出版

社，2014.

[60] 邱耕田．低代价发展论［M］．北京：人民出版社，2006.

[61] 袁祖社．马克思主义人学理论与社会发展探究［M］．北京：人民出版社，2016.

[62] 洪远朋，等．利益关系总论 新时期我国社会利益关系发展变化研究的总报告［M］．上海：复旦大学出版社，2011.

[63] 孙立平．断裂：20 世纪 90 年代以来的中国社会［M］．北京：社会科学文献出版社，2003.

[64] 孙立平．失衡、断裂社会的运作逻辑［M］．北京：社会科学文献出版社，2004.

[65] 全国党的建设研究会课题组．学习实践科学发展观长效机制研究［M］．北京：党建读物出版社，2011.

[66] 鹿锦秋．大聚焦 十八大后中国未来发展若干重要问题解析［M］．北京：研究出版社，2013.

[67] 罗大文．社会学视野中的和谐社会建设 转型社会进程中的冲突与和谐研究［M］．西安：陕西人民出版社，2009.

[68] 卢德之．论资本与共享 兼论人类文明协同发展的重大主题［M］．北京：东方出版社，2017.

[69] 俞可平．民主与陀螺［M］．北京：北京大学出版社，2006.

[70] 张裔炯．社会主义民主政治建设［M］．北京：人民出版社，2015.

[71] 王庆五．共享发展［M］．南京：江苏人民出版社，2016.

[72] 于昆．共享发展研究［M］．北京：高等教育出版社，2017.

[73] 易昌良．2015 中国发展指数报告——“创新 协调 绿色 开放 共享”新理念、新发展［M］．北京：经济科学出版社，2016.

[74] 张琦，等．中国共享发展研究报告（2016）［M］．北京：经济科学出版社，2017.

[75] 王来法．思想政治理论教育新探索［M］．杭州：浙江工商

大学出版，2011.

［76］郑造桓．发展与共享［M］．杭州：浙江大学出版社，2011.

［77］苗瑞丹．文化发展成果共享研究［M］．北京：中国社会科学出版社，2016.

［78］卢德之．让资本走向共享［M］．北京：华夏出版社，2015.

［79］刘玉安．北欧福利国家剖析［M］．济南：山东大学出版社，1995.

［80］周弘．福利国家向何处去［M］．北京：社会科学文献出版社，2006.

［81］林闽钢．社会保障国际比较［M］．北京：科学出版社，2007.

［82］陈进华．财富共享论——财富伦理的一种视野［M］．长春：吉林人民出版社，2009.

［83］张兵，王晓宁．公平之路——当你感到不公平［M］．北京：光明日报出版社，2012.

［84］万军．公平社会建设［M］．北京：国家行政学院出版社，2013.

［85］江建平．全面宽裕论［M］．北京：人民出版社，2013.

［86］刘福森．西方文明的危机与发展伦理学［M］．南昌：江西教育出版社，2005.

［87］杨建华．发展社会学通论［M］．北京：社会科学文献出版社，2016.

［88］罗建文．社会发展理念与民生幸福研究［M］．北京：中国社会科学出版社，2015.

［89］吕健．共享发展的社会主义政治经济学［M］．上海：复旦大学出版社，2016.

［90］胡鞍钢，等．中国新理念：五大发展［M］．杭州：浙江人民出版社，2016.

[91] 陈向义. 发展哲学的马克思主义视界 [M]. 北京: 中国社会科学出版社, 2015.

[92] 联合国新闻处. 联合国手册: 第八版增编 [M]. 北京: 商务印书馆, 1972.

[93] 亚当·斯密. 道德情操论 [M]. 蒋自强, 等译. 北京: 商务印书馆, 2003.

[94] 鲍·季·格里戈里扬. 关于人的本质的哲学 [M]. 汤侠声, 李昭时, 等译. 北京: 生活·读书·新知三联书店, 1984.

[95] 柏拉图. 理想国 [M]. 郭斌和, 张竹明, 译. 北京: 商务印书馆, 1986.

[96] 亚里士多德. 亚里士多德全集: 第8卷 [M]. 苗力田, 译. 北京: 中国人民大学出版社, 1992.

[97] 卢梭. 社会契约论 [M]. 何兆武, 译. 北京: 商务印书馆, 2003.

[98] 德尼·古莱. 发展伦理学 [M]. 高铦, 温平, 等译. 北京: 社会科学文献出版社, 2003.

[99] 弗朗索瓦·佩鲁. 新发展观 [M]. 张宁, 丰子义, 译. 北京: 华夏出版社, 1987.

[100] 阿马蒂亚·森. 以自由看待发展 [M]. 任赜, 于真, 译. 北京: 中国人民大学出版社, 2002.

[101] 迈克尔·P. 托达罗. 经济发展与第三世界 [M]. 印金强, 等译. 北京: 中国经济出版社, 1992.

[102] 塞缪尔·亨廷顿, 等. 现代化: 理论与历史经验的再探讨 [M]. 罗荣渠, 译. 上海: 上海译文出版社, 1993.

[103] 阿尔温·托夫勒. 第三次浪潮 [M]. 朱志焱, 潘琪, 等译. 北京: 生活·读书·新知三联书店, 1984.

[104] 伊恩·迈尔斯. 人的发展与社会指标 [M]. 贾俊平, 译. 重庆: 重庆大学出版社, 1992.

[105] 赫茨勒. 乌托邦思想史 [M]. 张兆麟, 等译. 北京: 商务印书馆, 1990.

[106] 霍布斯. 利维坦 [M]. 黎思复, 黎廷弼, 译. 北京: 商务印书馆, 1985.

[107] 圣西门. 圣西门选集: 第 3 卷 [M]. 董果良, 赵鸣远, 译. 北京: 商务印书馆, 2011.

[108] 约翰·罗尔斯. 正义论 [M]. 何怀宏, 等译. 北京: 中国社会科学出版社, 1988.

[109] 诺奇克. 无政府、国家与乌托邦 [M]. 何怀宏, 等译. 北京: 中国社会科学出版社, 1991.

[110] 约翰·梅纳德·凯恩斯. 劝说集 [M]. 蔡受百, 译. 北京: 商务印书馆, 1962.

[111] 乔治·恩德勒. 经济伦理学大辞典 [M]. 李兆荣, 等译. 上海: 上海人民出版社, 2001.

[112] 威利斯·哈曼. 未来启示录 [M]. 徐元, 译. 上海: 上海译文出版社, 1988.

[113] 亨利·乔治. 进步与贫困 [M]. 吴良健, 王翼龙, 译. 北京: 商务印书馆, 1995.

[114] 约翰·奎金. 僵尸经济学: 借尸还魂的谬论思想及其原因 [M]. 苏丽文, 译. 上海: 格致出版社, 2010.

[115] 约瑟夫·E. 斯蒂格利茨. 不平等的代价 [M]. 张子源, 译. 北京: 机械工业出版社, 2013.

[116] 安东尼·吉登斯. 第三条道路——社会民主主义的复兴 [M]. 郑戈, 译. 北京: 北京大学出版社, 2000.

[117] 威廉·E. 佩特森, 阿拉斯泰尔·H. 托马斯. 西欧社会民主党 [M]. 林幼琪, 等译. 上海: 上海译文出版社, 1982.

[118] 哥斯塔·艾斯平-安德森. 福利资本主义的三个世界 [M]. 苗正民, 滕玉英, 译. 北京: 商务印书馆, 2010.

［119］大卫·科兹，弗雷德·威尔．来自上层的革命——苏联体制的终结［M］．曹荣湘，孟鸣歧，等译．北京：中国人民大学出版社，2002.

［120］叶·利加乔夫．戈尔巴乔夫之谜［M］．赫崇骥，等译．北京：新华社参考新闻编辑部，1993.

［121］尼·雷日科夫．大动荡的十年［M］．王攀，等译．北京：中央编译出版社，1998.

［122］戈尔巴乔夫，斯拉文．尚未结束的历史：戈尔巴乔夫访谈录［M］．孙凌齐，李京洲，译．北京：中央编译出版社，2003.

［123］戴安娜·法雷尔．提高生产率：全球经济增长的原动力［M］．朱静，译．北京：商务印书馆，2010.

［124］安东尼·克罗斯兰．社会主义的未来［M］．轩传树，等译．上海：上海人民出版社，2011.

［125］柯武钢，史漫飞．制度经济学［M］．韩朝华，译．北京：商务印书馆，2001.

［126］康德．道德形而上学探本［M］．张荣，李秋零，译．北京：中国人民大学出版社，2013.

［127］戴维·M. 沃克．牛津法律大辞典［M］．北京社会与科技发展研究所，译．北京：光明日报出版社，1988.

［128］亚历克斯·卡利尼克斯．平等［M］．徐朝友，译．南京：江苏人民出版社，2003.

［129］吉利斯，等．发展经济学［M］．黄卫平，等译．北京：人民大学出版社，1998.

［130］山本二三丸．人本经济学 经济学应有的科学状态［M］．王处辉，译．北京：东方出版社，1995.

［131］阿瑟·奥肯．平等与效率［M］．王忠民，黄清，译．成都：四川人民出版社，1988.

［132］阿尔贝·雅卡尔．“有限世界”时代的来临［M］．刘伟，

译．桂林：广西师范大学出版社，2004.

［133］缪尔达尔．世界贫困的挑战——世界反贫困大纲［M］．顾朝阳，等译．北京：北京经济学院出版社，1991.

［134］帕森斯．现代社会的结构与过程［M］．梁向阳，译．北京：光明日报出版社，1988.

［135］乔·萨托利，冯克利．民主新论［M］．阎克文，译．北京：东方出版社，1993.

［136］奥雷利欧·佩西．未来的一百页——罗马俱乐部总裁的报告［M］．汪帼君，译．北京：中国展望出版社，1984.

［137］约翰·斯图亚特·密尔．功利主义［M］．徐大建，译．北京：商务印书馆，1975.

［138］博登海默．法理学、法律哲学与法律方法［M］．邓正来，等译．北京：中国政法大学出版社，1999.

［139］罗伊·麦德维杰夫．苏联的最后一年［M］．王晓玉，等译．北京：社会科学文献出版社，2005.

［140］霍布斯鲍姆．民族与民族主义［M］．李金梅，译．上海：上海人民出版社，2006.

［141］格·阿·阿尔巴托夫．苏联政治内幕：知情者的见证［M］．徐葵，等译．北京：新华出版社，1998.

2. 中文期刊：

［1］邱耕田．当今世界两种不同的发展模式［J］．新疆师范大学学报（哲学社会科学版），2017（6）.

［2］邱耕田．论整体性发展［J］．北京大学学报（哲学社会科学版），2017（5）.

［3］邱耕田．中国发展：基于国际视角的分析［J］．社会科学战线，2016（11）.

[4] 邱耕田．以整体性思维看待发展新理念 [J]．唯实，2016 (4).

[5] 邱耕田．从自我中心主义走向共生主义 [J]．学习与探索，2015 (10).

[6] 顾海良．新发展理念与当代中国马克思主义“系统化的经济学说”的发展 [J]．经济学家，2016 (3).

[7] 郭广银．论坚持“以人民为中心”的发展思想 [J]．理论学刊，2017 (7).

[8] 范迎春．共享发展：马克思社会学说的当代表达 [J]．河南社会科学，2017 (6).

[9] 赵汇，代贤萍．共享发展的理论基础、实践追求和价值旨归 [J]．思想教育研究，2016 (11).

[10] 严书翰．中国共产党发展理念的演进与创新———兼论习近平发展思想的科学内涵 [J]．人民论坛 (学术前沿)，2016 (3).

[11] 黄晶晶．共享发展的历史源流及时代意蕴 [J]．学术探索，2017 (5).

[12] 张怀民，尹紫薇．论共享发展理念对传统大同思想的继承与发展 [J]．学校党建与思想教育，2017 (9).

[13] 黄卫挺．共享发展：兑现历史承诺开启共富新篇章 [J]．中国党政干部论坛，2015 (12).

[14] 左鹏．共享发展的理论蕴涵和实践指向 [J]．思想理论教育导刊，2016 (1).

[15] 王淑荣．共享发展理念的重大意义与实践指向 [J]．红旗文稿，2016 (4).

[16] 刘武根，艾四林．论共享发展理念 [J]．思想理论教育导刊，2016 (1).

[17] 韩喜平，刘永梅．中国共享发展理念的价值创新 [J]．理论学刊，2016 (3).

[18] 尹庆双. 坚持共享发展理念，全面建成小康社会 [J]. 经济学家，2015 (12).

[19] 王诗卉. 论共享是中国特色社会主义的本质要求 [J]. 湖南师范大学社会科学学报，2016 (2).

[20] 梁彦超，张晓东. 共享发展理念的理论特质 [J]. 理论月刊，2016 (5).

[21] 韩喜平. 整体把握共享发展理念的四个向度 [J]. 社会科学家，2016 (12).

[22] 魏波. 以共享理解发展 [J]. 中国特色社会主义研究，2016 (1).

[23] 赵振华. 关于共享发展的若干问题 [J]. 理论探讨，2016 (4).

[24] 赵满华. 共享发展的科学内涵及实现机制研究 [J]. 经济问题，2016 (3).

[25] 吴静. 从马克思主义哲学史角度透视共享发展理念 [J]. 哲学研究，2016 (12).

[26] 彭怀祖. 共享发展理念的伦理意蕴 [J]. 毛泽东邓小平理论研究，2016 (8).

[27] 韩喜平，孙贺. 共享发展理念的民生价值 [J]. 红旗文稿，2016 (2).

[28] 付海莲，邱耕田. 习近平以人民为中心的发展思想的生成逻辑与内涵 [J]. 中共中央党校学报，2018 (4).

[29] 白琳. 和谐社会利益共享的政治经济学思考 [J]. 求实，2007 (6).

[30] 侯为民. 立足完善基本经济制度实现共享发展 [J]. 思想理论教育导刊，2016 (3).

[31] 张吕，张国镛，陈雪. 共享发展理念提出的依据及意义 [J]. 邓小平研究，2017 (3).

[32] 柳礼泉，汤素娥．论共享发展理念的丰富内涵和实现理路［J］．思想理论教育导刊，2016（8）.

[33] 苗瑞丹．论马克思恩格斯发展成果由人民共享思想及其现实启示［J］．求实，2013（7）.

[34] 吴忠民．社会公正奠定社会安全的基础［J］．社会学研究，2012（4）.

[35] 顾海良．新发展理念与当代中国马克思主义经济学的意蕴［J］．中国高校社会科学，2016（1）.

[36] 魏志奇．发展成果人民共享的理论建构［J］．求实，2015（1）.

[37] 李红松．共享发展理念的哲学基础与落实路径［J］．求实，2016（9）.

[38] 李伟峰．联合国历年人类发展报告述评［J］．国外理论动态，2003（7）.

[39] 韩小谦，梅晓丽．坚持马克思主义政治经济学教学中的基本立场教育［J］．思想教育研究，2016（8）.

[40] 俞可平．社会公平和善治是建设和谐社会的两大基石［J］．中国特色社会主义研究，2005（1）.

[41] 王霞，孟宪生．深刻把握共享发展的规律性特征［J］．理论月刊，2018（5）.

[42] 丁东红．面临挑战的福利国家理论与实践［J］．党政干部学刊，2012（10）.

[43] 张建国，孙兆龙．欧洲福利制度的经验教训及启示［J］．当代世界，2012（5）.

[44] 石学峰．论我国阶层分化与执政党社会整合功能［J］．中共四川省委党校学报，2009（2）.

[45] 李韬．坚决破除“以GDP论英雄”的迷思［J］．红旗文稿，2013（23）.

[46] 王蕾，等．城乡共享发展评价体系的构建与评价［J］．经济纵横，2012（7）．

[47] 褚福灵．共享发展的内涵及衡量标准研究［J］．中国社会保障，2016（6）．

[48] 孙明慧．共享发展的思想源流、科学内涵与衡量标准［J］．江西社会科学，2017（11）．

[49] 李晖，等．省际共享发展评价体系研究［J］．求索，2017（12）．

[50] 克莱尔·肖特．消除贫困与社会整合：英国的立场［J］．国际社会科学杂志（中文版），2000（4）．

[51] 叶敏，奚建武．从先富带动到共享发展：中国式发展理念的再出发［J］．党政研究，2017（3）．

[52] 韩步江．共同富裕：中国特色社会主义共享发展理念的目标指向［J］．云南民族大学学报（哲学社会科学版），2017（7）．

[53] 刘洋．超越“群享”与“私享”：马克思的共享思想及其当代价值［J］．教学与研究，2017（7）．

[54] 李楠，潘学良．维护社会公平正义：理论基础、现实困境与路径选择［J］．马克思主义研究，2016（10）．

[55] 廖成梅．浅析苏联社会保障制度［J］．社会主义研究，2008（2）．

[56] 葛霖生．论原苏联东欧社会保障制度的改革［J］．世界经济与政治，1995（5）．

[57] 罗健．论共享发展的内在张力及合理调适［J］．伦理学研究，2018（5）．

[58] 刘凤义，李臻．共享发展的政治经济学解读［J］．中国特色社会主义研究，2016（2）．

[59] 唐任伍．五大发展理念塑造未来中国［J］．红旗文稿，2016（1）．

3. 报纸及网络资源：

［1］邱耕田．人民主体地位视域下的共享发展［N］．学习时报，2016－02－29（3）．

［2］邱耕田，唐爱军．让发展机制发挥整体效应［N］．学习时报，2017－05－10（2）．

［3］邱耕田．十八大以来的整体性发展战略［N］．学习时报，2015－07－20（3）．

［4］卢德之．走向共享——人类文明发展的共同归宿［N］．湖南日报，2016－03－20（12）．

［5］征求对中共中央关于制定国民经济和社会发展第十三个五年规划的建议的意见 中共中央召开党外认识座谈会 习近平主持并发表重要讲话［N］．人民日报，2015－10－31（1）．

［6］习近平．在省部级主要领导干部学习贯彻党的十八届五中全会精神专题研讨班上的讲话［N］．人民日报，2016－05－10（2）．

［7］习近平．在庆祝中国共产党成立95周年大会上的讲话［N］．人民日报，2016－07－02（2）．

［8］任仲平．凝聚当代中国的价值公约数——论培育和践行社会主义核心价值观［N］．人民日报，2015－04－20（2）．

［9］程实．2017，美国经济有隐忧［EB/OL］．第一财经，2017－01－16．

［10］在2018年春节团拜会上的讲话［EB/OL］．新华网，2018－02－14．

［11］重视和支持非公经济发展不会改变——三论深入贯彻落实习近平总书记广东考察重要讲话精神［EB/OL］．人民网，2018－10－29．

［12］习近平总书记在十八届中共中央政治局第一次集体学习时的

重要讲话 [EB/OL]. 新华网, 2012 - 11 - 19.

4. 外文文献:

[1] NORRIS P. Driving Democracy: Do Power - Sharing Institutions Work? [M]. Cambridge: Cambridge University Press, 2008.

[2] ACEMOGLU D, ROBINSON J A. Why Nations Fail: The Origins of Power, Prosperity, and Poverty [M]. Turkey: Crown Publishing Group, 2012.

[3] GEORGE H. Progress and Poverty: An Inquiry into the Cause of Industrial Depressions and of Increase of Want with Increase of Wealth; The Remedy [M]. Cambridge: Cambridge University Press, 2009.

[4] CABRERA L, Political Theory of Global Justice: A Cosmopolitan Case for the World State [M]. London: Routledge, 2006.

[5] UTEEM C. Shared Societies and Economic Development [J]. Development, 2014, 57: 15 - 18.

[6] BHUGRA D. Social discrimination and social justice [J]. International Review of Psychiatry, 2016, 28: 336 - 341.

[7] GUPTA J, VEGELIN C. Sustainable development goals and inclusive development [J]. International Environmental Agreements - Politics Law and Economics, 2016, 16: 433 - 448.

[8] ADDISON T, NIÑO - ZARAZÙA M, TARP F. Aid, Social Policy and Development [J]. Journal of International Development, 2015, 27: 1351 - 1365.

后 记

曾念时光悠悠，岁月重重；如今时光飞逝，岁月如梭。不经意间，时光已在四季轮回中悄悄流转；蓦然回首，才发现短暂的博士学习生涯早已悄然而去。本书是在我的博士毕业论文的基础上修订完成的，回望三年的博士学习生活，既有挑灯夜战时的煎熬，也有不堪重负时的焦躁，但更多的是感恩与满足。三年的学习积淀，使我的视野更加开阔、心胸更加豁达，是值得我一生珍藏的宝贵财富。这段美好的时光业已结束，有太多的感言要向我身边每一个关心和帮助我的人倾诉，是他们的关爱与支持给了我无尽的勇气和力量，让我无惧风雨，奋勇向前！在此真诚地向他们道一声："谢谢！"

衷心感谢恩师邱耕田先生。有师如此，实属三生之幸。先生为人谦和、学识渊博、治学严谨，他的智慧、宽容和耐心犹如春风化雨，滋润着每一位弟子的心田。当我怀揣忐忑不安的心情初到中央党校之时，是先生那温暖、亲切的笑容给了我无比坚定的力量，让我在迷茫彷徨中找到了前进的方向。三年里，先生在我的学术培养上倾注了大量的心血，在我论文写作过程中给予了全程悉心指导。我的论文从选题、开题到写作和一遍又一遍的修改，都饱含着先生辛勤的汗水和无私的付出。先生不仅授我真知，而且以其自身严谨的治学风范教会了我一名学者该有的品质和素养，使我受益终生。除了学术上的引导，先生还经常关心我的工作和生活，教我如何做好工作、如何为人处世。先生的谆谆教诲时常在我耳畔萦绕，成为不断激励我成长进步的力量源泉。

本书能够顺利完成，要感谢中央党校马克思主义学院的牛先锋教授、王中汝教授、戴焰军教授、王虎学教授、陈冬生教授、李海青教授、张严教授、唐爱军副教授等，他们在论文开题或预答辩过程中给予的指导和帮助使我茅塞顿开、受益匪浅。感谢李双套副教授、张雪琴副教授、组织员田小琳老师等人在学业和生活上的关心与帮助！感谢论文答辩委员会的刘曙光教授、王善超教授、王虎学教授、张严教授和焦佩锋教授给予的鼓励和支持。

感谢东华理工大学马克思主义学院院长同时也是我的恩师汪晓莺教授。长期以来，汪老师不仅在学习和工作中给了我极大的鼓励与帮助，而且在生活和精神上给了我关爱与支持。感谢东华理工大学马克思主义学院党总支书记华启和教授、东华理工大学党委宣传部江光亮部长一直以来对我的关心与帮助。感谢同事们的帮助与关照。是他们给了我温暖和力量，支撑我完成论文的写作。

感谢家人对我的关心、支持与包容。三年的博士生涯，家人是我最大的精神支柱。每当困顿疲乏之时，爱人那句“你安心学习，家里有我”的话语总会在我耳边回响，瞬间给我战胜一切的勇气。儿子女儿打电话时的第一句话经常是“妈妈你论文写多少了？你要加油哦!”对子女陪伴的缺失经常使我如鲠在喉，感觉亏欠无比，感谢他们的支持与理解。感谢我的公公婆婆，特别是我的婆婆，无私地替我照顾家庭和一双年幼的儿女，只为让我专注于学习和工作。感谢年迈的父母，他们的关爱与包容给了我无尽的力量和勇气。

感谢师妹王丹、韩冰慧，感谢博士同窗好友，感谢他们在学习和生活中给我的无私帮助和支持。是他们，在我遭遇困顿时施以援手，迷茫时为我解惑；是他们，陪我走过了丰富多彩的三年。与他们在一起的日子，我将终生难忘。

向来不善于用文字表达自己的情感，行文至此，依然有太多感激的话语未能表达。有些人，值得用一辈子去记忆、用一生去回报！

感恩在心，除了再次向所有关心和帮助我的人表示感谢之外，唯有用不懈的努力继续一路前行！

付海莲

2020 年 4 月